北京市属高校高水平教师队伍建设支持计划
（IDHT20170515）

《北京市属高校一流专业建设研究》研究成果

体 能
测试与评价
TINENG
CESHI YU PINGJIA

周志雄　尹 军　主编

中央民族大学出版社
China Minzu University Press

图书在版编目（CIP）数据

体能测试与评价/周志雄，尹军主编.—北京：中央民族大学出版社，2024.1（2024.7重印）

ISBN 978-7-5660-1557-0

Ⅰ.①体… Ⅱ.①周… ②尹… Ⅲ.①体能—身体训练—研究 Ⅳ.①G808.14

中国版本图书馆CIP数据核字（2018）第219994号

体能测试与评价

主　　编	周志雄　尹　军	
编　　委	丁　腾　刘　洋　曾曼利　徐正峰　何明珠　董山山	
策划编辑	赵秀琴	
责任编辑	陈　琳	
封面设计	舒刚卫	
出版发行	中央民族大学出版社	
	北京市海淀区中关村南大街27号　　邮编：100081	
	电话：（010）68472815（发行部）　传真：（010）68933757（发行部）	
	（010）68932218（总编室）　　　　（010）68932447（办公室）	
经 销 者	全国各地新华书店	
印 刷 厂	北京鑫宇图源印刷科技有限公司	
开　　本	787×1092　1/16　印张：23.25	
字　　数	345千字	
版　　次	2024年1月第1版　2024年7月第2次印刷	
书　　号	ISBN 978-7-5660-1557-0	
定　　价	105.00元	

版权所有　翻印必究

序

运动员体能是运动员竞技能力的重要组成部分，运动员体能发展水平是他们保持并发挥竞技能力的重要保障和基础。随着现代体能训练科学化发展，运动员体能的测试和评价越来越受到重视。对运动员体能水平进行科学、客观的评估是体能训练的起点，同时也是体能训练计划的制定、训练内容的确定、训练方法和手段的选择，以及训练目标达成情况的检查和评定的基本依据。

本书比较系统地论述了体能测试与评价的方法。在对"体能"的概念和构成要素进行分析的基础上，介绍了体能测试和评价的基本要求；按照运动员体能的构成要素，分别较详细地阐述了各项测试指标的测试方法和要求，并介绍了部分运动项目运动员专项体能测试指标和方法，为在体能训练实践中准确地选择体能评价指标、应用测试方法提供了参考。本书还介绍了国内外健康体能测试指标和方法，以及身体运动功能能力测试的指标和方法。

全书内容分为十五章。第一章阐述了体能的概念和要素，第二章阐述了体能测试与评价的概念和要求，第三章至第十二章分别介绍了身体形态、力量素质、爆发力、速度素质、灵敏素质、柔韧素质、平衡能力、协调性、无氧能力、有氧耐力评价指标和方法，第十三章主要介绍了部分专项运动员体能测试指标和方法，第十四章介绍了健康体能测试指标与评价，第十五章介绍了身体运动功能测试的指标和方法。本书的第一章、第二章由周志雄编写，第三章、第五章至第七章由丁腾编写，第四章、第十章由曾曼利编写，第八章、第九章、第十一章由徐正峰编写，第十二章、第十三章由刘洋编写，第十四章由何明珠和董山山编写，第十五章由尹军编写。书稿的统稿工作由周志雄、丁腾、刘洋等完成。

本书借鉴、参考了国内外有关的文献资料和研究成果，在此表示感谢！

目 录

第一章　体能的概念和要素 …………………………………………… 1

第一节　体能和体能训练的概念 ………………………………………… 3
第二节　体能的构成要素 ………………………………………………… 6
第三节　体能训练的发展趋势 …………………………………………… 10

第二章　体能测试与评价概述 …………………………………… 17

第一节　体能测试与评价的概念和目的 ………………………………… 19
第二节　体能评价的形式和标准 ………………………………………… 24
第三节　体能测试的要求和管理 ………………………………………… 29

第三章　身体形态、身体成分测试与评价 ……………………… 33

第一节　身体形态测试 …………………………………………………… 35
第二节　身体成分测试 …………………………………………………… 40

第四章　力量素质测试 …………………………………………… 45

第一节　全身力量 ………………………………………………………… 47
第二节　下肢力量 ………………………………………………………… 60
第三节　上肢力量 ………………………………………………………… 66

第四节　核心区力量…………………………………… 82
第五节　仪器测试肌肉力量…………………………… 86

第五章　爆发力测试 ………………………………… 89

第一节　下肢爆发力测试……………………………… 91
第二节　上肢爆发力测试……………………………… 97

第六章　速度素质测试 ……………………………… 113

第一节　反应速度……………………………………… 115
第二节　移动速度……………………………………… 124

第七章　灵敏素质测试 ……………………………… 137

第八章　柔韧素质测试 ……………………………… 167

第一节　躯干和下肢柔韧性测试……………………… 169
第二节　躯干旋转柔韧性测试………………………… 177
第三节　上肢柔韧性测试……………………………… 178

第九章　平衡能力测试 ……………………………… 185

第一节　静态平衡能力测试…………………………… 187
第二节　动态平衡能力测试…………………………… 191

第十章　协调性测试 ………………………………… 197

第十一章　无氧能力测试 ··· 205

第一节　单组测试·· 207
第二节　多次跑测试·· 214
第三节　上肢无氧能力测试····································· 219
第四节　其他测试·· 220

第十二章　有氧耐力测试 ··· 223

第一节　力竭性持续跑测试····································· 225
第二节　间歇性测试·· 232
第三节　走跑类测试·· 241
第四节　专项或项群测试·· 257
第五节　亚极量测试·· 275
第六节　其他测试指标··· 287

第十三章　专项体能测试 ··· 291

第一节　体能主导类速度力量项目··························· 293
第二节　技能主导类隔网对抗类项目······················· 297
第三节　技能主导类同场对抗类项目······················· 301
第四节　技能主导类格斗类项目······························ 315

第十四章　健康体能测试指标与评价 ······················· 317

第一节　青少年健康体能测试与评价······················· 319
第二节　成人健康体能测试与评价··························· 325
第三节　老年人和幼儿健康体能测试与评价············· 329

第十五章　身体运动功能测试指标和方法……………………… 333

第一节　功能性动作筛查概述…………………………… 335
第二节　功能性动作筛查方法…………………………… 337
第三节　选择性功能动作评估…………………………… 348

附录　部分运动项目运动员体能测试指标 ……………………… 353

第一章

体能的概念和要素

第一节 体能和体能训练的概念

一、体能的概念

"体能"指人体的基本运动能力，是以身体供能系统的能量代谢为基础，通过骨骼肌系统表现出来的运动能力。体能是运动员竞技能力的重要构成要素。

从广义上讲，体能包括人的有形力量和无形力量：有形——身体能力，无形——心智能力，即由身体形态、身体机能和智力意志三部分组成。从社会生活方面讲，体能是积极适应生活的身体能力、工作能力和抵抗疾病的能力。从结构功能而言，体能包括形态、机能、运动能力等。1964年东京奥运会期间，国际运动医学委员会成立了国际体能测试标准化委员会，并制定了标准体能测试的六大内容：①身体资源调查；②运动经历调查；③医学调查与测验；④生理学测验；⑤体格、身体组织测验；⑥运动能力测验。对此，拉森（Larson）提出了体能的十大因素：①防卫能力；②肌力能力；③肌爆发力；④柔韧性；⑤速度；⑥敏捷性；⑦协调性；⑧平衡性；⑨技巧性；⑩心肺耐力。

从运动训练领域来看，运动员的体能发展水平主要是由其身体形态、身体机能和运动素质的发展状态决定的。"身体形态"指有机体内外部的形状，"身体机能"指有机体各器官系统的功能，而"运动素质"是有机体身体形态和身体机能在活动时表现出来的各种基本运动能力。长期以来，在理论表述中，人们把这些基本能力进行归类，分别冠以"速度素质""力量素质""耐力素质""柔韧素质"等约定俗成的称谓。在实际操作中，不同的运动项目被采取相应的指标予以测定，用以判别运动员在这些方面的水平。近年来，随着国际上高水平竞技运动的蓬勃发展和训练理论的深化，为有别于人们日常生活中和运动过程中名称相同的基本活动能力，运动过程中表现出来的这些基本能力被称为"运动素质"。目前,"运动素质"这一术语已逐渐为训练界所接受,并得到了推广和普及。它主要包括力量素质、速度素质、耐力素质、柔韧素质等。

在竞技体育中,"体能"指运动员在专项训练和比赛负荷下最大限度地动员有机体各器官系统,克服疲劳,按规定要求持续完成专项训练和比赛任务的生物学运动能力。它是竞技能力的基础和重要构成部分。

二、体能训练的概念

（一）体能训练的概念

"体能训练"指以发展、提高身体运动能力为目标,以科学安排各种训练方法和练习为手段的训练实践过程。体能训练突出针对人体各器官和机能系统的超负荷适应训练,旨在产生机能和心理适应,以达到提高整体运动能力和培养顽强的拼搏意志的目的。

（二）体能训练与身体训练的区别

传统的身体训练主要偏重于对某一运动素质（速度、力量、耐力、柔韧）的追求,往往忽略了整体机能潜力、运动能力的提高和对拼搏向上心理素质的培养。

1.身体训练注重某项运动素质的提高,对运动员的整体运动能力,对抗能力,在大负荷、高强度运动中的抗疲劳能力,以及顽强拼搏的心理素质没有给予应有的重视。这导致我国球类运动员的体能水平长期处于较低的水准。说明这一问题最典型的例子是足球运动员12分钟跑的达标测验成了令足球教练员头痛的事。

2.运动素质是人体能力在基本运动能力某一方面的具体表现,比如力量、耐力、速度能力等,既是体能的构成因素,也是运动实践中评价和检查体能水平的常用指标。换句话说,运动素质是体能水平的外在表现形式,体能是运动素质的内在决定因素。运动素质水平取决于人体器官和系统的运动能力水平。因此,体能与运动素质有密切的联系,体能训练与身体训练有密切的联系,两者既有联系,又有区别。

3.体能训练要求把运动素质训练纳入运动员整体运动能力提高的范畴进行综合考虑和认识，把运动素质训练作为人体生物学机能发展和机能适应训练的一部分。通常，身体训练是以单一的运动素质提高为目标任务，体能训练则从人体整体工作能力、人体机能潜力提升的角度研究、提高运动能力。也就是说，体能训练是人体器官和机能系统在结构和肌体能力上的适应性再塑造工作，也是运动员心理素质的再塑造工作。现代竞技运动比赛实践对运动员体能能力的要求永无止境，应努力不断提高运动员的体能水平。

三、体能训练的分类

体能训练旨在使运动员有机体的机能和形态产生生物学的适应性改变，从而提高运动员的训练水平，以及专项运动和比赛能力。

体能训练包括一般体能训练和专项体能训练两个方面。

"一般体能训练"指在运动中通过多种多样的非专项的身体练习增进运动员的健康，改造其身体形态，提高其各器官、系统的机能水平和基本运动能力，为运动素质的全面发展和专项体能训练打下基础。

"专项体能训练"则是在运动中采用与专项有紧密联系的专门性的身体练习，发展与专项运动成绩有直接关系的、适应专项需要的专门的运动能力。在提高这些专门能力的基础上，还要掌握专项技术和战术，并保证这些技术、战术在比赛中被有效地运用，创造优异的专项运动成绩。

一般体能训练是专项体能训练的基础，它不仅能有效地解决身体全面发展的问题，而且能为专项需要提供必要的基础条件。专项体能训练是从事专项运动必需的，内容是有限的，它采用的手段不足以解决全面发展运动员运动机能的问题，主要对专项成绩的提高起直接作用。因此，在对运动员进行体能训练时，一般体能训练和专项体能训练必须有机结合，在训练中要科学、合理地安排两者训练内容和运动负荷的比例。

第二节 体能的构成要素

人体的体能包括这几个方面要素：1.身体形态，反映人体发育状况的各环节高度、围度、长度、宽度、充实度等外部形态特征。2.身体的机能水平，主要包括人体各器官和系统的工作能力，心血管系统、神经系统、骨骼肌肉系统、氧转运系统、物质能量代谢系统、免疫系统、内分泌系统等的机能。3.运动素质，主要包括速度、力量、爆发力、平衡能力、敏捷性、有氧能力、无氧能力等。4.健康水平，包括运动员的心理健康、疾病和损伤、营养情况等（见图1-1）。

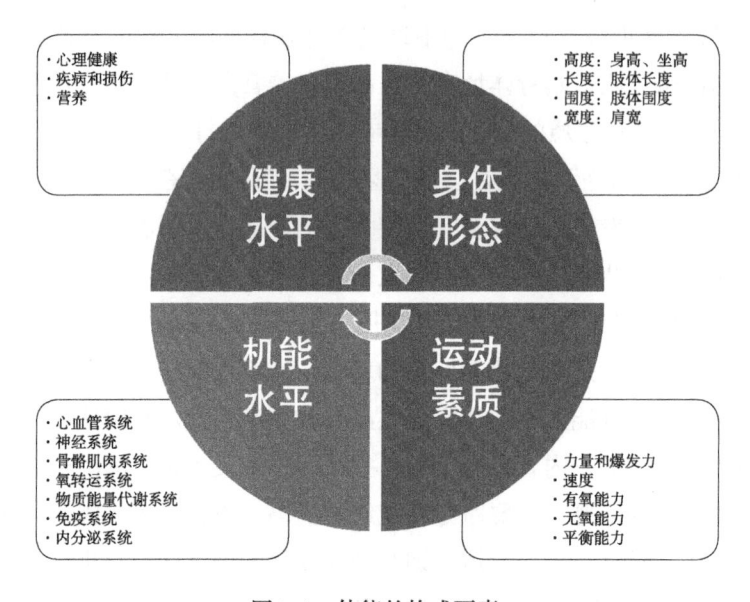

图1-1 体能的构成要素

在不同的学科领域中，由于各学科或实践应用目的不同，对体能要素的关注重点有一定的差异性。在竞技体育领域，运动员体能的构成要素包括身体形态、运动素质、运动机能等几个方面。在医学健康领域，健康体能由身体形态、身体机能、运动素质等要素构成（见图1-2）。

图1-2 竞技体能和健康体能的主要构成要素

一、竞技体能的构成要素

在竞技体育中，运动员体能是由身体形态、运动素质和运动机能三个维度的要素构成的（见图1-3）。这三个维度下的各种要素与运动员的专项运动能力密切相关。

身体形态主要包括身高、体重、肢体长度和围度，运动员的身体形态评价是以运动员在专项运动中发挥竞技成绩作为主要目的的。

运动员的运动素质主要指运动员在专项训练和竞赛过程中表现出来的专项运动能力，运动机能指专项运动中运动员身体各系统应对运动负荷刺激表现出来的应激和适应能力。运动员体能中的运动素质和运动机能存在密切的关系，运动素质是外在表现，运动机能是运动素质的物质基础和保障。运动素质主要包括力量、爆发力、速度、柔韧性、敏捷性、平衡和稳定性、有氧耐力等。运动机能主要包括人体的心血管系统、神经系统、骨骼肌肉系统、氧转运系统、物质能量代谢系统、免疫系统、内分泌系统等的机能，常用的评价指标主要包括心率、血压、血清睾酮、血清皮质醇、血红蛋白、血清肌酸激酶、血乳酸、血尿素、无氧功、最大摄氧量、无氧阈等。

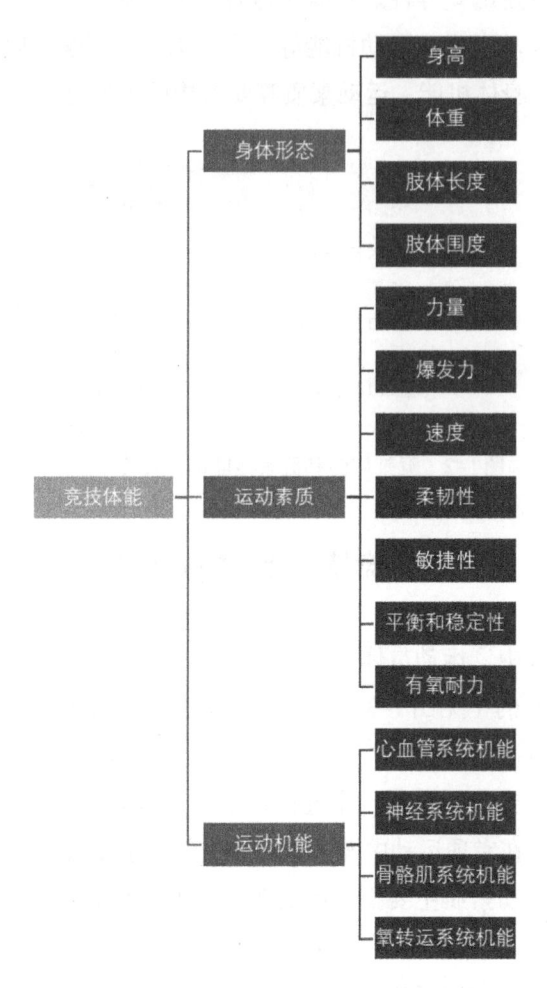

图1-3 竞技体育中运动员体能的构成要素

二、健康体能的构成要素

在医学健康领域，人体的体能由身体形态、身体机能、运动素质等要素构成。这三个维度下的各要素与身体健康状况和基本运动能力密切相关。

身体形态和身体机能与整体健康状态存在密切关系，以在日常生活中精力充沛为特性，与慢性疾病、健康状况及危险因素的低流行率相关。身体形态主要包括身体围度、身体成分、肢体长度等。

身体机能主要指维持人体活动的生理机能，主要包括人体心肺耐力、肌肉力量和肌肉耐力、柔韧性、心率、血压等指标。评价身体成分的指标主要有体重指数、围度（腰围、臀围等），以及通过各种测试方法测量人体的体脂含量、肌肉含量等。心肺耐力评价的主要指标是最大摄氧量。肌肉力量和肌肉耐力是健康体能的组成部分，能改善或维持骨骼重量、糖耐量、肌腱完整性、日常活动能力、去脂体重、基础代谢率等。肌肉力量评价指标主要有1次最大重复次数（1RM）、卧推、下肢蹬伸，肌肉耐力评价指标主要有俯卧撑、屈膝抬肩等，柔韧性评价指标主要有各关节活动度、坐位体前屈等。

运动素质主要反映人体在运动过程中表现出来的能力，包括敏捷性、平衡性、速度和反应时、爆发力、协调能力等（见图1-4）。

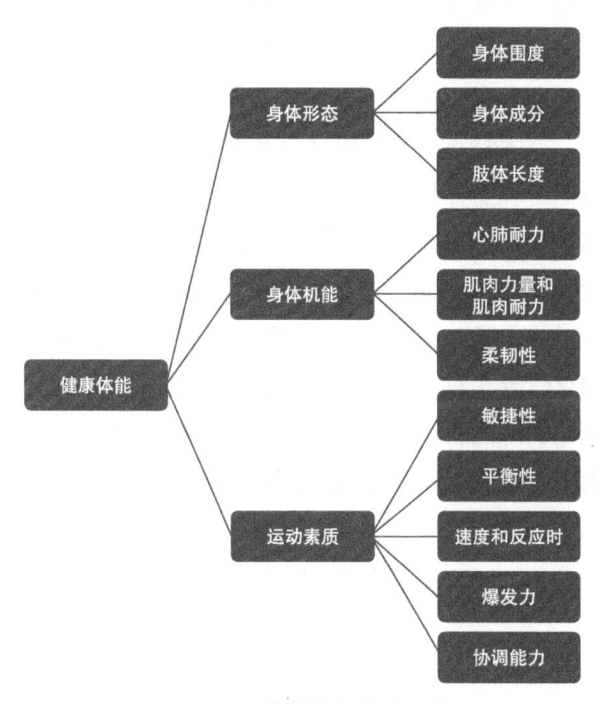

图1-4　健康体能的构成要素

第三节 体能训练的发展趋势

现代训练学已进入一个以多学科综合化和整体化为基本特点的新阶段，科学化训练已成为现代训练的核心问题。概括并把握当今运动训练实践中体能训练的发展趋势，对转换我们的训练观念、训练思路，找出我国运动训练实践中存在的问题，以及实现育人和夺标的竞技体育思想将起到重要的指导作用。

一、注重体能训练过程的科学监测

随着世界纪录不断被刷新，运动员承受的训练强度和训练量越来越大，运动训练和比赛对体育科技提出了更高的要求。对运动员的训练过程实施系统的、长期的科学监测，以便科学诊断运动员的训练负荷、运动成绩、心理状态、技术特点、身体机能等状况，并在比赛或训练后通过科学手段加速能量储备和身体机能的恢复，防止运动员出现过度训练或过度疲劳，有效提高运动员的竞技能力。同时，在重大比赛前和比赛中科学地调控运动员的竞技状态，使他们在比赛中创造最优异的运动成绩，是体育科学领域亟待解决的问题，可运用运动生理学、运动心理学、运动生物力学、运动生物化学等学科的基本理论和方法研究运动员体能和竞技状态特点、规律及运动训练的科学监测。运动训练的科学监测包括体能和竞技能力诊断与监测、训练负荷诊断与监测、运动成绩诊断与监测等多个方面。

二、多样化训练分期模式

训练分期问题在运动训练中所处的重要地位，一直是运动训练理论与实践关注的焦点。多年来，在训练分期理论与实践的发展过程中逐渐沉淀出较有代表性、产生了较大影响的两种训练分期模式：一种为传统训练分期模式——线性训练分期模式，另一种为非传统训练分期模式——波动训练分期模式。

我国运动训练理论与实践界较为熟悉的是传统训练分期模式——线性训练分期模式，这也是在我国训练实践中应用最广的训练分期模式。传统训练分期模式直接或间接地为我国竞技体育的发展做出过重大贡献。以苏联马特维耶夫教授为代表提出了传统训练分期模式，该理论以超量恢复为理论基础，主要特点是依据竞技状态形成、发展的规律及运动员参赛日程安排将全年训练过程分成若干个训练周期，每个周期又分为准备期、竞赛期及过渡期。传统训练分期模式是以超量恢复学说为主要理论基础而建立的。在训练过程中应用传统训练分期模式安排训练，必须选择合适的训练间歇，保证训练课的安排顺序与超量恢复的时相性特点一致。而在下一个训练单元，必须对运动员施加更大负荷的训练刺激，使运动员有机体的能源物质更大程度地消耗，否则运动员不会出现超量恢复，训练水平也会停滞不前。

而非传统的波动训练分期模式一段时间以来在欧美国家较为流行，在训练理论和实践中广为应用。目前，在训练实践中有两种较为流行的波动训练分期模式——小周期/周波动训练分期模式和日波动训练分期模式。小周期/周波动训练分期模式是以小周期或周为单元循环变化各训练变量（训练内容、手段和方法、运动负荷），体现为每周（而不是每一个中周期）都有着特定的训练任务。日波动训练分期模式是以日和训练课为单元循环变化各训练变量。该理论基础主要是反应抑制和条件抑制原理、运动性疲劳的特异性假设等。

传统训练分期模式以2—6个同一类型或不同类型小周期组成的中周期循环模式由于具有系统性、严密性和连续性，训练过程很难随意中断并被改变。对处于苏联和中国这种训练体制下的运动员而言，组织训练不存在问题。然而，对处于欧美国家训练体制下的运动员而言（教练员和运动员各自有着其他的工作，不一定保证训练的系统性和连续性，在训练时间的安排上随意性较大），实施、应用起来确实存在一定的问题，难以保证训练的系统性和连续性，因而会影响训练的最终效果。非传统的波动训练分期模式的引入，无论是从理论基础上，还是从实际应用上，都是对传统训练分期模式的有益补充和丰富。但是，运动训练过程的复杂性仍然使得非传统的波动训练分期模式诸多的理论基础及实验证据显得十分有限，其科学性及实用性仍然需要大量的科学研究和训练实践予以证明。而传统训练分期模式由于具有科学性、严密性、高度的概括性和应用的统一性，仍然在运动训练理论和实践中处于无法替代的位置。虽需发展、完善，但在现在和将来，它对我们合理安排运动训练过程的启迪和指导仍然具有重大的理论和现实意义。

另外，苏联训练学者维尔霍山斯基（Verchoschanskij）在对马特维耶夫的训练周期理论进行了长期、深入的研究的基础上，提出了板块（Block）训练理论，强调依据个别核心能力的突出发展，其训练时间是按照对专项能力起核心作用的素质和能力需要的适应性来安排的，通过每一次训练课重点的刺激和连续课刺激的深度，实现超越原有适应性水平、借以达到更高水平适应的训练目的。该训练理论的理论基础是生物适应理论。

总之，在运动训练实践中，由于运动项目不同，运动员不同，训练水平不同，训练目标和任务不同，所处的训练时期不同，需要选用不同的，但必须是最合理的训练分期模式。传统和非传统训练分期模式各有各的适用范围和条件，两者没有最有效的，只有根据项目特点、运动员个体差异，以及训练水平和训练时期的不同选择最适宜的训练分期模式，才能在一定时间内取得最大、最佳的训练效果。

三、训练赛前的减量训练

在训练过程中，运动员的体能和运动机能状态是呈周期性变化的，教练员和运动员也都希望把成绩的高峰安排在重要的比赛中。因此教练员如何安排运动员在比赛前的训练就显得十分重要，但这也是教练员和运动员在训练中最难掌握的问题之一。大多数情况下，经过严格的准备期训练之后，在参加比赛前要有一个减少训练量的时期，使运动员的机能状态得以提高。这种恢复性赛前训练被称为"赛前减量"（tapering）。

赛前减量训练的时间一般为1—4周；减量训练课内容的安排要以专项练习为主；训练量要小，训练强度应与减量前保持相当或略有增加；减量期训练负荷应逐渐减少。

Bosquet L等人对赛前训练的负荷强度、负荷量、负荷频率、持续时间及不同减量类型的影响进行了分析。研究认为，不降低负荷强度和负荷频率的赛前训练效果更好，降低41%—60%负荷量的赛前训练表现出较好的整体效果，持续降低41%—60%负荷量的赛前训练也表现出较好的整体效果，持续2周的赛前减量训练效果最佳，在"阶梯式"和"渐进式"两种类型的减量方式中，渐进式减量具有较好的效果。赛前减量训练是可以被检测并控制的，采用的指标主要有生理、生化指标和心理指标两类。生理、生化指标包括最大耗氧量、肌肉氧合作用、睾酮、红细胞容积、血细胞比容、血红蛋白、网织红细胞、肌纤维收缩特性、力量和爆发力。

现在越来越多的运动员已经开始接受在赛前训练中大幅度减少训练量的观点，赛前减量方法的应用已在游泳、田径、自行车等项目的运动员的体能训练中取得了明显的效果。赛前训练的研究成果主要来自个人项目，暂时还没有针对集体项目运动员竞技状态多高峰的赛前训练研究，也不清楚一支球队多久才能从赛前减量训练中获得效果。

四、重视核心区力量训练

核心区力量是竞技运动训练的一个新问题，20世纪90年代末期，"核心区力量"一说才进入竞技体育领域，并逐渐受到重视。核心区力量之所以为竞技体育所重视，主要是由于它在竞技运动中具有的关键作用。20世纪90年代初，一些欧美学者开始认识到躯干肌的重要作用，将这个以往主要用于健身和康复的力量训练方法拓展到竞技体育领域。他们从解剖学、力学、神经生理学等不同角度对躯干肌进行了研究，先后提出了核心稳定性（Core Stability）和核心区力量（Core Strength）的问题。

Kibler首先将"核心稳定性"概念引入竞技运动训练研究，提出"核心稳定性"指在运动中控制骨盆和躯干部位肌肉的稳定状态，使力量的产生、传递和控制达到最佳的一种能力，指出了身体核心部位在运动中的三个主要功能：产生力量、传递力量和控制力量。目前在核心稳定性和核心区力量的问题上仍然存在争议，其焦点主要是对"核心"的定位。

在竞技体育运动训练中，人体躯干部位的力量训练确实很重要，但不能说对于所有的竞技项目，它都是"最重要"的。在训练中根据需要采用特定的方法和手段分别发展不同的竞技能力才是合理而有效的。

五、重视身体运动功能训练

在备战2012年伦敦奥运会的过程中，中国奥委会体育部与美国身体运动功能训练学院在北京签署了为期一年的正式合作协议，中国奥委会体育部筹建了由国内外专家、教练组成的国家队备战伦敦奥运会身体运动功能训练专家团队，为国家队加强身体运动功能训练提供人员和技术支持。由此，身体运动功能训练在我国竞技体育训练实践中被迅速推广，并对我国传统训练理念和方法产生了较大的影响。

功能训练的目的在于对伤病后遗的各种功能残缺加以矫治，使之有所恢复，并尽量使患者生活自理，进而重新获得参加工作和参与社会生活的能力。功能训练的设计要根据患者的实际情况、患者想实现的目标及目标可能实现的程度来进行。

Gray Cook认为，人体功能性失调往往增加损伤风险并影响运动能力的提高。身体运动功能训练是在对人体进行身体机能测试和评估的基础上，通过专门的训练方法和手段有效提高人体的运动能力、人体的做功效率，预防伤病，促进伤病康复，进而达到完成训练和康复的任务、提高运动员竞技水平和大众健康水平的目的。简言之，身体运动功能训练是提高身体运动功能性运动能力的活动。

身体运动功能训练广为接受的一个主要前提就是动作模式训练，而不是肌肉训练。身体运动功能训练的优点体现在以下几方面：提高平衡能力和稳定性；大负荷力量训练少于传统力量训练；注重身体整体训练，身体局部承受的大负荷较小；全身大肌群参与，消耗的能量多；与传统体能训练相比，突出了安全性、有效性和趣味性；药球、弹力带、平衡装置、稳定球等器材训练取代了传统的力量房器械训练。

然而，身体运动功能训练不能取代体能训练，也不能被当作竞技体育运动训练的一种全新理念。我们要全面、深刻地认知其本质和应有的价值，吸取其正确的、合理的内核。在训练理论研究和运动实践中，不要无限制地放大、不适当地夸张身体运动功能训练的作用。现有实验研究表明，功能训练和体能训练在提高功能动作质量方面无显著差异。

第二章

体能测试与评价概述

第一节 体能测试与评价的概念和目的

一、体能测试与评价的基本概念

（一）体能测试

确定研究的某一事物或现象的特性和数量的一致性称为"测量"（Measurement），即对某物体或现象的整体中的某一个特性，如方向、时间、温度、速度、功能等进行定量的过程。

"测验"是以确定被测对象的身体状态和各种能力为目的而进行的测量或实验。测验是一种特殊的测量，其特殊性表现为：①标准化，测验的程序和条件应保持相同；②具有评价系统，测验的结果可以用于评价；③具有可靠性；④具有有效性。

体能测试就是组织并实施学生或运动员体能测验的过程，经体能测试得到的数据称为"体能测试结果"。如50米跑测试是体能测验的一项指标，组织受试者完成50米跑并实施准确计时的过程即为测试，跑的成绩是测试结果。

体能评定（Evaluation）是对体能测试结果做出判断的过程。体能测试与评价是两个相对独立又相互依存的概念。体能测试是采集信息资料的过程，体能评价是使用各种测量结果进行判断的过程。

（二）体能测试的科学性

体能测试的科学性主要表现在测量的有效性、可靠性、客观性、标准性等几个方面。

1. 体能测试的有效性

"体能测试效度"指测量结果反映考查内容的程度。例如，1RM深蹲练习是一项有效评价下肢力量的方法，主要由于它能够最大限度地募集下肢肌群。体能测试的有效性包括两个方面：首先是体能测试指标的有效性，即体能测试选定的指标与受试者特性（能力、特征等）、测量属性的一致性程度，通常通过体能测试结果和被测量属性的相关性来反映；其次是体能测试结果的准确程度。

影响体能测试有效性的因素主要有：

（1）测试指标自身和效标的可靠性。测试的有效性一方面取决于待检验的某项测试指标本身的可靠性（内部），另一方面取决于用来检验这项测试的有效性使用的效标的可靠性（外部）。

（2）适用测试指标的受试者人群特征。某个测试指标往往只适用于特定年龄，性别、知识、经验水平的受试者，而对于其他人群往往就不适用，例如适用于运动员的体能测试指标往往不一定适用于普通人群。

（3）测试的方式。成套测试的有效性往往高于单项测试。

2. 体能测试的可靠性

"体能测试的可靠性"指在相同条件下对同一批受试者进行重复测试时测试结果的一致性程度，也就是说测试结果要具有一致性、稳定性及可靠性。可信的测试选择能反映出竞技能力轻微的变化，如果一个测试可信度低，那么测试的差异仅仅反映测试的变化，并不能反映训练计划的有效性。

可靠性系数是描述测试可靠性的统计学参数，为真值方差与实测值方差之比。在同等条件下，当观测测试值无穷大时，人们常把平均值看成成绩的真值。测试的可靠性在很大程度上取决于测试误差的大小，测试误差越小，可靠性越强。在体能测试与评价实践中，通常采用可靠性系数的区间值来描述测试的可靠性程度：

0.95 — 0.99，非常可靠。

0.90 — 0.94，可靠。

0.80 — 0.89，可靠性可接受。

0.70 — 0.79，可靠性差。

0.60 — 0.69，可能可靠，也可能不可靠。

在体育测试的实践中，影响测试可靠性的因素主要有受试者个体状态的稳定性、测试者状态的稳定性、测量仪器功能的稳定性、测量方法和程序是否完善、外部环境的变化、样本量大小等。

3.体能测试的客观性

"体能测试的客观性"指不同的测试者对同一批受试者实施相同的测试手段，结果具有一致性。

影响体能测试的客观性的因素主要包括：

（1）实施测试的方法和程序标准化。标准化程度越高，测试结果的客观性越强。

（2）测试指标的难易程度、稳定性及性质。对于测试方法比较复杂且难度较大的指标，测试结果的客观性较差；对于稳定性较差的指标，测试结果的客观性也较差；定性指标比定量指标的客观性差。

（3）测试者及受试者主观因素影响的程度。

（4）测试者掌握测试方法和技术的熟练程度。

二、体能测试与评价的目的

对人的体能进行测试与评价，目的是检查、衡量教学、训练方法在发展身体运动能力和促进体质健康方面的效果，以改善教学、训练过程，达到或实现目标。因此，体能测试与评价是为研究体育教学、运动训练的科学方法和内在规律服务的，它是教学、训练过程的重要组成部分。

体育教学和运动训练的主体是人，实施主体是教师或教练员，教学、运动训练的对象是学生或运动员。在体育教学和运动训练实践中，教师和教练员需要了解教学、训练对象的基本情况，只有在体能测试与评价的基础上客观、准确地分析教学、训练对象的需求，才能在教学、训练中有针对性地实施有效的方法和手段。因此，体能测试与评价是实施有效教学、训练的起点或基点，是科学地制定教学、训练计划，选择教学、训练方法的重要依据。同时，体能测试与评价也是检查、衡量体育教学、运动训练方法的效果的途径，通过科学地选定必要的体能测试指标和工具来客观地评价教学、训练方法对发展学生和运动员的身体运动能力，促进其身体健康具有积极的意义。通过体能测试与评价，可以获取更多的客观、有价值的反馈信息，便于教师或教练员判断学生或运动员的身体能力和技能状态、智力和接受能力、负荷能力和运动表现，减少他们对主观判断和经验信息的依赖程度，使他们克服盲目性，提高主动性和科学性，以及教学、训练的科学化水平。另外，体能测试与评价有利于汇集体育教学、运动训练中大量的数据信息，为研究教学、训练的规律提供可靠的依据。

三、体能测试与评价的作用

体能训练计划建立在通过定量评价积累的科学数据的基础上。在某种程度上，科学化的训练应包括合理地解释评价结果，并向运动员和教练员提供有益的信息。这有利于体能专业人员提高运动员的专项竞技能力，科学地评价专项训练案例的有效性和运动员的专项潜力，合理地设计集体和个人项目运动员的训练目标，制定运动员体能评价方案，包括体能测试工作的选择和管理、对测试结果的合理解释，以及在普通实验室和场地对运动员的体能进行测试、评价的方法。

设计实用的训练计划要结合专项竞技需要。然而，要了解运动项目对体能的需要，就必须全面了解运动项目的特性，这就需要一套完整的体能测试，对影响运动员竞技能力的要素（如力量、无氧爆发力、速度、敏捷性、最大有氧能力、耐力和体成分）进行全面分析。根据评价结果来确定每一个专项体能要素的相关情况和重要程度，这有利于在制定运动员训练计划的过程中适当重视专项体能要素。专项竞技能力模型标准既可以预测运动员未来竞技能力的表现，也可作为运动员早期选材的标准。运动员和体能训练专业人员可以把专项竞技能力模型作为激励工具，并通过比较测试结果来建立、完善训练目标。体能测试还能为个体训练方案提供基线数据，评价专项训练计划的有效性，也有助于了解运动员的运动损伤康复和参赛情况。体能测试与评价的主要目的主要包括这几个方面：

（一）为科学地制定教学和训练计划提供依据

在开展体育教学和运动训练之前，要通过体能测试与评价较为客观、全面地了解学生或运动员的运动能力和机能状态，据此确定适宜的教学、训练目标，制定科学、合理的教学、训练计划和内容，选择有效的教学方法、训练方法和手段。

（二）为改善、调控教学训练过程提供依据

在体育教学和运动训练中，通过体能测试与评价，可以及时了解教学方法、运动方法和手段的效果，便于教师或教练员主动把握教学、训练进程，改善并调控教学训练过程。通过测试与评价，教师或教练员可以及时发现教学训练中存在的问题，及时调整计划和目标，以及内容、方法和手段。

（三）提高科学化体能训练水平

不断地积累教学、训练过程中学生或运动员的运动能力和机能水平方面的相关资料便于建立体能监测的大样本数据库，以及准确评价学生或运动员体能的模型。在体育教学和运动训练的实践中有目的、有计划地进行周密思考和严密设计，并有效地使用各种测量和评价手段，可以长期地、系统地积累有关数据库。这样既可以提高体能训练的科学性，又可以通过大数据分析来发现一些规律。

（四）有利于合理地进行能力分组

在一个班级或群组的学习或运动过程中，学生或运动员在身体发育水平、运动素质、身体机能、耐受运动负荷等方面存在个体差异。在教学训练过程中，通过体能测试与评价，有利于发现学生或运动员在上述方面的差异性，并根据测试、评价结果科学地分组，相应地选择不同的教学、训练内容和方法，可以更好地获得显著的教学、训练效果。

第二节 体能评价的形式和标准

一、体能评价的基本形式

根据目的，体能评价可以分为这几种基本形式：

1.从体能形成和变化的动态过程来看，可以分为诊断性评价、形成性评价和终结性评价。在体能训练过程中，这种评价形式经常被用于了解运动员体能训练的方法和手段的效果。

2.就体能评价采用的标准，分为相对评价（常模参照测评）和绝对评价（标准参照测评）。

3.从评价指标的性质，可分为定性评价和定量评价。

二、体能评价标准的类型

体能评价标准的类型通常分为常模参照测评和标准参照测评，二者的区别见表2-1。

表2-1 常模参照测评与标准参照测评的比较

	常模参照测评	标准参照测评
含义	将个体的成绩与同一团体的平均成绩或常模比较，确定其成绩的适当等级的评价方法。	以具体体现教学目标的标准的任务/指标为依据，确定学生是否达到标准及达标的程度如何的一种评价方法。
评价内容	衡量个体在团体中的相对位置和名次，也称"相对评价"或"相对评分"。	衡量学生的实际水平，即学生掌握了什么、能做什么，也称"绝对评价"或"绝对评分"。

续表

	常模参照测评	标准参照测评
评价标准	参照点：常模——团体测验的平均成绩。学生在团体中的位置就是通过学生个体成绩与常模进行比较来确定的。	参照点：教学目标。测试的关键是必须正确反映教学目标的要求，而不是试题的难易和可鉴别性。
主要用途	可以作为分类、排队、编班和选材的依据。	主要用于了解基础知识、技能的掌握情况，利用反馈信息及时调整、改进教学。
不足	忽视个人的努力情况及进步程度，尤其对后进者的努力缺少适当的评价。	测试题的编制很难充分、正确地体现教学目标。

（一）常模参照测评

常模参照测评（Norm-referenced Test）又称"相对评价"，是将受试者与常模进行比较，以评价受试者在团体中的相对地位为目的。早期的教育测验和大部分智力测验基本上都属于常模参照测验，测验项目要求具有适当的难度和一定的区分度，如智力测验、能力倾向测验等。常使用的常模参照表有百分等级量表、标准分数（z）量表、T量表、比率智商量表、离差智商量表等。

这类测验的目的主要是考查受试者的个体差异，一般用于衡量受试者相对水平的、以选拔为目的的大规模测验中。因此，以受试者在这类测验中所得的分数单独来解释是毫无意义的，必须将它放到受试者所在的团体中，从而直接或间接地以受试者在该团体中的相对等级或相对位置来评估其能力水平。《国家学生体质健康标准》就是常模参照测评，学生体质健康测试中的单项评分见表2-2。

表2-2 男生立定跳远单项评分（单位：厘米）

评级	单项得分	初一	初二	初三	高一	高二	高三
优秀	100	225	240	250	260	265	270
	95	218	233	245	255	260	265
	90	211	226	240	250	255	260
良好	85	203	218	233	243	248	253
	80	195	210	225	235	240	245
及格	78	191	206	221	231	236	241
	76	187	202	217	227	232	237
	74	183	198	213	223	228	233
	72	179	194	209	219	224	229
	70	175	190	205	215	220	225
	68	171	186	201	211	216	221
	66	167	182	197	207	212	217
	64	163	178	193	203	208	213
	62	159	174	189	199	204	209
	60	155	170	185	195	200	205
不及格	50	150	165	180	190	195	200
	40	145	160	175	185	190	195
	30	140	155	170	180	185	190
	20	135	150	165	175	180	185
	10	130	145	160	170	175	180

（二）标准参照测评

标准参照测评（Criterion-referenced Test）又称"绝对评价"，是将测试结果与一个绝对的数值比较，来评定受试者是否达到要求。例如，在足球运动员专项体能测试中，我国曾采用12分钟作为测试指标，要求专业足球运动员12分钟跑的及格标准为3000米。根据报道，我国400名甲A、甲B球员在广州、重庆参加测验，近1/4没过关。在学生的学业考试中，以标准参照测评对学生的学习成绩进行解释采用的是绝对标准，即学生是否达到了教学目标规定的学习标准及达到的程度，而不是比较学生个人之间的差异。以绝对标准的成绩进行评定是一种排除相对性的成绩评定准则，可鼓励学生经过努力都能达到这一标准。

在健康体能测试中，体重指数（BMI）的评价标准是根据疾病风险程度来制定的。对多数人来说，体重指数超过25千克/米^{2}时，与肥胖相关的健康问题明显增加。成年人超重和肥胖诊断、评估和治疗专家将"超重"定为BMI为25.0—29.9千克/米^2，将"肥胖"定为BMI≥30.0 kg/m^2。尽管体重指数无法作为衡量身体脂肪、肌肉量和骨骼的标准，但是当体重指数超过标准时，高血压、睡眠呼吸暂停综合征、Ⅱ型糖尿病、某些癌症、心血管疾病和思维能力减退的风险都会增加（见表2-3）。

表2-3　基于体重指数（BMI）及腰围的疾病风险

	体重指数 （千克/米^2）	相对于正常体重指数及腰围的疾病风险*	
		男性≤102厘米 女性≤88厘米	男性>102厘米 女性>88厘米
低体重	<18.5	—	—
正常	18.5—24.9	—	—
超重	25.0—29.9	增加	高
肥胖，分级	—		
Ⅰ	30.0—34.9	高	非常高
Ⅱ	35.0—39.9	非常高	极高
Ⅲ	≥40	极高	极高

注：*患Ⅱ型糖尿病、高血压和心血管疾病风险："—"表示处于这种BMI水平时无附加风险，体重正常者腰围增加也是风险增加的标志。
引自：Executive Summary of the Clinical Guidelines on the Identification, Evaluation and Treatment of Overweight and Obesity in Adults[J]. Arch Intern Med, 1998.

1. 制定评价标准的基本原则。标准参照测评的主要目的在于确定受试者对某一知识或技能的掌握的真实状况，因而其编制的基本原则为：（1）测量目标必须明确而具体，并且一项测验不能包含过多的测量目标。测量目标模糊或过多都不利于测验结果精确描述受试者的知识掌握或能力的真实状况。（2）测试指标或测试题目必须与测量目标具有较高的一致性。每一个测试指标或测试题目都必须体现出所要测量的目标的表现。同时，测量同一目标的测试题数量既要足够，又要具有较高的同质性，但对于测量不同目标的测试题目不要求有同质性。

2. 及格的标准水平。标准参照测评的得分解释不依赖于测验组的常模，而是根据测验编制者通常在测验实施之前就制定的及格的标准水平进行。显然，受试者是否及格不依赖于同伴的测验结果，而完全依赖于自身的行为表现结果。

及格的标准水平是测验分数量表上的某个点，可以根据这一点在量表上的位置将受试者划分成对测量内容具有不同熟练掌握水平的不同类型。及格的标准水平是解释测验结果的直接依据，如何制定出合理的及格标准水平是一个需要测验编制者深思熟虑的问题。因为这种标准水平的确立包含了较多的人的主观性成分。至目前为止，人们已纷纷提出了许多种确立及格的标准水平的方法。

第三节　体能测试的要求和管理

测试内容和方法的选择主要根据专项体能的要素进行。一个典型的测试内容可能包括上、下肢力量测试、爆发力测试、速度和敏捷性评价、心血管耐力测试、体成分和柔韧性测试。

在对运动员进行评价时，合适的测试内容取决于运动项目的竞技需要。当确定了评价内容（如力量、爆发力、有氧耐力、速度等）后，下一步就是确定测试的信度、效度、专项性并进行与项目相关的评价。如果没有涉及以上内容，那么测试内容可能存在一定的问题，将获得很少的信息。

一、测试的专项性和相关性

就专项能力来说，测试具有重要的价值，每一次测试对于运动员训练计划的制定都是必不可少的。例如，在力量训练和测试中都采用相似的练习模式（如下蹲），测试结果可以准确地反映出力量提高的幅度。然而，如果在力量训练和测试中分别采用不同的训练模式（如器械和自由力量）或练习（如下蹲和蹬伸），就很难看出力量提高的幅度。

在一项对两组受试者进行为期10周的测试的训练研究中，第一组在变阻力量训练器械上训练（下肢蹬伸练习），另一组采用自由力量进行训练（下蹲练习）。下肢蹬伸练习组的下肢蹬伸力量提高了27.0%，而下蹲力量只提高了7.5%。相反，下蹲练习组的下蹲力量提高了28.9%，而下肢蹬伸力量只提高了7.5%。从实验结果来看，采用与训练手段不同的测试方法进行力量测试只反映出力量提高的幅度为25%。在运动员测试过程中，应当选择与专项有关的测试方法，选择可供运动员和体能专家准确地了解专项竞技能力变化的评价指标。例如，Wingate无氧爆发力测试是实验室测试爆发力的权威标准，但是，由于测试是在功率自行车上进行的，对非自行车项目来说，专项性值得怀疑。专项性较强的无氧爆发力测试手段主要包括跑和跳。如纵跳测试就是一个专项无氧爆发力的测试手段，运动员可以在测力台上进行测试。对于篮球和排球项目，也可以佩戴一个加速计进行测试。

二、测试管理中的实际问题

要获得精确的评价，需要安全而有组织性的测试，精心策划评价时机，并做到测试步骤合理。另外，所有运动员要清楚地了解每一个测试的目的。

（一）安全原则

不管竞技水平高低，所有运动员在参加健康或竞技能力评价前都应该参加医学排除。参加医学排除的目的是确定运动员是否有参加练习计划或体质评价的禁忌症。获得医学排除是每一个体能教练的责任，并且医学排除问题应当包含在标准操作程序指南中。操作程序应当在运动队医和运动医学组的协助下完成。

（二）评价时机

要从评价计划中获得最多的信息，就必须在整个训练年度中开展评价工作。每一次评价的目标可以不同，要关注训练目标的确定，评价训练计划的有效性，评价运动员的参赛准备情况。要评价训练计划的有效性，在年度训练开始和结束时进行诊断。评价比赛期运动员的参赛准备情况，就要在开始训练时对运动员进行测试。

对新运动员来说，他们应当有充足的时间学习如何完成每个测试，然后再让他们安全地完成每个测试，使得评价更加准确，练习手段更加有效。图2-1是整个训练年度的专项测试期案例。这个测试安排是针对美国大学生足球运动员的，他们的比赛期在9月至11月。第一次测试应安排在非赛季（冬季）训练开始阶段，安排训练手段，确立训练目标并作为运动员激励工具。第二次测试应安排在冬训末和和夏训前，大约在赛期前3个月左右。这次测试有利于体能教练评价整个冬训计划,检查运动员的进步情况,并不断激励他们。最后一次测试应安排在训练基地每次集训开始时,作为夏训效果的最终评价。

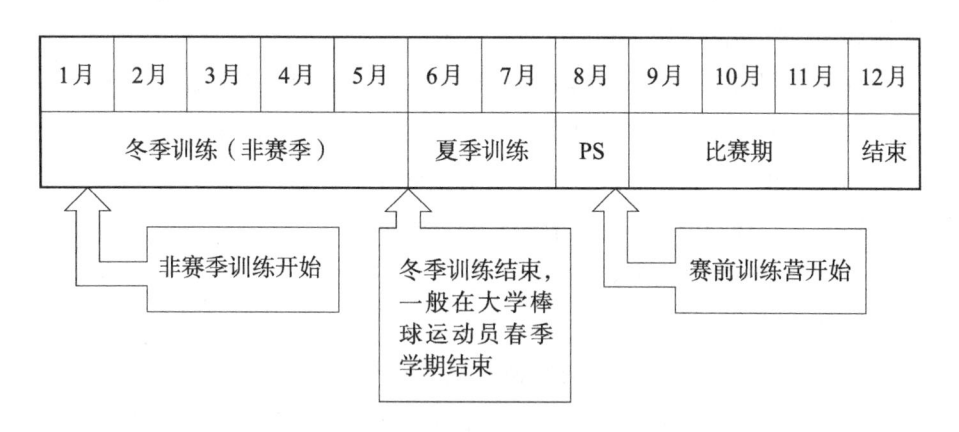

1月	2月	3月	4月	5月	6月	7月	8月	9月	10月	11月	12月
冬季训练(非赛季)					夏季训练		PS	比赛期			结束

↑ 非赛季训练开始

↑ 冬季训练结束,一般在大学棒球运动员春季学期结束

↑ 赛前训练营开始

图2-1　美国大学足球队运动员评价的时机

引自:J R Hoffman. Norms for Fitness, Performance and Health.

(三)测试顺序

测试管理中一个重要的问题就是测试项目顺序安排。一般来说,首先安排最小疲劳的测试项目。应将运动技能比较高的测试项目(如灵敏素质)安排在所有容易疲劳的测试项目之前。任何导致运动员疲劳的测试项目都可能影响后续测试项目的测试结果,例如在有氧耐力练习后进行力量训练,力量水平就会显著下降;但是,力量测试被安排在先时,有氧耐力水平的测试结果就不会受到影响。因此,要把会导致运动员疲劳的测试项目〔如300码(274.32米)往返跑、各种直线往返跑、2.41千米跑〕安排在测试的最后。

影响测试顺序的因素有很多,包括参加测试的运动员人数、测试持续的时间(如2小时、1天)、参与测试的体能教练的人数。在理想的测试方案中,所有运动员应当以相同的测试顺序进行测试。如果测试工作持续较长的时间(如超过2天),应将最让人感到疲劳的测试项目安排在最后。

但是，由于时间的限制，理想的测试方案往往难以实现。

在对一个运动队或一群运动员进行测试时，可能需要分多个测试站同时进行测试。在一段时间内，运动员经常被分成若干组轮流进行测试。有的运动员完成40码（36.58米）跑后，接着进行力量测试，其他运动员在短跑和敏捷性测试前先完成力量测试。

理想的测试方案会获得准确的测试结果，应将耐力性和往返跑测试项目（最疲劳测试项目）安排在测试单元的最后并安排适当的休息，每项测试的间隔至少为5分钟，便于磷酸原供能系统的恢复。体能教练还应当考虑到适当、合理的测试顺序有利于提高肌肉的性能，如先完成最大蹲跳测试能显著增加纵跳的高度。

（四）测试结果的解释

测试工作结束后，要及时将测试的结果告诉运动员和教练员。在集体项目训练中，要将运动员的个人结果与以前的测试结果进行比较。可以将测试结果与其他同项目和相同位置的运动员进行比较，以评价运动员的潜力。测试结果也可为安排训练方法、确立训练目标、激励运动员提供参考。

第三章

身体形态、身体成分测试与评价

第一节 身体形态测试

一、身高

测试目的：在身体周围的标准解剖部位进行长度测量。

测试器材：卷尺和用于标记皮肤的笔。如果使用塑料带或布带，则应定期用卷尺检查，它们会因他人使用而增加长度。

注意事项：受试者自身的变化、测量时卷尺的松弛或绷紧情况及正确的测量解剖位置。

测试优点：属于成本较低的一类测试，可以自行管理。

二、体重

测试目的：测量运动中的体重对于评估身体成分、监测饮食和运动后体重的变化非常重要；同时，对于监测体内脂肪、肌肉质量变化，以及水合作用水平很有价值。

测试器材：应使用经权威部门认证的，并经过精度校准的体重秤。

测试方法：受试者脱去鞋、袜子和多余的衣服，双脚站立在秤上。

测试优点：在测试大型团队时可以最小的成本进行快速、简单的测量。

注意事项：

为了提高准确性，应在早晨进行常规称重。

体重会受膀胱内液体的影响，应在排空膀胱后称重。

需要考虑的其他因素包括最近的食物量、水合程度，最近身体排出的废物量，最近的运动和服装。

如果正在监测体重的变化，应在相同的条件下，尽量在脱去衣服的情况下使用相同的一组秤，在一天的同一时间称重，来对比体重。

测量体重可以衡量体内脂肪的变化，但这种方法无法将瘦体重的变化纳入考虑范围，所以最好使用其他测量身体成分的方法。

三、体重指数

测试目的：体重指数（Body Mass Index，简称BMI）用来衡量身体成分，是目前国际上常用的衡量人体胖瘦程度及是否健康的一个标准。当我们需要比较、分析体重对不同高度的人造成的健康影响时，BMI值是一个可靠的指标。

测试器材：体重秤和身高测量仪。

测试方法：获取受试者的身高和体重，可通过计算得出。计算公式：$BMI = M / H^2$，其中M为以"千克"为单位的体重，H为以"米"为单位的身高，得分通常表示身体脂肪水平。

评价标准：体重指数采取体重除以身高的平方的方法来计算。例如，身高是1.82米，身高的平方为3.3124，体重是70.5千克，则BMI是70.5 / 3.3124=21.3。表3-1为BMI评价标准。该表经世界卫生组织BMI分类系统认证，男性和女性的评分等级是相同的。也可反向查找BMI表，根据身高确定理想的体重。

表3-1 身体成分评价标准

分类	体重指数（千克/米²）	亚类	体重指数（千克/米²）
低体重	< 18.50	偏瘦	< 16.00
		中等偏瘦	16.00 — 16.99
		轻度偏瘦	17.00 — 18.49
正常	18.50 — 24.99	正常	18.50 — 24.99

续表

分类	体重指数 （千克/米²）	亚类		体重指数 （千克/米²）
超重	≥ 25.00	偏胖		25.00 — 29.99
		肥胖分级（≥ 30.00）	I	30.00 — 34.99
			II	35.00 — 39.99
			II	≥ 40.00

目标人群：体重指数通常被用作一般人群测量，以及确定与肥胖相关的健康风险水平。

测试优点：标准身高和体重的测量只需要进行简单的计算。

测试缺点：对于某些人群，将体重指数作为衡量身体肥胖程度的指标可能不准确。例如，大型肌肉发达的优秀运动员BMI水平普通较高，容易被错误地评价为肥胖。

注意事项：也可对其他简单的身体组成部分，如皮肤褶皱进行测试。

四、腰围

测试目的：围度是身体周围标准解剖部位的周长测量值。确定腰围的目的是获得腹部脂肪（内脏脂肪）的数量。腰围与冠心病和糖尿病的风险增加有关。

测试器材：卷尺和用于标记皮肤的笔。如果使用塑料带或布带，则应定期用卷尺检查，它们会因他人使用而增加长度。

测试方法：在腰部最窄处的水平高度进行测量；如果该位置不明显，则在最低的肋骨和髋骨髂前上嵴连线的中点（不规则的嵴）进行测量。如果不确定是否在最窄处的水平高度进行测量，可在不同的水平高度进行多次测量，取最低值即可。测量时，要确保卷尺不松、不紧，被水平放在皮肤上。

测试优点：本测试成本低，便于进行自我测试。

注意事项：

对那些腰部肌肉组织粗壮或身材矮小、矮胖的人的进行健康风险评估，结果可能不准确；对于脂肪主要沉积在臀部和大腿的女性，只单独测量其腰围与健康因素的关系，结果同样并不准确。

影响准确性的因素包括受试者自身的变化、测量时卷尺的松弛或紧绷情况及正确的测量解剖位置。

如果可能，测试时应尽量脱去衣服，以确保测量位置正确，并获得正确的腰围。将围度测量与皮褶测量结合，可以更清晰地了解组织的组成和肌肉、脂肪分布的变化。

表 3-2　成人腰围危险分层

风险程度	男性		女性	
	单位：厘米	单位：英寸	单位：厘米	单位：英寸
极高	＞120.0	＞47.0	＞110.0	＞43.5
高	100.0 — 120.0	39.5 — 47.0	90.0 — 109.0	35.5 — 43.0
低	80.0 — 99.0	31.5 — 39.0	70.0 — 89.0	28.5 — 35.0
极低	＜80.0	＜31.5	＜70.0	＜28.5

资料来源：ACSM运动试验和处方指南（第7版）。

五、胸围

测试目的：通过测量胸部围度来测量胸部肌肉和肺部的大小。

测试器材：卷尺和用于标记皮肤的笔。如果使用塑料带或布带，则应定期用卷尺检查，它们会因他人使用而增加长度。

测试方法：这项测试是在胸骨中部的水平高度进行的，卷尺绕过手臂。卷尺就位后，受试者应该放松双臂，测试者在受试者正常呼气结束时进行测量。测量时，要确保卷尺不松、不紧，被水平放在皮肤上。

测试优点：本测试成本低，便于进行自我测试。

注意事项：

影响准确性的因素包括受试者自身的变化、测量时卷尺的松弛或紧绷情况及正确的测量解剖位置。

如果可能，测试时应尽量脱去衣服，以确保测量位置正确，并获得正确的胸围。将围度测量与皮褶测量结合，可以更清晰地了解组织的组成和肌肉、脂肪分布的变化。对于胸围测量，由于测量位置特殊，应该注意保护受试者的个人隐私，并且适当地对服装进行测量，与结果一起记录下来。

六、臀围

测试目的：臀围测量是对臀部的基本结构、肌肉组织和脂肪组织进行度量，一般与腰臀比（WHR）中的腰围测量结合。腰臀比与冠心病的风险有关。

测试器材：卷尺和用于标记皮肤的笔。如果使用塑料带或布带，则应定期用卷尺检查，它们会因他人使用而增加长度。

测试方法：这项测试是在臀部肌肉最突出点的水平高度进行的。受试者站立，双腿略微分开，使体重均匀分布在双腿，确保臀部肌肉不紧张。测量时，要确保卷尺不松、不紧，被水平放在皮肤上。可以让受试者站在盒子上，使测量更容易。

测试优点：本测试成本低，便于进行自我测试。

注意事项：

影响准确性的因素包括受试者自身的变化、测量时卷尺的松弛或紧绷情况及正确的测量解剖位置。

如果可能，测试时应尽量脱去衣服，以确保测量位置正确，并获得正确的臀围。将围度测量与皮褶测量结合，可以更清晰地了解组织的组成和肌肉、脂肪分布的变化。对于臀围测量，由于测量位置特殊，应该注意保护受试者的个人隐私，并且适当地对服装进行测量，与结果一起记录下来。

第二节　身体成分测试

一、生物电阻抗测试法

测试目的：生物电阻抗测试（Electrical Bioim Pedance Measurement）是一种利用生物组织、器官的电特性及其变化规律提取与人体生理、病理状况相关的生物医学信息的检测技术。

测试器材：生物电阻抗分析仪是一种复杂的科学器材，用于研究和分析。在预算水平上，在许多卫浴类型的秤的研制上也可以使用生物电阻抗分析仪，将两个内置的电极安装在人站立的秤的基座上。

测试方法：由于生物电阻抗装置用于测量身体组织对小的电信号流动的阻力，受试者不应接触任何其他非导电表面，并且四肢不要张开。在利用有些器材进行测试时需要将一对电极放在受试者的手和手腕上，将另一对电极放在其脚和脚踝上（通常是身体的双侧）；对于其他器材，则需要受试者站在两个脚踏板上，按照器材说明进行操作。

测试原理：生物电阻抗测量身体组织对小而无害的电信号流动的阻力。电流更容易通过身体中主要由水构成的部分（如血液、尿液、肌肉等），当它通过骨骼、脂肪或空气时则阻力较大，由此计算出体内脂肪的比例。将生物电阻抗测量值与身高、体重、性别、健康水平、年龄等其他因素结合，可以预测人体内脂肪含量。

测试优点：这种人体成分分析方法非常简单、快捷，如果有合适的器材，可在家完成。

测试缺点：器材相对昂贵，价格高达数千美元，低档价格约为100美元。

注意事项：

电阻力测量受体内水分状态、体温、测量时间的影响，因此需要在良好的控制条件下才能获得准确、可靠的测量结果。如果受试者脱水，脂肪的数量可能被高估。

生物电阻抗分析基于施加电流的电阻与体内脂肪量成反比。这种方法没有考虑体内脂肪的位置。

对于体内有心脏起搏器的人，不应该使用生物电阻抗分析其身体成分。

二、双能X线（DEXA）法

测试目的：双能X线（DEXA）法是骨密度测定的权威标准，用于预测总体脂肪、无脂肪质量和全身骨骼矿物质。

测试器材：DEXA机器。根据两级X射线组织的差异，将体重分为肌肉软组织重量、脂肪软组织重量和骨组织重量。

测试方法：受试者躺在全身扫描仪上，将X射线源安装在桌子下方、探测器上方。用两种不同能量的低剂量X射线产生的光子扫描受试者，测量身体对两种射线的吸收。整个过程需要10—20分钟。

测试优点：该方法准确、精确、可靠。DEXA测量基于三个模块〔全身矿物质（骨骼）、瘦体重和脂肪组织质量〕，而不像其他大多数方法那样只测试两种。DEXA还可以区分身体组成的区域及全身参数。最新的人体组成研究使用的就是这种方法，它是一个参考标准。

测试缺点：器材昂贵，并且经常需要训练有素的放射科人员进行操作。

注意事项：如果不是因为测量价格的限制，DEXA是身体成分分析的标准方法。

三、水下称重法

测试目的：水下称重法也称"水密度测量"，是测量体成分的经典方法，其目的是测量身体的密度，并计算体脂百分比。

测试器材：静液压不锈钢称重罐，包括安装在水中的椅子和磅秤、加重皮带和鼻夹。还有一套更简单的装置，包括悬挂在游泳池或热水浴缸的跳水板上的一个椅子和秤。

测试方法：首先确定受试者的干重。受试者穿最少的衣服坐在专门的座位上，将空气从肺中排出，然后进入水中，直到所有身体部位没入水中。受试者必须保持静止不动，测试者记录其水下重量；可进行多次重复测试，以获得准确的水下重量测量数据。

评价标准：身体密度 = Wa／〔(Wa-Ww)／Dw-RV-GV〕，其中 Wa 表示陆上的体重（千克），Ww 表示水中的体重（千克），Dw 表示水密度（克/毫米），RV 表示剩余肺容积。使用 Siri 方程可以将身体密度（D）转换为体脂百分比（%BF）。尽管有对 RV 的估算，但为了获得更准确的剩余肺容积，应进行物理测量。

测试优点：水下称重法是测量身体密度最广泛的方式，曾经是间接测量的标准措施。

测试缺点：器材昂贵。水箱大多在大学或其他研究机构，普通人群无法进行测试。

注意事项：

升高水温，为受试者提供舒适的体验。但水的密度取决于温度，该因素应该被考虑。

这种方法可能低估运动员的体脂百分比，因为运动员比非运动员的骨骼和肌肉更密集；也可能高估老年骨质疏松症患者的体脂百分比。

四、皮褶测试

测试目的：皮褶厚度测量是确定人体脂肪成分的常用方法，准确的测量技术非常重要，通过测量皮褶厚度来估计身体脂肪水平。

测试器材：皮褶厚度测量计、卷尺、记号笔、记录纸。

测试方法：可以选择 3—9 个不同标准的解剖位置。通常为了一致，只测量右侧。测试者在合适的部位捏住受试者的皮肤和下面的脂肪组织，以产生双层皮肤，而不捏住肌肉；然后将卡尺压在下方 1 厘米处并箍缩成直角，在2秒后以毫米读数。进行两次测量，取平均值。如果两次测量差别很大，则应该测第三次，然后取中值。由于误差的增加，将皮褶厚度测量转换为体脂百分比（%BF）通常是不合适的，最好使用不同位置的总和来监测、比较身体脂肪指标。

目标人群：适合所有人群，但有时难以对肥胖人群进行可靠的测量。

测试优点：以皮褶测试评估身体组成，其技术比水下称重法和许多其他身体成分检测简单得多。在做出皮褶卡钳支出之后，日常测试成本很低。

注意事项：

随着时间的推移，身体组成也会发生相应的变化。保持卡尺的正确校准非常重要。

皮褶测试的准确性因测试者的技能和经验而异。

有些受试者在测试仪前面会感觉不舒服，应使每个受试者感觉舒适。

出于个人隐私原因，应让女性测试者测试女性受试者。

应该在受试者右侧进行测量。如果受试者出现右侧受伤、截肢、畸形或其他情况，可换左侧进行测试。正常情况下，尽量在同一侧进行测试，如果需要在不同侧进行测试，请记录情况。

皮褶测试不是体脂百分比的有效预测因子，但它们可以被用作监测器材来估计身体的脂肪水平（见表3-3）。

表3-3　成人皮褶厚度等级表

人群	性别	优秀	良好	普通	较低	差
普通人群	男性	60 — 80	81 — 90	91 — 110	111 — 150	150+
	女性	70 — 90	91 — 100	101 — 120	121 — 150	150+
运动员	男性	40 — 60	61 — 80	81 — 100	101 — 130	130+
	女性	50 — 70	71 — 85	86 — 110	111 — 130	130+

第四章

力量素质测试

第一节 全身力量

一、腹部耐力测试

测试目的：腹部耐力测试用于评估腹部肌肉的力量，以及腹部和髋屈肌的耐力。测试过程中，背部支撑和核心稳定性起着重要的作用。

测试器材：平整、干净的软垫，秒表，记录表，笔；卷曲条、速度装置（节拍器、鼓、坐起来的哔声测试MP3、PACER测试光盘）等也可能被用到。

测试方法：进行卷腹起体能测试的一种常见的方法是记录在特定时间段内的仰卧起坐的最大数目，如30秒（Eurofit坐起来测试）、1分钟（总统挑战测验的卷腹起测试）或2分钟（对美国陆军、海军陆战队和海军进行的测试）。或者，可以设定节奏进行测试，并且记录总仰卧起坐的最大数量（健身曲线卷曲、部分仰卧起坐测试、NHL卷起"嘟嘟"声）。对于这种方法，可以将节拍器设定为所需的速度，也可以使用具有节奏记录功能的录音带或CD。NCF卷腹起测试更进一步，并且有一个逐渐变快的速度测试环节，就像跑步测试一样。

评价标准：受试者以正确的姿势和相应的标准进行一次完整的卷腹（向上和向后）算作完成一个动作（见图4-1）。节奏测试可同时进行，直到受试者不能保持节奏。腹部耐力测试评价标准见表4-1。

表4-1 腹部耐力测试评价标准

阶段	仰卧起坐次数	男性	女性
1	20	差	差
2	42	差	均等

续表

阶段	仰卧起坐次数	男性	女性
3	64	均等	均等
4	89	均等	良好
5	116	良好	良好
6	146	良好	非常好
7	180	优秀	优秀
8	217	优秀	优秀

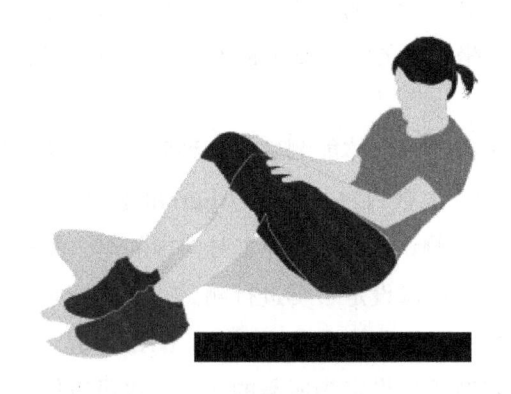

图4-1 腹部耐力测试

二、卷腹起测试

测试目的：卷腹起测试用于评估腹部的力量和耐力。测试过程中，背部支撑和核心稳定性起着重要的作用。

测试器材：平整、干净的软垫，秒表，记录表，笔和节拍器（或录音带、鼓、坐起来的哔声测试MP3）。

测试方法：受试者坐在一个干净的软垫上，双腿屈曲，脚后跟和臀部的间距为30.48厘米；双臂在胸前交叉，双手分别放在对侧的肩膀上；卷腹，使肘部触碰大腿，然后躯干下落，使肩胛骨（上背部）接触垫子。记录在1分钟内完成的仰卧起坐的最大数量（见图4-2）。

评价标准：受试者进行一次完整的卷腹算作完成一个动作，确保受试者不会在地板上"反弹"。调释计时器，当它发出"准备，开始"信号时开始测试。同时启动秒表，在1分钟结束，计时器发出"停止"信号时停止计数，受试者停止卷腹起。

注意事项：同伴可以通过大声说出重复次数来进行协助。正确地使用测试技术非常重要，以便与准则进行比较。如果使用有变化的测试，应该将实际上使用的技术、程序和结果一起记录下来，并查阅相应的标准表。在进行任何体能测试之前，都应该检查每个受试者的医疗状况，以确定应该考虑的医疗手段及其他健康问题。在测试开始之前，要讲清测试所有的注意事项。

图4-2 卷腹起测试

三、蜂鸣器卷腹起测试

测试目的：蜂鸣器卷腹起测试用于评估腹部的力量和耐力。测试过程中，背部支撑和核心稳定性起着重要的作用。

测试器材：平整、干净的软垫，节拍器（或录音带、鼓等）。

测试方法：受试者需要在1分钟内做25次仰卧起坐（尽量将节拍器设置为50，以便每次点击都表示向上或向下运动）。受试者仰卧在垫子上，双腿屈曲90°，脚后跟与地面接触；双臂在胸前交叉，双手分别放在对侧的肩膀上；从起始位置开始缓慢地进行卷腹，使肘部触碰大腿。每次还原受试者都必须以受控的方式返回，使肩胛骨（上背部）接触垫子，脚可以不用抬起来。同伴应将一只手放在受试者肩膀下面的垫子上，以确认接触情况。在不中断的情况下，受试者进行最大数量的卷腹重复，尽可能地达到100次的极限。如果受试者表现出异常不适，无法保持所需的节奏，无法在连续两次重复的过程中遵照相应的要领（如出现脚后跟离地），或者说受试者已经将该动作重复了100次，则测试终止。

评价标准：记录卷腹起的次数。受试者进行一次完整的卷腹算作完成一个动作。

注意事项：在进行任何体能测试之前，都应该检查每个受试者的医疗状况，以确定应该考虑的医疗手段及其他健康问题。在测试开始之前，要讲清测试所有的注意事项。

四、部分卷腹起测试

测试目的：部分卷腹起测试用于评估腹部的力量和耐力。测试过程中，背部支撑和核心稳定性起着重要的作用。

测试器材：平整、干净的软垫，记录表，笔和节拍器（或录音带、鼓等）；可用3秒的节奏哔声MP3进行测试。

测试方法：受试者仰卧；双腿屈曲，脚和臀部的间距为30.48厘米，脚不能被托住或靠在物体上；双臂伸展，放在大腿上；头部处于中立位置；控制动作缓慢地进行卷腹，直到肩膀从垫子上下来5.08厘米，然后再次下降。每3秒完成一次完整的卷腹（1.5秒向上，1.5秒向下，做到无间歇），并持续到力气用尽为止。

评价标准：记录卷腹起的次数。受试者进行一次完整的卷腹算作完成一个动作。要正确进行卷腹起计数。如果肩膀没有抬高5.08厘米，则不算"坐起来"；头要接触垫子；如果脚后跟离开垫子或者跟不上节奏，都不计算在内。

注意事项：正确地使用测试技术非常重要，以便与准则进行比较。如果使用有变化的测试，应该将实际上使用的技术、程序和结果一起记录下来，并查阅相应的标准表。在进行任何体能测试之前，都应该检查每个受试者的医疗状况，以确定应该考虑的医疗手段及其他健康问题。在开始测试之前，要讲清测试所有的注意事项。

五、Fitness Gram 卷腹起测试

测试目的：Fitness Gram卷腹起测试用于评估腹部的力量和耐力。测试过程中，背部支撑和核心稳定性起着重要的作用。

测试器材：平整、干净的软垫，带有卷曲节奏轨迹的PACER CD，使用相同节奏的卷腹蜂鸣测试MP3。如果节奏CD不可用，可使用秒表、节拍器或团队蜂鸣测试软件创建音频曲目，以设定节奏；也可使用3.0秒或4.5秒/次测量节奏。3.0秒/次测量节奏适用于5—9岁的孩子，4.5秒/次测量节奏适用于10岁以上的孩子。如果制造的测量条带不可用，可以用胶带标记在地板上，或者将一块纸板切割到合适的尺寸。

测试方法：受试者仰卧；双腿屈曲，大、小腿约成140°角，略微分开，双脚平放在地面上；双臂平放，双手手掌放在垫子上，手指伸出；头部与垫子接触。将测量条放在受试者腿下的垫子上，使其指尖刚好位于测量条的边缘。受试者的脚不能被托住或靠在物体上，保持脚后跟与垫子接触；缓慢地进行卷腹，使手指滑过测量条，直到指尖到达测量条的另一侧，然后回到头部接触垫子的姿势。运动应该保持平稳，每分钟20次（每3秒卷腹1次）。

评价标准：记录卷腹起的次数，最多可达75次。持续测试，直到受试者力竭（体现为受试者不能跟上设定的节奏），或者直到他们完成75次卷腹。如果受试者得到两次技术警告，那么测试将停止；如果其脚后跟离开地面，头部不能返回垫子，或者指尖不能到达测量条较远的一侧，测试也会停止。

注意事项：确保受试者在测试之前不驼背，因为他们可以通过上下移

动手臂和肩膀将指尖伸到测试条的另一侧。受试者不应该强行用手触及测量条，而是使双手被动地沿着地面移动，以响应躯干和肩膀的动作。准确地使用测试技术和Fitness Gram标准来进行精确比较非常重要。在Fitness Gram中使用的卷曲评估不涉及臀部屈肌的协助，并且最大限度地减少了对脊柱的压迫，与完全仰卧起坐相比，是一种更安全、更有效的测试。

六、NCF卷腹起调节测试

测试目的：NCF卷腹起调节测试用于评估腹部的力量和耐力。测试过程中，背部支撑和核心稳定性起着重要的作用。

测试器材：健身房垫或类似的垫子、录音机或CD播放机、NCF卷腹调节测试CD（如果知道速率，可以使用团队蜂鸣测试软件创建自己的应用程序）。

测试方法：录音中包含了如何进行测试的详细说明，要求受试者在音频记录的时间内尽可能多地进行卷腹起（见图4-3）。当受试者无法跟随"嘟嘟"声进行卷腹起，或者无法正确地使用技巧时，测试结束。

评价标准：记录出现蜂鸣音时正确进行卷腹起的次数，使用这个数字和图4-3中的刻度，可以得出评分。相关评价标准见表4-2。

表4-2 NCF卷腹起调节测试评价标准

阶段	仰卧起坐次数	男性	女性
1	20	差	差
2	42	差	均等
3	64	均等	均等
4	89	均等	良好
5	116	良好	良好
6	146	良好	非常好
7	180	优秀	优秀
8	217	优秀	优秀

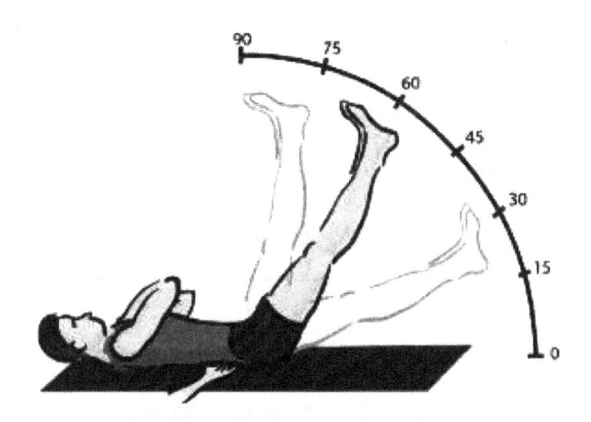

图 4-3 NCF 卷腹起调节测试

七、仰卧起坐测试

测试目的：仰卧起坐测试用于评估腹部肌肉和髋屈肌的力量和耐力。

测试器材：地毯或软垫。

测试方法：受试者仰卧在铺有地毯或软垫的地面上；双腿屈曲，大、小腿大致成直角，双脚平放在地面上；双手放在大腿上，把背部抬高，使双手足以沿着大腿滑动，并触摸膝盖的顶端，不要拉着脖子或头部；然后返回起始位置，使下背部和腰部紧贴地面。

评价标准：表 4-3、表 4-4 中的分数是根据所描述的测试得出的，如果测试被修改，则可能不准确。

表 4-3 仰卧起坐测试评价标准（男性）

年龄（岁）	18—25	26—35	36—45	46—55	56—65	65+
优秀	>49	>45	>41	>35	>31	>28
良好	44—49	40—45	35—41	29—35	25—31	22—28
一般以上	39—43	35—39	30—34	25—28	21—24	19—21
一般	35—38	31—34	27—29	22—24	17—20	15—18

续表

一般以下	31—34	29—30	23—26	18—21	13—16	11—14
差	25—30	22—28	17—22	13—17	9—12	7—10
非常差	<25	<22	<17	<13	<9	<7

表4-4 仰卧起坐测试评价标准（女性）

年龄	18—25	26—35	36—45	46—55	56—65	65+
优秀	>43	>39	>33	>27	>24	>23
良好	37—43	33—39	27—33	22—27	18—24	17—23
一般以上	33—36	29—32	23—26	18—21	13—17	14—16
一般	29—32	25—28	19—22	14—17	10—12	11—13
一般以下	25—28	21—24	15—18	10—13	7—9	5—10
差	18—24	13—20	7—14	5—9	3—6	2—4
非常差	<18	<13	<7	<5	<3	<2

八、APFT仰卧起坐测试

测试目的：APFT仰卧起坐测试用于评估腹部和髋屈肌的耐力。

测试器材：地垫或平地、秒表。

测试方法：APFT仰卧起坐测试要求受试者在2分钟内完成尽可能多的仰卧起坐。受试者仰卧；双腿屈曲，大、小腿大致成直角，双脚间距为30.48厘米；双手手指在头后交叉。同伴用双手握住受试者的脚踝。在"躺下"的命令下达后，受试者假定起始位置，并且将上身抬起到或使上身超过躯干垂直位置来进行仰卧起坐；然后降低身体，直到肩胛骨底部和手背接触地面。

评价标准：记录正确完成的仰卧起坐的次数，得分取决于受试者的性别和年龄。

注意事项：如果受试者不能到达垂直位置，不能保持手指在头后交叉，弓背，低头，抬起臀部，抬高上身，或双腿大、小腿形成的角度超过90°，则不能被记录为完成一个仰卧起坐动作。脚后跟是脚唯一必须保持与地面接触的部位，头部、手、手臂和肘部不需要接触地面。

九、PRT仰卧起坐测试

测试目的：PRT仰卧起坐测试用于评估腹部和髋屈肌的耐力。

测试器材：地毯、软垫等，秒表。

测试方法：PRT仰卧起坐测试要求受试者在2分钟内完成尽可能多的仰卧起坐。起始动作是平躺，背部接触地面，双腿屈曲（脚后跟和臀部的间距约为25.40厘米），双脚平放在地面上；双臂在胸前交叉，双手触摸胸部或肩膀。接到"开始"的命令后，受试者抬起上身并俯身向前，直到肘部接触大腿，同时保持手紧触胸部或肩膀；然后恢复平躺动作，直到肩胛骨触碰地面。重复2分钟。

评价标准：记录正确完成的仰卧起坐的次数。

注意事项：不允许下背部弹跳或拱起，并且在整个测试过程中，臀部和脚部必须始终保持与地面接触。在测试过程中允许在上升的位置休息，但不能为了使受试者保持这个动作而抓住他们的腿。鞋是可选的。

十、30秒仰卧起坐测试

测试目的：30秒仰卧起坐测试用于评估腹部和髋屈肌的耐力。

测试器材：地垫或平地、秒表。

测试方法：30秒仰卧起坐测试要求受试者在30秒内完成尽可能多的仰卧起坐。受试者仰卧在垫子上；双腿大、小腿成直角，双脚平放在地面上，并由一个同伴按住；双手手指在头后交叉；接到"开始"的命令后，抬起上身，使之与地面垂直，然后恢复仰卧动作。保持30秒。对于每个仰卧起坐动作，都必须以背部触碰地面结束。

评价标准：记录在30秒内正确完成的仰卧起坐的次数。

注意事项：如果受试者不能到达垂直位置，不能保持手指在头后交叉，弓背，低头，抬起臀部，抬高上身，或双腿大、小腿形成的角度超过90°，则不能被记录为完成一个仰卧起坐动作。

十一、PFT仰卧起坐测试

测试目的：PFT仰卧起坐测试用于评估腹部和髋屈肌的耐力。

测试器材：平地、秒表。

测试方法：PFT仰卧起坐测试要求受试者在2分钟内完成尽可能多的仰卧起坐。起始动作是平躺，背部接触地面，双腿屈曲，双脚平放在地面上；双臂在胸前交叉，在任何时候都必须保持下臂和胸部之间没有缝隙。同伴用双手握住受试者的小腿或脚踝。在"开始"的命令下达后，受试者抬起上身并俯身，直到肘部或下臂接触大腿；然后降低躯干，直到肩胛骨触碰地面。

评价标准：记录正确完成的仰卧起坐的次数。男性和女性每做一个仰卧起坐都会获得1分，并且被要求达到最低数量。男性和女性的最低要求是相同的。关于不同年龄阶段的要求，以1分钟为单位时间，17—26岁为50个，27—45岁为45个，46岁以上为40个。

注意事项：不允许下背部弹跳或拱起，并且在整个测试过程中臀部必须始终保持与地面接触。在测试过程中允许在上升或下降的位置休息。

十二、侧桥测试

测试目的：侧桥测试用于评估外侧核心肌肉稳定性的控制力和耐力。

测试器材：平整、干净的地面，秒表，记录表，笔。

测试方法：侧桥测试要求受试者尽可能长时间地保持较高的位置。受试者保持右侧卧姿势，右肘和下臂在地面上支撑上身，左手放在同侧髋关节处；双腿伸直，左脚在右脚的上面；臀部从地面抬起，用肘部和脚支撑身体，从头部到脚趾成一条直线（见图4-4）。只要受试者相关部位处于正确的位置,秒表就会启动;当受试者无法保持直背,并且臀部下降时,测试结束。休息5分钟后,对另一侧进行测试。

评价标准:得分为完成每一侧测试的总时间,并比较两侧的表现。表4-5列出了侧桥测试的指导评分。

注意事项:重复测试时,确保首先测试同一侧,以减轻之前的疲劳。

表4-5 侧桥测试评价标准

评级	时间(秒)
优秀	> 90
良好	75 — 90
一般	60 — 75
差	< 60

图4-4 侧桥测试

十三、平板支撑测试

测试目的:平板支撑测试用于评估背部核心肌肉稳定性的控制力和耐力。

测试器材:平整、干净的地面,秒表,记录表,笔。

测试方法:平板支撑测试要求受试者尽可能长时间地保持较高的位置。受试者从以肘部和下臂支撑上身的动作开始,脚趾承担身体重量,双腿伸直;臀部抬起,从头到脚成一条直线(见图4-5)。只要受试者相关部位处于正确的位置，秒表就会启动；当受试者无法保持直背，并且臀部下降时，测试结束。

评价标准：得分为完成测试的总时间。表4-6列出了平板支撑测试的指导评分，世界纪录为超过30分钟。

表4-6　平板支撑测试评价标准

评级	时间
优秀	＞6分钟
非常好	4—6分钟
一般以上	2—4分钟
一般	1—2分钟
一般以下	30—60秒
差	15—30秒
非常差	＜15秒

图4-5　平板支撑测试

十四、腿部抬高测试

测试目的：腿部抬高测试用于评估核心肌肉稳定性的控制力和耐力。

测试器材：腿抬高机器、节拍器或节奏录音。使用Team Beep Test软件可以创建哔声记录。

测试方法：腿部抬高测试要求尽可能多次地抬腿，及时记录"嘟嘟"声。受试者以抬腿动作开始，其肘部、下臂和腿部承担身体重量。准备就绪后，启动节拍器或节奏录音。受试者必须抬腿保持平直并处于水平位置，然后再次抬起。当受试者无法正确做动作及时发出"嘟嘟"声时，测试结束。

评价标准：得分为成功完成测试的重复次数。

十五、屈伸核心力量测试

测试目的：屈伸核心力量测试用于评估腹部核心肌肉的力量。

测试器材：无。

测试方法：受试者坐在地面上，双手放在身体两侧，双腿屈曲，双脚平放在地面上；脚抬离地面，使膝盖靠近胸部；双腿向前伸直，然后将膝盖缩回到胸前，双脚不要触碰地面。尽可能多次地重复这个动作。

评价标准：记录成功完成测试的重复次数，P90X建议至少做25次。

第二节 下肢力量

一、深蹲测试

测试目的：深蹲测试用于评估下肢的力量。

测试器材：椅子或长凳。

测试方法：受试者面朝椅子或长凳，双脚分开站立，把手放在臀部；蹲下，轻轻触摸椅子或长凳，然后站起来。椅子或长凳的尺寸以坐着的时候双腿大、小腿正好成直角为合适。重复该动作，直到疲劳。记录深蹲的次数。练习一段时间后，再次进行测试，观察下肢力量的改善情况。

评价标准：见表4-7、表4-8。

表4-7 深蹲测试评价标准（男性）

年龄（岁）	20—29	30—39	40—49	50—59	60+
优秀	>34	>32	>29	>26	>23
良好	33—34	30—32	27—29	24—26	21—23
一般以上	30—32	27—29	24—26	21—23	18—20
一般	27—29	24—26	21—23	18—20	15—17
一般以下	24—26	21—23	18—20	15—17	12—14
差	21—23	18—20	15—17	12—14	9—11
非常差	<21	<18	<15	<12	<9

表4-8 深蹲测试评价标准（女性）

年龄（岁）	20—29	30—39	40—49	50—59	60+
优秀	>29	>26	>23	>20	>17
良好	27—29	24—26	21—23	18—20	15—17
一般以上	24—26	21—23	18—20	15—17	12—14
一般	21—23	18—20	15—17	12—14	9—11
一般以下	18—20	15—17	12—14	9—11	6—8
差	15—17	12—14	9—11	6—8	3—5
非常差	<15	<12	<9	<6	<3

二、单腿下蹲测试

测试目的：单腿下蹲测试用于评估下肢的力量，尤其是股四头肌和臀部肌肉群的力量，以及髋关节的稳定性。

测试器材：无。

测试方法：受试者单腿站立，另一条腿在身体的前方抬离地面，使得髋部屈曲约45°，非站立腿的膝关节屈曲约90°；双臂放在体前紧贴身体，双手紧握；蹲下，直到膝关节屈曲约60°；然后回到起始动作。

评价标准：临床观察通常包括评估膝关节和髋关节的稳定性。在NHL联合进行的单腿下蹲测试中，每名受试者必须在每条腿上连续重复5次，每次下蹲记15分，最高分为75分。

三、靠墙坐测试

测试目的：靠墙坐测试用于评估下肢的力量和耐力，尤其是股四头肌的力量和耐力。

测试器材：光滑的墙壁和秒表。

测试方法：受试者背对光滑的墙壁舒适地站立，双脚分开，与肩等宽；将背部贴到墙上并缓慢地下滑，使膝关节和髋关节均成90°角（见图4-6）。当受试者一只脚抬离地面时，计时开始；当受试者不能保持动作并且把脚放回地面时，计时停止。

评价标准：记录保持动作的总时间（以"秒"为单位）。表4-9列出了成人靠墙坐测试预期分数的一般准则。

表4-9 靠墙坐测试评价标准

评级	男性（秒）	女性（秒）
优秀	> 100	> 60
良好	75 — 100	45 — 60
一般	50 — 75	35 — 45
一般以下	25 — 50	20 — 35
非常差	< 25	< 20

图4-6 靠墙坐测试

四、30秒耐力跳

测试目的：30秒耐力跳测试用于评估敏捷性，以及下肢力量和耐力。

测试器材：秒表和速博软耐力栏架（30.48厘米高）。

测试方法：受试者双脚平稳地站在地面上，从第一次移动开始计时。受试者双脚跳起，在栏架的另一侧双脚着地，然后再回来。测试持续30秒，记录跳跃的总次数。

评价标准：记录在该时间段内完成跳跃的总次数。

五、多级跨栏跳测试

测试目的：多级跨栏跳测试用于评估双脚的速度、身体控制力和"重复努力"的能力。

测试器材：秒表、速博软耐力栏架（30.48厘米高）或等值的2 x 计时垫（如 Just Jump）。

测试方法：把计时垫放在栏架的两边。如果没有可用的计时垫，则可以人工记录跳转次数。受试者双脚平稳地站在地面上，从第一次移动开始计时。受试者双脚跳起，在栏架的另一侧双脚着地，然后再回来。测试持续20秒，记录跳跃的总次数。休息20秒后重复测试。

评价标准：记录在该时间段内完成跳跃的总次数，并且将恢复（疲劳）指数记录为第二阶段跳跃次数，与第一阶段进行对比。

六、灵活性跨栏跳测试

测试目的：45秒的灵活性跨栏跳是关于灵活性和下肢耐力的测试。

测试器材：秒表和速博软耐力栏架（30.48厘米高）。

测试方法：受试者双脚平稳地站在地面上，从第一次移动开始计时。受试者双脚跳起，在栏架的另一侧双脚着地，并重复该动作。测试持续45秒，记录跳跃的总次数。

评价标准：记录在该时间段内完成跳跃的总次数。

七、椅子站立测试

测试目的：椅子站立测试用于评估腿部的力量和耐力。

测试器材：一把没有扶手的直背椅或折叠椅、秒表。

测试方法：把椅子靠在墙上，或以其他方式固定它，以确保安全。受试者坐在椅子中间，双脚分开，与肩等宽，平放在地面上；双臂交叉并靠近胸部；站立而后坐下。测试持续30秒，记录完整的动作的总次数。

评价标准：记录在该时间段内完成站立的总次数。

表4-10、表4-11为根据年龄推荐的范围（Jones & Rikli, 2002）。

表4-10 椅子站立测试评价标准（男性）

年龄（岁）	一般以下	一般	一般以上
60 — 64	< 14	14 — 19	> 19
65 — 69	< 12	12 — 18	> 18
70 — 74	< 12	12 — 17	> 17
75 — 79	< 11	11 — 17	> 17
80 — 84	< 10	10 — 15	> 15
85 — 89	< 8	8 — 14	> 14
90 — 94	< 7	7 — 12	> 12

表4-11 椅子站立测试评价标准（女性）

年龄（岁）	一般以下	一般	一般以上
60 — 64	< 12	12 — 17	> 17
65 — 69	< 11	11 — 16	> 16

续表

年龄（岁）	一般以下	一般	一般以上
70 — 74	< 10	10 — 15	> 15
75 — 79	< 10	10 — 15	> 15
80 — 84	< 9	9 — 14	> 14
85 — 89	< 8	8 — 13	> 13
90 — 94	< 4	4 — 11	> 11

第三节 上肢力量

一、握力测试

测试目的：握力测试用于评估手和下臂肌肉的最大等长强度。

测试器材：手柄握力计。

测试方法：受试者手持握力计进行测试，手臂上、下臂成直角，肘部位于体侧。可根据需要对握力计的手柄进行调整，将其底座放在第一掌骨（手掌根部）位置，将其手柄放在四个手指的中间位置。准备好后，用最大的等距力量挤压握力计，保持大约5秒，不允许有其他动作。应该鼓励受试者尽最大努力。

评价标准：记录每只手多次测试的最佳得分，每次测试至少间隔15秒。表4-12列出了成人握力测试预期分数的一般准则（以"千克"为单位）。这些数值是每只手的最佳得分的平均值。其他规则只使用优势手的得分，或比较左手和右手的结果。

表4-12 握力测试评价标准

评级	男性（单位：千克）	女性（单位：千克）
优秀	> 64	> 38
非常好	56 — 64	34 — 38
一般以上	52 — 55	30 — 33
一般	48 — 51	26 — 29
一般以下	44 — 47	23 — 25
差	40 — 43	20 — 22
非常差	< 40	< 20

二、引体向上测试

测试目的：引体向上测试用于评估上肢肌肉的力量和耐力。

测试器材：水平的杠杆（调整到适当的高度，以便受试者伸出双臂将身体完全挂起，脚不接触地面）。

测试方法：双手正握（手掌背对身体）或反握（手掌朝向身体）杠杆，双臂充分伸展；然后抬起身体，直到下巴完全超过杠杆，再降至双臂完全伸展的位置（见图4-7）。引体向上动作应该流畅地进行；动作不流畅或摆动身体、踢腿、屈腿都是不允许的。应该完成尽可能多的次数。

评价标准：记录正确完成的动作的总次数，握法的类型也应该被记录在结果中。

图4-7　引体向上测试

三、平板向上提拉测试

测试目的：平板向上提拉测试用于评估上肢肌肉的耐力。

测试器材：一个可调节高度的平板（允许下面有足够的空间，使双臂完全伸展）、20千克奥运会标准杠铃及杠铃片（选择5千克和10千克自由重量）。女性的重量应该被设置为25千克，男性的应该被设置为40千克

（确保重量为20千克的奥运会标准杠铃加上任何杠铃片）。

测试方法：设置平板的高度，以便受试者舒适地握住横杆，使杠铃在被提拉离开地面时处于悬挂的状态，平板应该与地面保持水平；受试者俯卧在平板上，双臂放在平板下方，在与肩等宽的位置握住杠铃并将它拉起，直到杠铃杆与平板的底部接触，确保肘部伸出，胸部贴在平板上。受试者只能移动双臂和肩部来拉起杠铃，身体的其余部分（头部、躯干和腿部）在整个运动过程中必须保持不动（同伴可压住其小腿）（见图4-8）。一旦杠铃杆与平板接触，受试者应该伸出双臂控制杠铃，使它降低至起始位置而不接触地面；受试者保持连续的提拉动作，大约每2秒重复一次，尽可能多地完成平板向上提拉。

评价标准：记录正确完成平板向上提拉的总次数，完整的一次动作为将杠铃完全拉起并恢复到起始位置。

注意事项：建议受试者在开始实际测试之前使用减重来进行一些重复练习。首选是轻量级杠铃片（小型的和基于弹簧的，重量为约100克）或者2.5千克的杠铃片，这个重量必须被添加到杠铃杆上。应该提示受试者尽可能少地添加杠铃片，因为会导致疲劳，使进行平板向上提拉的次数减少。

图4-8 平板向上提拉测试

四、平板最大卧推测试

测试目的：平板最大卧推测试用于评估胸部肌肉群的最大力量和耐力。

测试器材：安全的平板、标准杠铃和各种自由重量的杠铃片。

测试方法：受试者应该先进行适当的热身。根据NBA联合规定，热身包括10个俯卧撑，然后休息60秒，重复5次135磅（61.23千克），然后在90秒后尽可能多地尝试185磅（83.91千克）。将被测试的小组杠铃重量设置为适当的。受试者仰卧在平板上，双脚平放在地面上，背部始终与平板接触；在胸部上方15.24厘米、比肩稍宽的位置抓住杠铃杆，以便双臂上、下臂在肘部最低点形成直角（见图4-9）。一次完整的、成功的卧推从双臂完全伸展至胸部上方的位置开始计数，直到杠铃刚接触胸部，然后回到起始位置。应该控制杠铃运动的速度，以便进行流畅的运动；杠铃杆应该与乳头连线上下对齐，不允许从胸部反弹。一旦受试者无法进行重复测试，测试将结束。

评价标准：记录成功完成的最多重复次数。

图4-9 平板最大卧推测试

五、相对卧推测试

测试目的：相对卧推测试用于评估胸部肌肉群的最大力量和耐力。

测试器材：测量体重的秤、安全的平板、标准杠铃和各种自由重量的杠铃片。

测试方法：受试者应该先进行适当、标准化的热身。以预先的测量确定体重，根据体重百分比（例如75%）将杠铃设定为合适的重量。受试者仰卧在平板上，双脚平放在地面上，背部始终与平板接触。在胸部上方15.24厘米、比肩稍宽的位置抓住杠铃杆，以便双臂上、下臂在肘部最低点形成直角。一次完整的、成功的卧推从双臂完全伸展至胸部上方的位置开始计数，直到杠铃接触胸部，然后返回起始位置。应该控制杠铃运动的速度，以便进行流畅的运动；杠铃应该与乳头连线上下对齐，不允许从胸部反弹。一旦受试者无法进行重复测试，测试将结束。

评价标准：记录成功完成的最多重复次数。

注意事项：为了安全起见，整个测试过程中，测试者应该站在平板的前面。本测试的测试结果可能特定于所使用的设备（平板高度、重量变化），因此最好使用相同的设备进行重复测试。

六、卧推哔声测试

测试目的：卧推哔声测试用于评估上肢的力量和耐力。

测试器材：地垫、节拍器（如果节拍器不可用，可以使用秒表，或者使用Team Beep Test软件创建音轨，以设定的节奏进行）。

测试方法：受试者需要每分钟做25次卧推（尽量将节拍器设置为50，以便每次点击都表示向上或者向下运动）。受试者从上面的位置开始，双手撑起肩膀，手指向前方，双臂完全伸直，身体直立，双脚并拢；降低躯干，使肘部形成直角，然后回到起始位置，算作一次完整的动作。

评价标准：记录按照正确节奏完成的卧推次数。

七、NHL卧推测试

测试目的：NHL卧推测试用于评估胸部肌肉群的最大力量和耐力。

测试器材：带有软垫凳和安全抓钩的标准平板、标准重量的杠铃和各种自由重量的杠铃片、节拍器。

测试方法：受试者应该先进行适当、标准化的热身。受试者举起相当于自身体重70%—80%的杠铃（见表4-13）。及时对节拍器进行重复操作，将速度设定为每分钟25次（尽量将节拍器设置为50，以便每次点击都表示向上或者向下移动）。受试者仰卧在平板上，在双臂间距大约为肩宽的位置抓住杠铃杆。必须保持臀部与平板接触，双脚平放在地面上。杠铃的起始位置大约在胸部正中位置，推起杠铃直到双臂完全伸直。

评价标准：记录受试者在跟不上节奏之前完成的连续重复次数。

表4-13　NHL卧推测试评价标准

体重（单位：千克）	完成的测试重量（单位：千克）
69.85以下	54.43
70.31 — 74.39	58.97
74.84 — 78.93	61.23
79.38 — 83.46	65.77
83.91 — 88.00	68.04
88.45 — 92.53	72.57
92.99 — 97.07	77.11
97.52 — 101.60	79.38
102.06 — 106.14	83.91
106.59以上	88.45

八、俯卧撑体质测试

测试目的：俯卧撑体质测试（也称"推起测试"）用于评估上肢的力量和耐力。

测试器材：地垫、节拍器（或录音带、鼓等）、秒表、墙壁、椅子。

测试方法：标准的俯卧撑开始于手和脚趾接触地面，身体成直线；双脚略微分开；双臂分开，与肩等宽，并与身体垂直。受试者降低身体，直到肘部成直角，然后双臂伸直回到起始位置。重复这个动作，直到疲惫，或者跟不上节奏，或者达到了目标的俯卧撑次数（见图4-10）。

评价标准：记录正确完成的俯卧撑次数。

图4-10　俯卧撑体质测试

九、节奏俯卧撑测试

测试目的：节奏俯卧撑测试用于评估上肢的力量和耐力。

测试器材：地垫、带有俯卧撑节拍跟踪的PACER CD（如果节奏CD不可用，可以使用秒表、节拍器，或者使用Team Beep Test软件创建音轨，以设定的节奏进行），还可以下载具有所需节奏的Bleep Press-up Cadence MP3曲目。

测试方法：受试者以俯卧撑姿势开始，双手和双脚脚趾接触地面，身体成直线；双脚略微分开，双腿伸直；双臂分开，与肩等宽，并与身体垂直。受试者降低身体，直到肘部成直角，双臂上臂平行于地面。同伴在直角处握住受试者的手，这样他们只有在肩膀触碰同伴的手时才会下降，然后再回到起始位置。根据节拍器或类似装置的节奏，每3秒完成一次完整的俯卧撑（向下1.5秒，向上1.5秒），每分钟完成20次。这个动作一直持续到他们跟不上节奏，或者达到了目标的俯卧撑次数。

评价标准：记录按照节奏正确完成的俯卧撑次数。

注意事项：指导受试者尽量在起始位置少花费时间，以减轻疲劳并增加重复次数。

十、俯卧撑哔声测试

测试目的：俯卧撑哔声测试用于评估上肢的力量和耐力。

测试器材：地垫、节拍器（如果节拍器不可用，可以使用秒表，或者使用 Team Beep Test 软件创建音轨，以设定的节奏进行）。

测试方法：受试者需要每分钟做25次俯卧撑（尽量将节拍器设置为50，以便每次点击都表示向上或者向下运动）。受试者身体成直线，双手放在肩膀下，手指向前方，双臂完全伸直，双脚并拢；降低躯干，使肘部成直角，然后回到起始位置，算作一次完整的动作。

评价标准：记录按照节奏正确完成的俯卧撑次数。

十一、俯卧撑测试

测试目的：俯卧撑测试用于评估上肢的力量。

测试器材：地垫。

测试方法：男性应该采用标准的俯卧撑起始姿势，只有手和脚趾在起始位置接触地面；女性可以"屈曲膝盖"作为起始姿势。受试者跪在地面上，双手放在胸部两侧，保持背部平直；尽量使胸部靠近地面，直到肘部成直角，每次都达到同一高度。完成尽可能多的俯卧撑，直到力竭（见图4-11）。

评价标准：记录正确完成的俯卧撑次数，参照表4-14和表4-15进行评分。

表4-14 俯卧撑测试评价标准（男性）

年龄（岁）	17—19	20—29	30—39	40—49	50—59	60—65
优秀	>56	>47	>41	>34	>31	>30
良好	47—56	39—47	34—41	28—34	25—31	24—30
一般以上	35—46	30—39	25—33	21—28	18—24	17—23
一般	19—34	17—29	13—24	11—20	9—17	6—16
一般以下	11—18	10—16	8—12	6—10	5—8	3—5
差	4—10	4—9	2—7	1—5	1—4	1—2
非常差	<4	<4	<2	0	0	0

表4-15 俯卧撑测试评价标准（女性）

年龄（岁）	17—19	20—29	30—39	40—49	50—59	60—65
优秀	>35	>36	>37	>31	>25	>23
良好	27—35	30—36	30—37	25—31	21—25	19—23
一般以上	21—27	23—29	22—30	18—24	15—20	13—18
一般	11—20	12—22	10—21	8—17	7—14	5—12
一般以下	6—10	7—11	5—9	4—7	3—6	2—4
差	2—5	2—6	1—4	1—3	1—2	1
非常差	0—1	0—1	0	0	0	0

图 4-11　俯卧撑测试

十二、椅子俯卧撑测试

测试目的：椅子俯卧撑测试用于评估上肢的力量和耐力。

测试器材：墙壁；一把标准的椅子，高约46厘米；秒表；粉笔；胶带；质地均匀、坚硬的地面。

测试方法：受试者穿抓地力较强的鞋子；把椅子靠在墙上，双脚脚面朝上，并与椅子正面对齐。测试者用粉笔在地面上标记一条线。受试者面对椅子站立，脚趾在这条线后面；向前伸出双手，间距与肩等宽，放在椅子前端，身体成一条直线，双臂与身体成直角；降低身体，直到胸部接触椅子前端；然后回到起始位置，直到双臂完全展开（见图4-12）。在30秒内完成尽可能多的俯卧撑。在整个测试过程中，身体保持一条直线非常重要。如果没有准确地完成，则不会被记录为一次完整的动作。

评价标准：记录在30秒内正确完成的俯卧撑的总次数。

图4-12 椅子俯卧撑测试

十三、APFT俯卧撑测试

测试目的：APFT俯卧撑测试用于评估胸部、肩部和三头肌的力量和耐力。

测试器材：地垫或平地。

测试方法：这项测试要求受试者在2分钟内完成尽可能多的俯卧撑。受试者双臂伸直，双手分开，保持舒适的间距，身体成一条直线，双脚间距为30.48厘米；在"预备"的命令发出后，假定起始位置，肘部屈曲并降低身体，直到双臂上臂与地面平行，然后回到起始位置。只能在指定的位置暂停，然后继续。

评价标准：记录正确完成的俯卧撑次数，得分取决于受试者的性别和年龄。

注意事项：身体必须保持平直，将每次重复移动作为一个单元，并且必须遵守相关的技术要求。如果从地面抬起手或脚，测试将终止。

十四、PRT俯卧撑测试

测试目的：PRT俯卧撑测试用于评估上肢肌肉群的力量和耐力。

测试器材：地垫或平地、秒表。

测试方法：这项测试要求受试者在1分钟内完成尽可能多的俯卧撑。受试者双臂伸直，锁定肘部，身体成一条直线，双手放在比肩宽稍宽的位置，指尖朝前，双脚放在地面上；在"开始"的命令发出后，肘部屈曲并降低身体，直到肩部降至肘部水平线以下，然后回到起始位置。可以在向上推起的位置休息。

评价标准：记录正确完成的俯卧撑的次数。

十五、最大俯卧撑测试

测试目的：最大俯卧撑测试用于评估肩部、胸部、上臂（三头肌）、背部等上身的肌肉的力量和耐力。

测试器材：地垫或平地、棱长为10.16厘米的泡沫块。

测试方法：这项测试要求受试者完成尽可能多的俯卧撑。受试者双臂伸直，肘部锁定，身体成一条直线，双手放在比肩宽稍宽的位置，指尖朝前，双脚放在地面上。测试者将泡沫块放在其胸部下方（位于肋骨弓处和剑突骨上方）。受试者降低身体，直到微压泡沫块，并且双臂上臂与地面平行，然后回到起始位置。可以在向上推起的位置休息。

评价标准：记录正确完成的俯卧撑的次数。有些人可以连续做很多次俯卧撑，因此受试者在测试停止时达到最大值对于他们可能是合适的。查看俯卧撑记录，以了解他们的相关能力。

十六、弯臂悬挂测试（一）

测试目的：本测试通过在杠杆上悬挂的时间来评估上肢的力量和耐力。

测试器材：秒表、高度足够的水平顶杆、凳子。

测试方法：受试者抓住头顶处的杠杆（总统挑战赛允许正握或反握杠杆，Fitness Gram则需要正握），双臂、下巴与杠杆保持一定的距离，胸部靠近杠杆，双腿垂直悬挂。受试者可在他人的帮助下保持这个位置，并尽可能长时间地保持这个位置（见图4-13）。

评价标准：以"秒"为单位记录总时间。当受试者的下巴触碰或降到杠杆以下时，计时停止。使用的握柄类型也应该被记录。

十七、弯臂悬挂测试（二）

测试目的：本测试用于评估上肢的相对力量和耐力。

测试器材：秒表、高架单杠。

测试方法：受试者在他人的帮助下将身体抬到一定高度，使下巴与顶杆齐平；双手正握顶杆并分开，与肩等宽；当受试者被放开时，计时开始，受试者尽可能长时间地保持这个位置（见图4-13）。

评价标准：以"秒"为单位记录总时间。当受试者的下巴低于顶杆或者头向后倾斜时，计时停止。

图4-13　弯臂悬挂测试

十八、PFT 弯臂悬挂测试

测试目的：PFT弯臂悬挂测试用于评估上肢的力量和耐力。

测试器材：秒表、高度足够的水平顶杆。

测试方法：受试者抓住杠杆，既可以正握，也可以反握，从下巴超过杠杆开始，双脚离开地面。受试者可在他人的帮助下保持这个位置，并尽可能长时间地保持这个位置，在测试过程中脚尽可能地不要接触地面。

评价标准：以"秒"为单位记录总时间，直到身体下降，肘部不完全屈曲。每1秒获得1分，持续40秒；然后每秒获得2分。通过测试至少需要15秒。

十九、IPFT 弯臂悬挂测试

测试目的：IPFT弯臂悬挂测试用于评估上肢的相对力量和耐力。

测试器材：秒表、顶杆直径为4厘米且与地面存在一定距离的单杠、梯子。

测试方法：受试者使用梯子爬到一定高度，使下巴与顶杆齐平；双手正握顶杆并分开，与肩等宽；在"准备，开始"的命令发出时，将脚从梯子上移开，计时开始。受试者尽可能长时间地保持这一动作。

评价标准：以"秒"为单位记录总时间。当受试者的下巴低于顶杆或者头部向后倾斜时，停止计时。

二十、手臂卷曲测试

测试目的：手臂卷曲测试用于评估上肢的力量和耐力。

测试器材：4磅（2.00千克，女性）、5磅（2.50千克，女性）、8磅（3.50千克，男性）的器材，没有扶手的椅子，秒表。

测试方法：这项测试要求受试者在30秒内完成尽可能多的臂卷。测试是在优势臂（或较强的一侧）进行的。受试者坐在椅子上，反握手提箱的把手，手臂垂直向下放在椅子旁边；用上臂支撑身体，以便只有下臂处于移动状态（测试者可以帮助他固定上臂）；通过全方位的运动使手臂向上卷曲，逐渐将手掌向上翻转，当手臂在整个运动范围内下降时，逐渐回到起始位置，手臂必须完全屈曲，然后完全伸直。测试规定测试者的手放在受试者的肱二头肌上，并且受试者的下臂必须接触测试者的手，以记录完整的二头肌卷曲。在30秒内尽可能多地重复此动作。

评价标准：记录在30秒内正确完成的臂卷的总次数。表4–16、表4–17为基于年龄组设定的本测试的推荐范围（Jones & Rikli，2002）。

表4-16　手臂卷曲测试评价标准（男性）

年龄（岁）	一般以下	一般	一般以上
60—64	<16	16—22	>22
65—69	<15	15—21	>21
70—74	<14	14—21	>21
75—79	<13	13—19	>19
80—84	<13	13—19	>19
85—89	<11	11—17	>17
90—94	<10	10—14	>14

表4-17　手臂卷曲测试评价标准（女性）

年龄（岁）	一般以下	一般	一般以上
60—64	<13	13—19	>19
65—69	<12	12—18	>18
70—74	<12	12—17	>17
75—79	<11	11—17	>17
80—84	<10	10—16	>16
85—89	<10	10—15	>15
90—94	<8	8—13	>13

二十一、二头肌最大卷曲测试

测试目的：二头肌最大卷曲测试用于评估手臂肌肉群的最大力量和耐力。

测试器材：可以使用哑铃，也可以使用标准的举重杆，其重量不超过

50磅（22.68千克）。

测试方法：应该使用轻重量器材进行适当的热身。受试者将双臂在身体前方伸直，手掌朝前，双臂尽可能多地做卷曲。确保双臂在每次卷曲之间完全伸展，并且发生晃动或中断的时间不超过1秒。只要无法完成重复，测试就会结束。

评价标准：记录成功完成的卷曲次数。

二十二、双杠臂屈伸测试

测试目的：双杠臂屈伸测试用于评估上肢的力量和耐力。

测试器材：体操双杠或类似的健身器材。

测试方法：本测试要求受试者在1分钟内尽可能多地做臂屈伸。受试者双臂伸直抓握杠杆，肘部完全锁定，双臂屈曲并降低身体，直到双臂上、下臂成直角，然后回到起始位置，完成一次完整的臂屈伸。允许在最高点的位置休息。

评价标准：得分是在60秒内正确完成的臂屈伸的总次数。

第四节　核心区力量

一、腹部力量测试（7个阶段）

测试目的：这项8级仰卧起坐测试用于评估腹部的力量，腹部力量对于背部支撑和核心稳定性很重要。

测试器材：平坦的地面、2.5千克和5.0千克的器材、记录纸和笔。

测试方法：受试者仰卧在地面上，双腿大、小腿成直角，双脚平放；然后以规定的方式在每个级别完成一次完整的仰卧起坐（见表4-18）。从第1级开始，每个级别都可以实现，而且双脚没有从地面上移开即为以规定的方式完成一次仰卧起坐。如有必要，可以做尽可能多的尝试。

评价标准：从"非常差"到"出色"有8个难度级别，记录正确完成的最高水平的仰卧起坐。

表4-18　腹部力量测试评价标准

得分	评级	标准
0	非常差	不能完成等级1动作
1	差	随着手臂的伸展，上身卷起，使手腕到达膝盖
2	平均水平	随着手臂的伸展，上身卷起，使肘部到达膝盖
3	一般	双臂在腹部交叉，上身卷起，使胸部触碰大腿
4	好	双臂在胸前交叉，抬起反方向的肩膀；上身卷起，使下臂触碰大腿
5	非常好	双手抱在头后，上身卷起，使胸部触碰大腿

续表

得分	评级	标准
6	优秀	按照第5级，拿起5磅（2.5千克）的器材放在头后，使胸部触碰大腿
7	出色	按照第5级，拿起10磅（5.0千克）的器材放在头后，使胸部触碰大腿

二、4级腹部力量测试

测试目的：4级腹部力量测试用于评估腰背部和腹部的力量，这对于训练核心稳定性非常重要。

测试器材：平坦的地面、记录纸和笔。

测试方法：这是一项简单的测试，受试者需要做四种形式的仰卧起坐。受试者分别按照每个级别描述的方式进行一次仰卧起坐，无论是否由同伴按住脚部、腿部是否伸直。可以针对每个级别进行多次尝试，并使用以下标准对技术进行评分：

脚被按住，做一次单腿仰卧起坐，膝盖处于正确的角度。

脚没有被按住，做一次单腿仰卧起坐，膝盖处于正确的角度。

脚被按住，做一次直腿仰卧起坐。

脚没有被按住，做一次直腿仰卧起坐。

评价标准：使用表4-19中的标准对每次仰卧起坐给出4分。将所有4次仰卧起坐的得分相加，总分为16分。

表4-19　4级腹部力量测试评价标准

得分	标准
0	无法完成动作
1	完成困难，动作不流畅，脚离地
2	使用大量的冲力来克服45°
3	在仰卧起坐的中间区域稍稍停顿
4	没有困难

三、动态仰卧起坐测试

测试目的：这是一项用于评估腹部和臀部屈肌的动态力量的仰卧起坐测试。

测试器材：健身垫。

测试方法：受试者仰卧在健身垫上，屈膝90°，膝盖和脚踝在一条直线上。测试者用双手把住受试者的脚踝，使它们固定在地面上。五个重复的仰卧起坐是在三个不同的级别进行的，每个级别的区别是手的位置。对于前五次仰卧起坐，受试者尽可能地将双手的指尖伸到中间位置，同时保持双臂平直，手掌放在大腿上；随即进行第二个五次的仰卧起坐，双臂在胸前交叉，用双肘触碰大腿；在最后五次仰卧起坐中，用指尖触碰耳垂后部，并尝试用肘部触碰大腿。

评价标准：得分是正确完成的仰卧起坐的次数，为0和15之间的数字。

四、躯干抬高测试

测试目的：躯干抬高测试用于评估躯干伸肌的力量、灵活性和耐力。

测试器材：健身垫、测量装置（例如码尺、直尺、卷尺）、标记物。

测试方法：本测试要求受试者利用背部的肌肉使上身抬离地面，并保持在允许测量的位置。受试者俯卧在健身垫上，脚背紧贴健身垫，双手放在大腿下面；在地面上放置一个标记（硬币或其他），使它与自己的眼睛在一条直线上，在整个运动过程中，都必须保持注意力集中；准备好后，以非常缓慢且受控的方式将上身从地面抬起，最大高度为30.48厘米，头部应与脊柱保持直线对齐。受试者必须在这个位置保持足够长的时间，测试者才能测量从地面到受试者的下巴的距离；测量完成后，受试者回到起始位置。允许进行两次测试，记录较高的分数。

评价标准：本测试测量的是受试者的下巴到地面的距离；最高分数为30.48厘米，超出此距离均记录为30.48厘米。

五、腹部力量测试·直腿抬举

测试目的：本测试的目的是估计腹部力量的程度。腹部肌肉力量不足会导致姿势不佳，从而导致腰部疼痛。

测试器材：平坦的地面、标有不同角度的腹部力量测试板（也可以使用量角器、屈伸计或测角仪测量腿部角度）。

测试方法：受试者仰卧在腹部力量测试板旁边的地面上，髋关节与刻度的交点对齐；双臂在胸前交叉。测试者将受试者的指尖放在他们自己的下背部下方。受试者双腿垂直于地面，同时保持上身平放在地面上。在矫正膝关节之前，受试者可能首先屈曲膝盖并移动到起始位置。受试者缓慢地降低双腿的高度，直到背后指尖上的压力消失；测试者观察到的最小角度是受试者腹部强度的测量值。

评价标准：得分是腿与地面形成的角度。表4-20是本测试的评价标准。

表4-20　腹部力量测试·直腿抬举评价标准

角度	评级
90°	非常差，初始位置
75°	差
60°	一般以下
45°	一般
30°	一般以上
15°	好
0°	非常好，双腿处在水平位置

第五节　仪器测试肌肉力量

一、等速力量测试

测试目的：等速力量测试用于对肌肉的运动功能进行动态评估。

测试器材：等速测试设备（如Biodex，Cybex）。

测试方法：受试者的定位要使得接受测试的身体运动被限制住。然后为设备设定不同的速度，并且可以在整个运动范围内测量施加的力。

评价标准：结果通常以不同的速度报告，因此可以看到速度、强度、功率的关系；比较身体不同侧的相对强度，也可以借助激动剂和拮抗药显示特定肌肉的局限性。

二、等距背部力量测试

测试目的：等距背部力量测试用于评估背部的强度，这对于训练核心稳定性和预防腰痛非常重要。

测试器材：重竞技馆里的桌子或软垫凳子。

测试方法：受试者仰卧在凳子上，上身悬在凳子的末端，脚必须被固定或捆住，双臂紧贴在背后；准备好后，将身体抬高到水平位置，并保持一段时间（如45秒）。

评价标准：这项测试将被用于评估"合格"或"不合格"。

三、等距腿部力量测试

测试目的：等距腿部力量测试用于评估背部和腿部的力量。

测试器材：强度测功机（通常由电缆张力计组成）。

测试方法：在开始测试之前确保拨号盘被重置为0。受试者直立在测功机底座上，双脚分开，与肩等宽；双臂自然下垂，双手反握杆中心；调整链条，使膝盖屈曲，双腿大、小腿约成110°夹角，在这个位置，使背部向臀部略微屈曲；保持头部直立，目视前方；然后，背部不要屈曲，尽可能地在链条上拉直，并尝试伸直双腿，保持双臂平直；平稳地拉动重物而不抖动，将脚放在测功机底部。当双腿抬起到几乎成直线时，会产生最佳性能；如果没有，可调整链长和起始位置。

评价标准：测功机上显示的数值为最终结果。

四、上背部肌肉力量测试（克劳斯—韦伯测试4）

测试目的：本测试用于评估上背部肌肉的力量。

测试器材：平坦的地面、靠垫、秒表。

测试方法：受试者俯卧，将靠垫放在小腹下面，将手放在脖子后面。测试者将受试者的双脚放下（与其他克劳斯背部力量测试相比，本测试中受试者的胸部应该被压住），要求受试者抬起胸部、头部和肩膀，保持10秒。如果受试者能够保持正确位置长达10秒，即为通过这项测试。

评价标准：本测试是以失败为基础进行评分的。如果受试者在正确位置保持10秒，则为通过测试。克劳斯—韦伯测试包括六项练习，即使六项练习中的一项没有完成，测试结果也为"失败"。

五、下背部肌肉力量测试（克劳斯—韦伯测试5）

测试目的：本测试用于评估下背部肌肉的力量。

测试器材：平坦的地面、靠枕、秒表。

测试方法：受试者俯卧，将靠垫放在小腹下面，将手放在脖子后面。测试者将受试者的胸部抬起（与其他克劳斯背部力量测试相比，本测试中受试者的脚应该被按住），要求受试者抬起双腿，保持平直，保持10秒。

评价标准：本测试是以失败为基础进行评分的。如果受试者在正确位置保持10秒，则为通过测试。克劳斯—韦伯测试包括六项练习，即使六项练习中的一项没有完成，测试结果也为"失败"。

第五章

爆发力测试

第一节　下肢爆发力测试

一、垂直跳跃测试

测试目的：垂直跳跃测试用于直接测量垂直跳跃的高度，还有计时系统可以测量跳跃的时间，并计算垂直跳跃的高度。它主要用于评估腿部肌肉的力量。

测试器材：卷尺或带有标记的墙壁、用于标记墙壁的粉笔（或Vertec专用器材、跳板）。

测试方法：1.受试者站在墙边，伸手靠近墙壁。2.记录受试者的站立高度；受试者双脚平放在地面上，标记其脚尖的位置。3.受试者站在远离墙壁的位置，借助手臂和腿部做尽可能高的跳跃，在跳跃的最高点触摸墙壁（见图5-1）。站立时的高度与跳跃最高点之间的距离是得分；跳跃三次，记录最好成绩。

评价标准：通过记录的距离查阅得分，用垂直跳跃的距离和与之对应的标准表来评分。

测试变体：可用Vertec专用器材进行垂直跳跃测试。使用Vertec专用器材的步骤与上述非常相似。也可以使用测量臀部位移的跳跃垫来测量跳跃的高度。为了准确，受试者必须确保双脚放在垫子上，并几乎将双腿完全打开。垂直跳跃也可以用定时垫来测量。垂直跳跃测试通常在双腿屈曲的情况下进行。测试也可以做一个蹲跳的方式进行，从双腿屈曲的位置开始。其他的测试变体是在没有摆臂的情况下进行测试（一只手放在臀部，另一只手放在头部），以防止腿部肌肉和起跳摆臂产生的影响。也可进行单腿测试，向前跳一步，或采取双脚或单脚起跳的形式，这取决于与所涉及的运动的相关性。

测试优点：本测试简单而快捷。

测试缺点：由于受试者必须进行短时跳跃，在墙壁标记跳跃的最高值，其中技巧对得分有较大的影响。

注意事项：跳跃的高度受跳跃前双腿屈曲程度和摆臂效果的影响。

测试备注：上述垂直跳跃的测试方法有时被称为"萨金特跳跃"（Sargent Jump），以达德利·萨金特（Dudley Sargent）的名字命名，他是美国体育界的先驱之一。

图5-1 垂直跳跃测试

二、最大触摸测试

测试目的：最大触摸测试（Max Touch Test）是一项篮球专项测试，用于评估展示腿部爆发力的全部技巧，以及与球员身高和臂展协调的跳跃能力等篮球比赛中所有的关键要素。这项测试由站立式垂直跳跃演变而来，更类似于双腿起跳或单腿起跳的助跑垂直跳跃，在篮球SPARQ评分系统的测试和NBA选秀中经常使用，主要测量地面以上的最大跳跃高度。

测试器材：Vertec跳跃测量装置或标志桶。

测试方法：将Vertec跳跃测量装置的"手臂"调整为与地面保持一定的距离。将标记放置在距离Vertec底部4.57米的地方，可以从几个不同的角度进入。受试者站在距离Vertec 4.57米的地方，可自由选择增加0.30—0.61米或任意步数的助跑跳跃。当受试者接近Vertec跳跃测量装置时，跳起并触摸Vertec装置，记录跳跃高度及触摸点的高度。

评价标准：触摸点和地面之间的距离为最大跳跃高度，精确到1.00厘米或1.27厘米。2005年，美国的Decathlete Bryan Clay这项测试的成绩达到了3.38米。

目标人群：篮球、排球等项目的运动员。

三、立定跳远测试

测试目的：立定跳远测试（Standing Long Jump Test）也称为"跳远"，是一种常见且易实施的腿部爆发力测试、NFL Combine的体能测试项目之一。立定跳远也曾经是奥运会和英国体育馆比赛的一个项目。

测试器材：卷尺、起跳防滑地面、首选软着地区域（也可用跳远着地垫）、被清楚标记的起始线。

测试方法：1.受试者站在起始线之后。2.双脚略微分开，双脚起跳并着地，双臂做预摆，双腿屈曲以增加起跳力量。受试者尽可能远地跳跃，双脚着地时不要后倒（见图5-2）。

评价标准：以起始线到着地点（脚后跟位置）的距离计分。跳跃三次，记录最长的跳跃距离。表5-1根据经验给出成人常设长跳测试的评分标准。

测试变体：进行立定跳远应选用沙坑而不是硬表面，这样，受试者的精力就会集中在跳远上，并使双脚在身体前方着地，以跳得更远。只测试腿的力量的方式是不可取的。通常，使用这种技术可以实现更长的距离，所以标准表并不准确。Eurofit Test建议使用刻度垫，以便在受试者着地时记录跳跃的距离。

测试优点：本测试简单而快捷，器材较少。

测试缺点：本测试存在一些技巧因素。

注意事项：测试过程中，脚落地后往往向后退，导致脚落地时的位置并不是第一次接触地面的位置；在起跳前不允许使用助跑。跳远的世界纪录保持者——挪威选手Arne Tvervaag跳跃了3.71米。

表5-1　立定跳远等级

评级	男性（单位：厘米）	女性（单位：厘米）
极好	> 250	> 200
良好	241—250	191—200
较好	231—240	181—190
一般	221—230	171—180
较差	211—220	161—170
差	191—210	141—160
极差	< 191	< 141

图5-2　立定跳远测试

四、三级跳测试

测试目的：三级跳测试（3 Hop Jump Test）由平衡能力测试和协调能力测试构成，用于评估腿部的水平和垂直爆发力。

测试器材：卷尺、平坦的草坪、被清楚标记的起始线。

测试方法：测试者从起始线将绳索或卷尺拉出9.14米，用来标记跳跃方向并记录跳跃距离。受试者站在起始线后，双脚开立，与肩等宽；准备就绪后，用向前、向上的方式连续进行三次跳跃，中间不要停顿，从而获得最大距离。允许受试者摆臂协助爆发性运动并保持身体平衡。

评价标准：测量从起始线到第三次跳跃的着地点（脚后跟位置）的距离。尝试三次，记录最远距离。

测试变体：可以使用跳远专用沙坑，以使受试者将精力集中在跳远上，并使双脚在身体前方着地；也可以通过任意数量的连续跳跃进行。

测试优点：本测试简单而快捷，器材较少。

测试缺点：本测试存在一些技巧因素。

注意事项：测试过程中，脚落地后往往向后退，导致脚落地时的位置并不是第一次接触地面的位置；在起跳前不允许使用助跑。

五、二级跳测试

二级跳测试是针对腿部的爆发力和协调能力的测试，必须连续进行两次水平跳跃。二级跳测试是曲棍球SPARQ评分系统的测试项目之一，此处列出了SPARQ测试方案详情，与三级跳测试类似。

测试目的：二级跳测试（2 Hop Jump Test）由平衡和协调能力测试构成，用于评估腿部的水平和垂直爆发力，测试连续两次双脚跳跃的最大距离。

测试器材：卷尺、平坦的草坪、被清楚标记的起始线。

测试方法：受试者站在起始线后，双脚开立，与肩等宽，脚尖抵在线后；准备就绪后，用向前、向上的方式连续进行两次跳跃，中间不要停顿，从而获得最大距离。第二次跳跃结束后，受试者站立，以便被准确测量距离。允许受试者摆臂协助爆发性运动并保持身体平衡。

评价标准：测量从起始线到第二次跳跃的着地点（脚后跟位置）的距离，记录最远距离。不允许在起跳时脚趾超过起始线，以及在起跳前进行0.61米的助跑；第一跳要干脆利落地着地，不能在第一跳着地后停顿超过1秒；不允许第二跳的起跳不连续，以及第二跳着地时没有清晰的着地点。

测试优点：本测试简单而快捷，器材较少。

测试缺点：本测试存在一些技巧因素。摆臂可有效帮助受试者向前、向上起跳，增加跳跃距离，提高得分。

注意事项：测试过程中，脚落地后往往向后退，导致脚落地时的位置并不是第一次接触地面的位置；在起跳前不允许使用助跑。

第二节 上肢爆发力测试

一、坐姿胸前推球

这项测试被称为"药球胸前传球",还有一个使用强力球的类似测试:强力球胸前传球。以下描述了曾经用于NHL前期测试组合的方法。

测试目的:坐姿胸前推球〔Chest Launch Ball Throw(Seating)〕用于评估手臂的力量和爆发力。测试过程中,受试者保持背部与墙壁接触,仅测量手臂的力量。

测试器材:4千克的药球、墙壁、卷尺。

测试方法:受试者坐在地面上,双腿分开,双脚间距为60.00厘米,后背靠墙;双手握住靠近药球中心的位置,使它靠在胸部中央,双臂下臂平行于地面;保持后背靠墙的同时尽可能直接地向前猛烈地投掷药球。记录投掷距离(见图5-3)。

评价标准:测量从墙壁到球落点的距离,记录精确到15.24厘米或10.00厘米。测试三次,记录最好成绩。

测试变体:根据受试者的能力,使用1—2千克的药球。药球的重量会影响结果,应选择最适合受试者年龄或力量的药球进行测试。也可以换一种方式进行药球投掷测试,将球抛到头顶上方以获得最大向上距离。测试也可在没有墙壁的情况下进行,以便躯干可以用来推动球。

目标人群:本测试适用于注重上肢力量的任何运动,如划船、网球等。

测试优点:本测试简单而快捷。

测试缺点:需要一个团队分工测试,进行标记结果、检查技术、收集并送回药球等。如果测试人数较多,则耗时较长。

注意事项:出球角度很重要。可向受试者解释最大距离的最佳角度,并允许进行一些尝试性练习。可沿着受试者预期的前方路线延伸卷尺来辅助测试。测量距离时，可以将卷尺移动到球落地的位置，或者使球落在距离卷尺大致的位置，但这样做准确度较低。

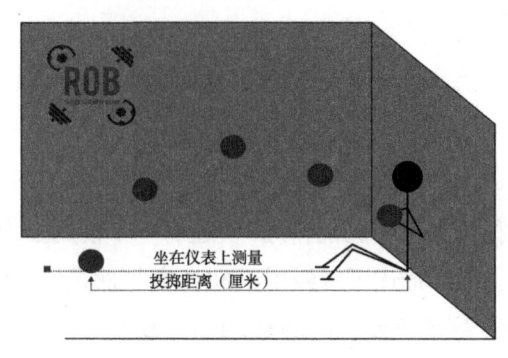

图 5-3 坐姿胸前推球

二、头上扔球（向前）

测试目的：头上扔球（Overhead Ball Throw）（向前）用于评估上身的力量和爆发力。

测试器材：2—5千克的药球（重量取决于受试者的年龄）、卷尺。

测试方法：受试者站在起始线上，双脚开立，与肩等宽，并面向投掷的方向；双手握住球的中心的后面，投掷动作与足球边线投掷类似，将球放在头后，然后尽最大力量将球抛出（见图5-4）。为最大限度地增加投掷距离，抛出药球后，允许受试者有身体前倾的动作。

评价标准：测量从起始位置到球落点的距离，记录精确到15.24厘米或10厘米。测试三次，记录最好成绩。

测试变体：允许受试者站在起始线前方。药球的重量会影响测试结果，应该选择最适合受试者年龄或力量的药球。

目标人群：本测试适用于注重上肢力量的运动，如划船、网球、投掷标枪等。

测试优点：本测试简单而快捷。

测试缺点：需要一个团队分工测试，进行标记结果、检查技术、收集并送回药球等。如果测试人数较多，则耗时较长。

注意事项：出球角度很重要。可向受试者解释最大距离的最佳角度，并允许进行一些尝试性练习。可沿着受试者预期的前方路线延伸卷尺来辅助测试。测量距离时，可以将卷尺移动到球落地的位置，或者使球落在距离卷尺大致的位置，但这样做准确度较低。

图 5-4　头上扔球（向前）

三、跪姿头上扔球（向前）

测试目的：跪姿头上扔球〔Overhead Ball Throw（Kneeling）〕（向前）通过投掷药球达到最大距离来评估上身的力量和爆发力。

测试器材：2—3千克的药球、卷尺、泡沫垫、宽敞的场地。

测试方法：男性使用3千克的药球，女性使用2千克的药球，所有年轻人使用2千克的药球。受试者以跪姿开始，背部直立，面向投掷的方向；双腿并拢，膝盖在起始线上；双手抓住药球两侧，将球放在身体前方，进而头上；然后在一次动作中将球向前、向上抛出（最佳角度为约45°）（见图5-5）。需要通过多种方式获得最大距离的最佳轨迹。不允许用一只手臂抛球或使球绕着脊柱旋转。为最大限度地增加投掷距离，抛出药球后，允许受试者有身体前倾的动作,但膝盖不能离开地面,脚趾不能做额外的牵引力。可尝试三次。

评价标准:测量从起始线外缘到药球最先落地点的距离。测试三次,记录最好成绩。

目标人群:本测试用于注重上肢力量的运动,如排球等。

测试优点:本测试简单而快捷,所需器材相对便宜。

测试缺点:需要一个团队分工测试,进行标记结果、检查技术、收集并送回药球等。如果测试人数较多,则耗时较长。

注意事项:出球角度很重要。可向受试者解释最大距离的最佳角度,并允许进行一些尝试性练习。

图 5-5 跪姿头上扔球(向前)

四、站立或侧面投球

测试目的：站立或侧面投球（Standing or Side Ball Throw）用于评估上身和下肢的力量和爆发力，特别是在做扭转动作时。

测试器材：2—5千克的药球（重量取决于受试者的年龄和力量）、卷尺。

测试方法：受试者站在起始线上，双脚开立，与肩等宽，并面向投掷的方向；双手握住球的正下方，双臂向身体前方伸出，再将球摆回身体后方，转动臀部和躯干，然后加大摆动力度，腿部、背部和手臂协调发力，尽最大力量将球抛出（见图5-6）。为最大限度地增加投掷距离，抛出药球后，允许受测者有身体前倾的动作。分别在身体两侧重复进行该动作，每侧允许尝试三次。

评价标准：测量从起始位置到球落点的距离，记录精确到10—15厘米。测试三次，记录最好成绩。

测试变体：药球的重量会影响测试结果，应该选择最适合受试者年龄或力量的药球。

目标人群：本测试适用于注重上肢力量的运动，如划船、网球、投掷标枪等。

测试优点：本测试简单而快捷。

测试缺点：需要一个团队分工测试，进行标记结果、检查技术、收集并送回药球等。如果测试人数较多，则耗时较长。

注意事项：出球角度很重要。可向受试者解释最大距离的最佳角度，并允许进行一些尝试性练习。可沿着受试者预期的前方路线延伸卷尺来辅助测试。测量距离时，可以将卷尺移动到球落地的位置，或者使球落在距离卷尺大致的位置，但这样做准确度较低。

图 5-6 站立或侧面投球

五、下手投球

测试目的：下手投球（Underhand Ball Throw）用于评估上身和下肢的力量和爆发力。

测试器材：2—5千克的药球（重量取决于受试者的年龄和力量）、卷尺。

测试方法：受试者站在起始线上，双脚开立，与肩等宽，并面向投掷的方向；双手在双腿之间将药球握住，双臂向前、向下伸出；双手放在药球后下方，腿部、背部和手臂协调发力，尽最大力量将球抛出（见图5-7）。为最大限度地增加投掷距离，抛出药球后，允许受试者有身体前倾的动作。允许尝试三次。

评价标准：测量从起始位置到球落点的距离，记录精确到10—15厘米。测试三次，记录最好成绩。

测试变体：可用类似技术将药球抛向受试者后方；药球的重量会影响测试结果，应该选择最适合受试者年龄或力量的药球。

目标人群：本测试适用于注重上肢力量的运动，如划船、网球、投掷标枪等。

测试优点：本测试简单而快捷。

测试缺点：需要一个团队分工测试，进行标记结果、检查技术、收集并送回药球等。如果测试人数较多，则耗时较长。

注意事项：出球角度很重要。可向受试者解释最大距离的最佳角度，并允许进行一些尝试性练习。可沿着受试者预期的前方路线延伸卷尺来辅助测试。测量距离时，可以将卷尺移动到球落地的位置，或者使球落在距离卷尺大致的位置，但这样做准确度较低。

图 5-7 下手投球

六、旋转药球投掷

旋转药球投掷（Rotational Power Ball Throw）是棒球和曲棍球 SPARQ 评分系统的测试项目之一。

测试目的：旋转药球投掷测试用于评估核心力量和总体力量。对棒球运动员来说，它可以模拟运动中常见的旋转核心运动。

测试器材：2 — 3千克的药球（棒球选手用3千克的药球，快速垒球选手用2千克的药球）、卷尺、宽敞的场地。

测试方法：受试者将药球放在胸前以获得最大距离，以垂直于起始线的方式保持投球姿势或站立；双手握住球的后方，手指在球下，将球拉回，肘部略微屈曲，保持球位于腰部和胸部之间；然后在一次动作中将药球向上、向前甩动（最佳角度为45°），需要通过多种方式获得最大距离的最佳轨迹。为最大限度地增加投掷距离，抛出药球后，允许受试者有身体前倾的动作。允许尝试三次。

评价标准：测量从起始位置到球落点的距离。测试三次，记录最好成绩。

目标人群：本测试适用于棒球、快速垒球及其他注重上肢力量的运动，如划船、网球、投掷标枪等。

测试优点：本测试简单而快捷，所需器材相对便宜。

测试缺点：需要一个团队分工测试，进行标记结果、检查技术、收集并送回药球等。如果测试人数较多，则耗时较长。

注意事项：出球角度很重要。可向受试者解释最大距离的最佳角度，并允许进行一些尝试性练习。

测试备注：在SPARQ测试演练期间，美国的Decathlete Bryan Clay达到了18.29米。

七、过顶扔球（向后）

过顶扔球（Overhead Ball Throw）（向后）用于测量投掷药球的最大距离，是篮球和足球SPARQ评分系统的测试项目之一。

测试目的：过顶扔球测试用于评估核心力量和总体力量。

测试器材：2—3千克的药球（男性用3千克的药球，女性和青少年用2千克的药球）、卷尺、宽敞的场地。

测试方法：受试者面向扔球的方向，保持脚后跟在起始线上；在起始位置双手持球，保持双臂在头上伸展；双臂伸展，在双腿屈曲的同时使球在双腿之间向下摆动；然后在一次动作中使球被抛起并且重新回到头上（最佳角度为约45°）（见图5-8）。需要通过多种方式获得最大距离的最佳轨迹。为最大限度地增加投掷距离，在抛出药球后，允许受试者有身体前倾的动作。允许尝试三次。

评价标准：测量从起始位置到球落点的距离，测试三次，记录最好成绩。

目标人群：本测试用于评估篮球及其他注重全身爆发力的运动。

测试优点：本测试简单而快捷，所需器材相对便宜。

测试缺点：需要一个团队分工测试，进行标记结果、检查技术、收集并送回药球等。如果测试人数较多，则耗时较长。

注意事项：出球角度很重要。可向受试者解释最大距离的最佳角度，并允许进行一些尝试性练习。

测试备注：在SPARQ测试演练期间，美国的Decathlete Bryan Clay达到了24.65米。

图 5-8　过顶扔球（向后）

八、跪姿胸前推球

跪姿胸前推球〔Chest Launch Ball Throw（Kneeling）〕用于评估上身的力量和爆发力，是冰球SPARQ评分系统的测试项目之一，并且被新增加到足球SPARQ测试中，取代了最大卧推测试。

测试目的：跪姿胸前推球用于评估上身协调性、力量和爆发力。

测试器材：2—3千克的药球（男性用3千克的药球，女性和青少年用2千克的药球）、卷尺、跪垫或泡沫垫、宽敞的场地。

测试方法：受试者以跪姿面向投掷的方向，保持大腿与地面平行，膝盖在起始线上，脚趾朝后，防止屈曲的脚趾帮助获得牵引力；双手抓住球的两侧，将球举向头顶，进而将球放在胸前；然后在一次动作中将球向前、向上抛出（最佳出球角度为30°—45°）。需要通过多种方式获得最大距离的最佳轨迹。不允许用一只手臂抛球或使球绕着脊柱旋转。为最大限度地增加投掷距离，抛出药球后，允许受试者有身体前倾的动作，但膝盖不能离开地面。允许尝试两次，两次投掷间歇45秒。

评价标准：测量从起始线外缘到药球最先落地点的距离，以"米"为单位进行记录。测试两次，记录最好成绩。

目标人群：本测试用于评估足球及其他注重全身爆发力的运动。

测试优点：本测试简单而快捷，所需器材相对便宜。

测试缺点：需要一个团队分工测试，进行标记结果、检查技术、收集并送回药等。如果测试人数较多，则耗时较长。

注意事项：出球角度很重要。可向受试者解释最大距离的最佳角度，并允许进行一些尝试性练习。

测试备注：在SPARQ测试演练期间，美国的Decathlete Bryan Clay达到了11.81米。

九、铅球背投

铅球背投（Shot-put Back Throw）用于测量投掷4千克的铅球达到的最远距离，是国际体能测试项目之一。

测试目的：铅球背投用于评估核心力量和全身爆发力。

测试器材：4千克的铅球、卷尺、宽敞的场地。

测试方法：受试者背对投掷区，脚后跟在起始线上，双手放在双膝之间；向前、向下屈曲身体，然后双手做投掷动作（最佳角度为约45°），将铅球向后投掷。需要通过多种方式获得最大距离的最佳轨迹。

评价标准：测量从起始线到球落点的距离，以"米"和"厘米"为单位进行记录。测试两次，记录最好成绩。

目标人群：本测试用于评估注重全身爆发力的运动。

测试优点：本测试简单而快捷，所需器材相对便宜。

测试缺点：需要一个团队分工测试，进行标记结果、检查技术、收集并送回铅球等。如果测试人数较多，则耗时较长。

注意事项：出球角度很重要。可向受试者解释最大距离的最佳角度，并允许进行一些尝试性练习。

十、板球或棒球投掷测试

板球或棒球投掷测试（Cricket Ball or Baseball Throw Test）为一项无氧健身测试，用板球或棒球等小球进行投掷，测量最大距离。板球或棒球投掷测试是田径运动人才选拔测试的一部分。

测试目的：板球或棒球投掷测试用于评估爆发力，特别是上身的爆发力，以及投掷距离和技术。

测试器材：标准皮革板球、标志桶或胶带、卷尺、宽敞的场地。

测试方法：测试者使用两个标志桶标记一条线，表示受试者必须抛出的距离；允许受试者进行10米的助跑。助跑后，受试者在不越过标记线的情况下将球抛出，越线视为犯规。允许进行三次投掷练习（见图5-9）。

评价标准：测量从起始线到球落点的距离。测试三次，记录最好成绩。

目标人群：本测试用于评估田径投掷项目及其他对体能要求较高的运动项目。

测试优点：本测试简单而快捷，所需器材相对便宜。

测试缺点：需要一个团队分工测试，进行标记结果、检查技术、收集并送回板球或棒球等。如果测试人数较多，则耗时较长。

注意事项：出球角度很重要。可向受试者解释最大距离的最佳角度，并允许进行一些尝试性练习。

图 5-9 板球或棒球投掷测试

十一、垒球投掷测试

垒球投掷测试（Softball Throw Test）是一项无氧能力体能测试，测试中包括垒球投掷的最大距离及技能因素。

测试目的：垒球投掷测试用于评估爆发力，特别是上身的爆发力，以及投掷距离和技术。

测试器材：标准垒球（周长30.5厘米，重178克）、标志桶或胶带、卷尺、户外测试场地。

测试方法：测试者标记受试者必须达到的投掷距离。投掷的位置及是否开始测试主要取决于使用的方案。受试者必须使用优势手，在起始线之后将球抛出；如果越线或球未落在测试区域，则视为犯规。允许进行两次投掷练习（见图5-10）。

投掷位置：起始/投掷位置有4种变化，通过稳定膝盖或脚的位置减轻技巧和协调性对测试结果的影响。

投掷过程中膝盖的位置：以跪姿起始，膝盖在投掷过程中始终紧贴地面。

投掷过程中双脚的位置：投掷时保持双脚平放。

一步法（Underkofler垒球投掷距离测试）：投掷前可助跑一步。

助跑：可给定一段距离（例如10米）用于助跑，以靠近投掷线，即标记线。

评价标准：测量从起始线到球落点的距离。测试三次，记录最好成绩。

目标人群：本测试用于评估田径投掷项目及其他对体能要求较高的运动项目。

测试优点：本测试简单而快捷，所需器材相对便宜。

测试缺点：需要一个团队分工测试，进行标记结果、检查技术、收集并送回垒球等。如果测试人数较多，则耗时较长。

注意事项：出球角度很重要。可向受试者解释最大距离的最佳角度，并允许进行一些尝试性练习。

图 5-10　垒球投掷测试

十二、冲拳爆发力测试

冲拳爆发力测试（Punch Power Test）为拳击手评分系统的测试项目之一。这项测试被用于美国"竞争者"系列电视节目第三季，来评估拳击手的体能。

测试目的：冲拳爆发力测试用于评估最大击打爆发力。

测试器材：100磅（45.36千克）的沙袋、拳击手套。

测试方法：使用可以记录冲击力量的冲击沙袋。受试者在沙袋上进行六次最大力度的击打，记录最大击打力量和平均击打力量（见图5-11）。

评价标准：使用器材测量冲拳击打峰值和平均冲击功率。计算方法：

力/表面积 –> PSI（磅/平方英寸）。其中P表示"磅"，S表示"平方"，I表示"英寸"，美国习惯使用PSI作单位，意为"磅/平方英寸"。

目标人群：本测试用于评估拳击及其他格斗类项目。

注意事项：用于测量击打功率的击打沙袋很难找到。Adepta Sport Technologies公司曾经生产出可嵌入传感器的"功率板"系列产品，能够测试击打PSI，但这家公司已经不存在了。一家新的公司生产的一个有用的功率/击打系统Strike Mate值得一试。如果有特定的需求，可以定制。

图5-11 冲拳爆发力测试

十三、动态力量指数

动态力量指数（Dynamic Strength Index, DSI）是爆发性峰值力与等长峰值力的比值。换言之，DSI衡量运动员在动态或等长测试方法中产生力的能力与在爆发性运动期间产生力的能力的差异。

测试目的：动态力量指数用来评估运动员的爆发潜力，并利用这些信息设计适当的力量训练计划。

测试器材：重量训练器材、力量板或测力计。

测试方法：可以使用来自爆发性和等长运动的任何两个峰值测量值来确定指数，尽管反运动跳跃或蹲跳（弹道测试），以及等长蹬伸（等长测试）通常被用于计算运动员的DSI。已经被使用的另一种练习组合是弹道长椅投掷和等距卧推练习。

评价标准：DSI = 爆发性峰值力/等高峰力。低DSI（< 0.6）表示运动员应该进行爆发性练习，高DSI（> 0.8）表示运动员应该集中力量进行最大力量训练。

测试变体：另一种可选方法是相对动态力量指数，它可以减小运动员体重的最大力量。

测试优点：可创建易于解释并可用于运动处方的单一索引。

测试缺点：需要测量峰值力的器材。

注意事项：DIS也被称为"动态力量不足或爆发力量不足"。

测试备注：DSI允许体能教练识别运动员的力量潜力——在高速爆发性运动中使用的峰值力矩的多少。

十四、拍按钮测试

拍按钮测试（Plate Tapping Test）是一种使用交替按钮的反应测试，用于评估上肢反应时间，手、眼的快速性和协调性，是欧洲测试方案的一部分。

测试目的：本测试用于评估肢体运动的速度和协调性。

测试器材：可调高度的桌子、直径20厘米的黄色圆盘、30厘米×20厘米的矩形工具、秒表。

测试方法：测试者调整桌面高度，使受试者舒适地站在按钮前；将两个黄色圆盘放在桌子上，中心距60厘米；将矩形等距离地放在两个圆盘之间。受试者将非优势手放在矩形工具上，尽可能快地在两个圆盘之间来回移动优势手，将这个动作重复25个完整周期（50次）（见图5-12）。

评价标准：记录完成25个完整周期所需的时间。测试两次，记录最好成绩。

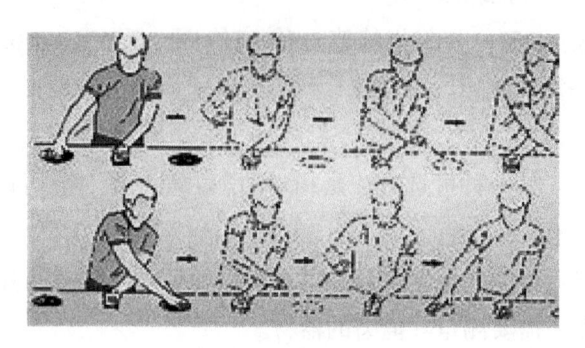

图 5-12　拍按钮测试

第六章

速度素质测试

第一节　反应速度

一、按键反应测试

测试目的：按键反应测试（Click Reaction Test）用于评估受试者的反应速度。具体操作为在背景颜色变更后以最快的速度按下"停止"按钮，记录所用的最少时间。

测试方法：选择将改变的背景颜色；点击"开始"按钮，背景颜色将在20秒内改变；背景颜色改变后，尽可能快地点击"停止"按钮。受试者的反应时间将显示在对话框中。多测几次，然后输入最佳测试结果，与受试者之前的反应时间做比较。

目标人群：相关领域的学生、教师或研究人员。

二、反应时标尺测试

这是一项简单的反应时间测试，只需要一把尺子和简单的计算；它也是一个很好的科学类项目。用已知的重力来确定受试者对物体下落的反应时间，测试方法是测量物体在被受试者握住之前下落的距离。还有一项更简单的测试，由这项测试变化而来，不需要任何计算，但需要制作反应计时器。

测试目的：反应时标尺测试（Reaction Time Ruler Test）用于测量反应时间，手、眼速度。

测试器材：1米长的尺子、计算器。

测试方法：受试者站在桌子边缘，将肘部放在桌子上，将手腕伸向桌子侧面。测试者握住标尺，并将标尺垂直放在受试者的拇指和食指之间，受试者的手指不得触碰标尺；将标尺0点与受试者的手指对齐；在确定受试者已经准备就绪的情况下，不做任何提示，放开标尺，使它垂直下落。受试者看到标尺下落，立即做出反应去抓握它。测试者记录下落的距离，以"米"为单位。多重复几次（例如10次），并计算出平均值。

评价标准：以"米"为单位计算下落的平均距离。反应计时器页面上有一个得分表，可进行自动评分。

测试变体：可将受试者的眼睛遮住，同时给出使标尺下落的听觉信号，以确定受试者的声音反应时。

目标人群：本测试适用于注重良好的手眼协调和快速反应为主导的运动，如赛车、拳击、球类运动等。

注意事项：左手和右手的测试结果可能有所不同，因此应该对该影响因素加以控制。

参照表6-1来确定标尺下落所需的时间。

该表格基于公式 $t = \sqrt{2d/g}$，其中d为标尺上以"米"为单位的距离，g为重力加速度（9.8 m/s^2），t为标尺下落所需的时间（以"秒"为单位）。

表6-1 反应时标尺测试评价标准

距离（厘米）	时间（秒）	距离（厘米）	时间（秒）	距离（厘米）	时间（秒）	距离（厘米）	时间（秒）
1	0.045	26	0.230	51	0.323	76	0.394
2	0.064	27	0.235	52	0.326	77	0.396
3	0.078	28	0.239	53	0.329	78	0.399
4	0.090	29	0.243	54	0.332	79	0.402
5	0.101	30	0.247	55	0.335	80	0.404
6	0.111	31	0.252	56	0.338	81	0.407
7	0.120	32	0.256	57	0.341	82	0.409
8	0.128	33	0.260	58	0.344	83	0.412
9	0.136	34	0.263	59	0.347	84	0.414
10	0.143	35	0.267	60	0.350	85	0.416

续表

距离（厘米）	时间（秒）	距离（厘米）	时间（秒）	距离（厘米）	时间（秒）	距离（厘米）	时间（秒）
11	0.150	36	0.271	61	0.353	86	0.419
12	0.156	37	0.275	62	0.356	87	0.421
13	0.163	38	0.278	63	0.359	88	0.424
14	0.169	39	0.282	64	0.361	89	0.426
15	0.175	40	0.286	65	0.364	90	0.429
16	0.181	41	0.289	66	0.367	91	0.431
17	0.186	42	0.293	67	0.370	92	0.433
18	0.192	43	0.296	68	0.373	93	0.436
19	0.197	44	0.300	69	0.375	94	0.438
20	0.202	45	0.303	70	0.378	95	0.440
21	0.207	46	0.306	71	0.381	96	0.443
22	0.212	47	0.310	72	0.383	97	0.445
23	0.217	48	0.313	73	0.386	98	0.447
24	0.221	49	0.316	74	0.389	99	0.449
25	0.226	50	0.319	75	0.391	100	0.452

三、反应小工具

本测试以物体的重力物理属性为基础。做一个简单的反应时间棒来测试反应时间非常容易。如果不想使用尺子或纸板、笔来制作反应时间棒，可购买下面这些器材。除此之外，还有一些测试反应时间的小工具，如需了解可做相关查阅。

（一）反应棒

一名受试者将反应棒垂直举起一只手臂的高度，将另一头指向地面；另一名受试者准备在前面一名受试者使反应棒下落的时刻在其拇指和其他手指之间抓住反应棒。得分低的是胜利者，在反应棒下落的过程中不能抓住反应棒的受试者将被淘汰（见图6-1）。

（二）抓握器

抓握器可创造性地验证自由落体的重力。其上装有内置传感器，可以检测到被接触的时间，释放时开始计时，并在抓握时停止计时，然后显示反应时间。该器材由Rick Rossi开发，为完成康涅狄格州科学标准任务而创建（见图6-2）。

（三）快速棒反应时间测试仪

快速棒测试是一项用来说明重力和反应时间关系原理的廉价、简单、有趣的测试。快速棒由Novel Products, Inc.制造，由坚韧、耐用的lexan塑料制成。快速棒测试也说明了集中注意力对于反应时间的重要性，让课堂氛围更加活跃，让学生更有兴趣，使健康筛查更有趣而有意义（见图6-3）。

图6-1　蓝色反应棒游戏 　　图6-2　抓握器 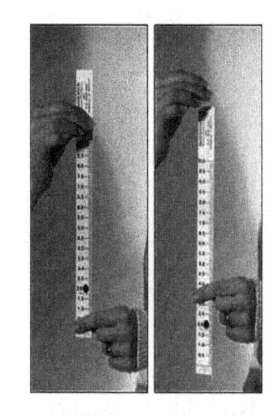　　图6-3　快速棒反应时间测试仪

四、反应灯板测试

测试目的：反应灯板测试（Light Board Reaction Test）用于测量反应时间，手、眼的快速性和协调性，为拳击手SPARQ评分系统的测试项目之一。

测试器材：BOSU球、灯板测试器材。

测试方法：可以在运动中建构灯板。它显示一条测试光线，该光线移动到整个灯板上的不同单元。从灯板中心向外辐射的光线距离不同。受试者站在BOSU球上，面向灯板，使灯板的中心位置位于正前方，受试者应尽可能频繁地按活动灯（见图6-4）。

评价标准：得分是在测试期间按下的灯的数量，总数可以是90。

目标人群：本测试适用于评估拳击等运动。

测试备注：本测试被用于美国"竞争者"系列电视节目第三季，来评估拳击手的适应性。

图6-4　反应灯板测试　　　图6-5　SVT反应时间测试（AFL）

五、SVT反应时间测试（AFL）

测试目的：SVT反应时间测试（SVT Reaction Test）（AFL）用于测量反应时间。

测试器材：SVT提供的专门的澳大利亚定时器（见图6-5）、排列成4排8列的32盏灯。

测试方法：对于AFL测试，要求受试者在30秒内尽可能快地拍打一系列随机光，测试他们的反应时间。电路板中有预设程序，可以任意设计灯光顺序和时间。例如，测试一名拳击手，可以设计3个灯来模仿"冲拳、冲拳然后钩拳"；但对于足球守门员，只能编程外围灯。

评价标准：记录30秒内触点次数。

目标人群：这项测试是专为澳大利亚标准的足球运动员设计的，也适用于其他运动测试。

测试缺点：需要购买测试器材。

注意事项：SVT还有一个80盏灯组成的计时器。

六、反应小装置

反应时间测试对于一些运动很重要。下面介绍一些可用的反应速度计时器。

（一）毫秒速度反应计时器

用于测试对毫秒速度的反应，测量反应时间。当灯闪烁时，按下橡胶按钮，以"毫秒"为单位记录反应时间（见图6-6）。

（二）反应计时器

美国哈伯德科学的数字反应计时器价格较为昂贵，它是由电池供电的数字计时器，单位为"百分秒"。装置包括反应游戏板、棋子、图表、活动包及教师指南（见图6-7）。

图6-6　毫秒速度反应计时器　　图6-7　反应计时器

七、格罗宁根反应时间测试

测试目的：格罗宁根反应时间测试（Groningen Reaction Time Test）是用于测量反应时间的简单测试，是格罗宁根老人健身测试方案的一部分。

测试器材：一个专门开发的定时器，它连接到手持模块，中间有显示灯，顶部有一个按钮，如同秒表。

测试方法：测试者将组件放在受试者手中。当红灯亮起时，受试者必须尽快按下按钮来响应。定时器上显示反应时间（以"毫秒"为单位），其中视觉信号反应时间为4—9秒。经过3次练习后，记录15次测试结果。

评价标准：记算15次测试的中位数。

目标人群：这项测试是专为老年人设计的。

测试缺点：需要获得专门的器材。

八、巴塔克反应测试

测试目的：巴塔克反应测试（Batak Reaction Test）用于评估快速浏览、处理和视觉对信息的反应能力。

测试器材：巴塔克灯板。

测试方法：受试者以最舒适的姿势站在巴塔克灯板前，指示灯被随机点亮，受试者在指定的时间（30秒或60秒）内，必须尽可能多地熄灭指示灯；当一个指示灯被熄灭，下一个指示灯就会亮起。练习次数非常重要，因此在前几次尝试中，反应时间会迅速缩短（见图6-8）。

巴塔克系统可以有不同的运行规程。

50个测试群：受试者必须尽可能快地随机熄灭50个指示灯。

50个定时指示灯：50个定时指示灯被随机点亮，持续1秒。如果受试者点错指示灯或未按时完成，测试速度就会提高。

4角延伸：显示100个随机角落的指示灯，受试者通过在1秒内熄灭指示灯得分。

评价标准：在累加器程序中，以在30秒或60秒内熄灭指示灯的数量为分数。

注意事项：

巴塔克系统针对不同情况提供一系列的反应时间板，比如便携且价格合理的巴塔克系统轻量板。

这里描述的测试仅仅是可以用该系统完成的反应测试。

在每次测试结束时，精疲力尽的受试者都被要求面对巴塔克灯板来测试反应时间、耐力水平和手眼协调水平。

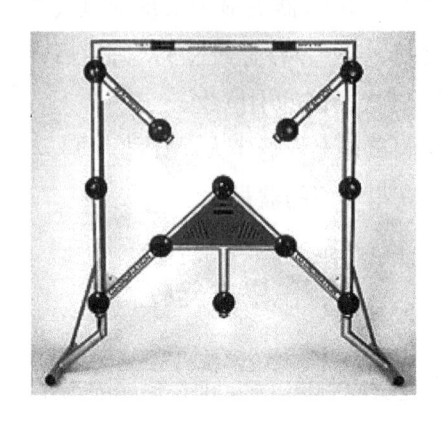

图6-8　巴塔克反应测试

九、制作反应计时器

测试目的：制作反应计时器（Make Your Own Reaction Timer）为制作自己的反应计时器的简单方法。尽管这是基本的测试，也不是最准确的测试，但是在其中会获得很多乐趣。这项测试的变体是标尺反应测试；对于商业化的可用的变体，可参见反应棒章节。

测试器材：一块长约20厘米、宽约5厘米的厚纸或纸板，尺子，钢笔或铅笔。

测试方法：将厚纸或纸板剪成至少20厘米长、5厘米宽的大小。在其上标记数字40—200（以"毫秒"为单位），并标记指定距离（以"厘米"为单位）（见图6-9）。测试者把反应计时器放在最上面，受试者的手指与计时器的底部边缘对齐。测试者可在任意时间、没有任何警示的情况下放下反应计时器，并试图控制手指的位置，不能随它下落，以最快的速度抓住标尺。抓取时从计时器的侧面读出分数，并参照表6-2进行评分。

注意事项：所有的测试值都是近似的。

表 6-2　反应计时器测试评价标准

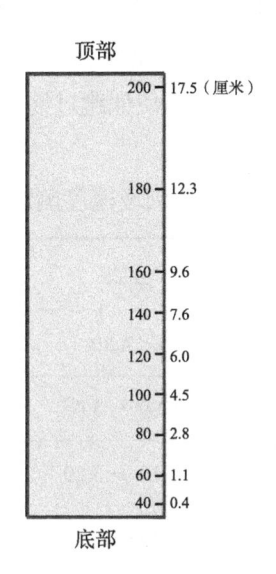

速度（毫秒）	评级
40	非常好
60	好
80	较好
100	良
120	较差
140	差
160	非常差
180	极差
200	超级差

顶部

200 — 17.5（厘米）
180 — 12.3
160 — 9.6
140 — 7.6
120 — 6.0
100 — 4.5
80 — 2.8
60 — 1.1
40 — 0.4

底部

图 6-9　自制反应计时器

第二节 移动速度

一、冲刺或速度测试

测试目的：冲刺或速度测试（Sprint Test）用于根据跑步距离测量加速度、最大冲刺速度，评估速度耐力。

测试器材：卷尺或带有标记的轨道、秒表或定时器、标志桶。

测试方法：测试包括在预设的距离内进行最大限度的冲刺，并记录时间。受试者经过专项热身后，测试在预设距离内进行，例如10米、20米、40米、50米或码，具体取决于运动项目和测试内容（见图6-10）。开始的位置应该是标准化的，在起始线之后一脚的距离静止开始，无摇摆动作。测试者在受试者跑动过程中测量分段距离（如5米、10米、20米）的运行时间，也可以确定加速度和峰值速度。通常先要求受试者做适当的热身练习，再给予他一些适当的鼓励，使他跑过终点线（见表6-3）。

表6-3 冲刺或速度测试评价标准

评级	男性	女性
非常好	< 4.80	< 5.30
很好	4.80 — 5.09	5.30 — 5.59
一般	5.10 — 5.29	5.60 — 5.89
较差	5.30 — 5.60	5.90 — 6.20
很差	> 5.60	> 6.20

图 6-10　冲刺或速度测试

二、30 码（27.43 米）短跑测试

短跑或速度测试可在不同的距离进行，这取决于测试条件和与运动的相关性。30码（27.43米）短跑（30-Yard Dash）是棒球SPARQ评分系统的测试项目之一；对于棒球运动员，也普遍使用60码（54.86米）短跑对他们进行测试。

测试目的：30码短跑测试的目的是确定加速度，本测试的结果是评估速度和敏捷性的可靠指标。

测试器材：卷尺或带有标记的轨道、秒表或定时门、标志桶、至少50码（45.72米）的平坦跑道。

测试方法：测试30码及以上单向最大冲刺跑，并记录时间。受试者在测试前应该进行充分的热身，包括做一些基本的练习和加速练习；以最熟悉的基本姿势起跑，以获得最佳速度，前面的脚必须在起始线之后，保持起跑姿势2秒，且不允许出现摇动。测试者应该鼓励受试者尽最大努力冲过终点线。允许尝试两次，最好将记录的时间保留两位小数。在受试者起跑或触碰电子计时系统时开始计时，在受试者胸部越过终点线或触碰终点计时按钮时结束计时。

目标人群：本测试适用于棒球、快速跑和速度比距离更重要的运动。

注意事项：

如果使用定时门，准确性将大幅度提高。

此外，天气和地面的情况会影响结果，这些外在情况应该被记录在结果中。

如果条件允许，可建立测风的轨道，以尽量减少风速的影响。

三、20米短跑测试

20米短跑（20-Meter Dash）是篮球和足球SPARQ评分系统的测试项目之一。

测试目的：20米短跑测试的目的是确定加速度，本测试的结果是评估速度和敏捷性的可靠指标。

测试器材：卷尺或带有标记的轨道、秒表或定时门、标志桶、至少40米的平坦跑道。

测试方法：测试20米及以上单向最大冲刺跑，并记录时间。受试者在测试前应该进行充分的热身，包括做一些基本的练习和加速练习；从静止位置开始，一脚在前，一脚在后，且前面的脚必须在起始线之后，保持起跑姿势2秒，且不允许出现摇动。测试者应该鼓励受试者保持低重心，加大摆臂幅度，冲过终点线。允许尝试两次，最好将记录的时间保留两位小数。在受试者起跑或触碰电子计时系统时开始计时，在受试者胸部越过终点线或触碰终点计时按钮时结束计时。

目标人群：本测试适用于篮球、快速跑和速度比距离更重要的运动。

注意事项：

如果使用定时门，准确性将大幅度提高。

此外，天气和地面的情况会影响结果，这些外在情况应该被记录在结果中。

如果条件允许，可建立测风的轨道，以尽量减少风速的影响。

四、30米短跑测试

测试目的：30米短跑测试（30-Meter Dash Test）的目的是确定加速度

和速度。

测试器材：卷尺或带有标记的轨道、秒表或定时门、标志桶、至少50米的平坦跑道。

测试方法：测试30米及以上单向最大冲刺跑，并记录时间。受试者在测试前应该进行充分的热身，包括做一些基本的练习和加速练习；从静止位置开始，一脚在前，一脚在后，且前面的脚必须在起始线之后，保持起跑姿势2秒，且不允许出现摇动。测试者应该鼓励受试者保持低重心，加大摆臂幅度，冲过终点线。允许尝试两次，最好将记录的时间保留两位小数。在受试者起跑或触碰电子计时系统时开始计时，在受试者胸部越过终点线或触碰终点计时按钮时结束计时。

目标人群：本测试适用于足球和速度比距离更重要的运动。

注意事项：

如果使用定时门，准确性将大幅度提高。

此外，天气和地面的情况会影响结果，这些外在情况应该被记录在结果中。

如果条件允许，可建立测风的轨道，以尽量减少风速的影响。

五、40码（36.58米）短跑测试

40码（36.58米）短跑（40-Yard Dash）是足球SPARQ评分系统的测试项目之一。

测试目的：40码短跑测试的目的是确定加速度和速度，本测试的结果是评估速度和敏捷性的可靠指标。

测试器材：卷尺或带有标记的轨道、秒表或定时门、标志桶、至少60码（54.86米）的平坦跑道。

测试方法：测试40码内单向最大冲刺跑，并记录时间。受试者在测试前应该进行充分的热身，包括做一些基本的练习和加速练习；以最熟悉的基本姿势起跑，以获得最佳速度，前面的脚必须在起始线之后，保持起跑姿势3秒，且不允许出现摇动。测试者应该鼓励受试者保持低重心，加大

摆臂幅度，冲过终点线。

注意事项：

如果使用定时门，准确性将大幅度提高。

此外，天气和地面的情况会影响结果，这些外在情况应该被记录在结果中。

如果条件允许，可建立测风的轨道，以尽量减少风速的影响。

六、40 码（36.58 米）冲刺测试

40码（36.58米）冲刺（40-Yard Sprint）是 eTID 田径选材测试计划的一部分。

测试目的：40码冲刺测试的目的是确定加速度和速度。

测试器材：卷尺或带有标记的轨道、秒表或定时门、标志桶、至少60码（54.86米）的平坦跑道。

测试方法：测试40码内单向最大冲刺跑，并记录时间。受试者在测试前应该进行充分的热身，包括做一些基本的练习和加速练习；从静止位置开始，一脚在前，一脚在后，前面的脚必须在起始线之后。测试者站在终点线上，一只手臂高举，向起点示意"准备就绪"，然后快速挥动手臂以示意受试者（由于受试者听到信号的时间会延迟，不要发出"走"的命令）；在手臂向下挥时开始计时，并在受试者胸部越过终点线时停止计时。允许尝试两次，最好将记录的时间保留两位小数（见表6-4）。

目标人群：本测试适用于速度至关重要的运动。

注意事项：

上述方案是针对运动员制定的。如果使用定时门，准确性将大幅度提高。

此外，天气和地面的情况会影响结果，这些外在情况应该被记录在结果中。

如果条件允许，可建立测风的轨道，以尽量减少风速的影响。

表6-4　40码冲刺测试评价标准

大学足球运动员	4.6 — 4.9秒
高中足球运动员	4.9 — 5.6秒
大学业余男子足球运动员	4.8 — 5.2秒
大学业余女子足球运动员	5.6 — 5.8秒

七、50米冲刺测试

50米冲刺（50-Meter Sprint）是国际体适能测试的一部分。

测试目的：50米冲刺测试的目的是确定加速度和速度。

测试器材：卷尺或带有标记的轨道、秒表或定时门、标志桶、至少70米的平坦跑道。

测试方法：测试50米及以上单向最大冲刺跑，并记录时间。受试者在测试前应该进行充分的热身，包括做一些基本的练习和加速练习；以固定的起跑姿势开始（双手不能触碰地面），一脚在前，一脚在后，且前面的脚必须在起始线之后；准备好，且一动不动，启动器就会发出指令"准备，跑"。测试者应该鼓励受试者保持低重心，加大摆臂幅度，冲过终点线。允许尝试两次，最好将记录的时间保留两位小数。在受试者起跑或触碰电子计时系统时开始计时，在受试者胸部越过终点线或触碰终点计时按钮时结束计时。

目标人群：本测试适用于足球和其他注重速度的运动。

注意事项：

如果使用定时门，准确性将大幅度提高。

此外，天气和地面的情况会影响结果，这些外在情况应该被记录在结果中。

如果条件允许，可建立测风的轨道，以尽量减少风速的影响。

计时器应远离跑道，以便清楚地看到受试者冲过终点线。

八、60 码（54.86 米）短跑测试

60 码（54.86 米）短跑（60-Yard Dash）常用于测试棒球运动员，许多大联盟俱乐部都将这项测试视为准球员必须参加的测试项目。

测试目的：60 码短跑测试的目的是确定加速度和速度，本测试的结果是评估速度和敏捷性的可靠指标。

测试器材：卷尺或带有标记的轨道、秒表或定时门、标志桶、至少 80 码的平坦跑道。

测试方法：测试 60 码内单向最大冲刺跑，并记录时间。受试者在测试前应该进行充分的热身，包括做一些基本的练习和加速练习；以最熟悉的基本姿势起跑，以获得最佳速度，前面的脚必须在起始线上或之后，保持起跑姿势 3 秒，且不允许出现摇动。测试者应该鼓励受试者保持低重心，加大摆臂幅度，冲过终点线。允许尝试两次，最好将记录的时间保留两位小数。在受试者起跑或触碰电子计时系统时开始计时，在受试者胸部越过终点线或触碰终点计时按钮时结束计时。大多数职业棒球联盟棒球俱乐部都会寻找用时在 7.0 以下的球员。在 60 码的短跑运动场上，运动员的平均用时为 6.7 — 6.9。

目标人群：本测试适用于棒球、冲刺和其他注重速度的运动。

注意事项：

如果使用定时门，准确性将大幅度提高。

此外，天气和地面的情况会影响结果，这些外在情况应该被记录在结果中。

如果条件允许，可建立测风的轨道，以尽量减少风速的影响。

九、60 米冲刺测试

60 米冲刺（60-Meter Sprint）是 eTID 田径选材测试计划的一部分。

测试目的：60 米冲刺测试的目的是确定加速度和速度，本测试的结果是评估速度和敏捷性的可靠指标。

测试器材：卷尺或带有标记的轨道、秒表或定时门、标志桶、至少80米的平坦跑道。

测试方法：测试60米内单向最大冲刺跑，并记录时间。受试者在测试前应该进行充分的热身，包括做一些基本的练习和加速练习；从静止位置开始，一脚在前，一脚在后，前面的脚必须在起始线之后，保持起跑姿势2秒，且不允许出现摇动。测试者应该鼓励受试者保持低重心，加大摆臂幅度，冲过终点线。测试者站在终点线上，一只手臂高举，呼叫"准备好"，然后快速挥动手臂以示意受试者（由于受试者听到信号的时间会延迟，不要发出"走"的命令）；在手臂向下挥时开始计时，并在受试者胸部越过终点线时停止计时。允许尝试两次，最好将记录的时间保留两位小数。

目标人群：本测试适用于短跑和其他注重速度的运动。

注意事项：

上述方案是针对运动员制定的。如果使用定时门，准确性将大幅度提高。

此外，天气和地面的情况会影响结果，这些外在情况应该被记录在结果中。

如果条件允许，可建立测风的轨道，以尽量减少风速的影响。

十、本垒到一垒的速度测试

本垒到一垒的运动速度，特别是垒地之间的速度对棒球运动员来说非常重要。在棒球领域，也通常使用60码（54.86米）短跑测试。

测试目的：本垒到一垒的速度测试（Sprint Test from Home to First Base）的目的是确定跑到一垒的时间，这个时间是评估该领域速度和灵活性的可靠指标。

测试器材：棒球场、秒表。

测试方法：测试从本垒到一垒进行的最快冲刺，并记录时间。通常在比赛期间进行测试，但可以根据测试目的设置测试。受试者在测试前应该进行充分的热身，包括做一些基本的练习和加速练习；从本垒静止位置开始，准备接球；击球后，尽可能快地跑到第一垒。测试者应该鼓励受试者努力通过一垒。允许尝试两次，最好将记录的时间保留两位小数。在受试者击球时开始计时，在受试者的脚接触第一垒时结束计时。可参照表6-5了解冲刺速度的评分。由于左手球员在击球时更接近一垒，他们的评分较低（见图6-11）。

目标人群：本测试适用于棒球、垒球和快速跑运动。

注意事项：

本垒和一垒之间的距离是90英尺（27.43米）。

由于一些长时间跟进的球员需要更长的时间才能开始冲刺，他们的得分较低，跑动速度会被低估。

如果使用定时门，准确性会大幅度提高。

此外，天气和地面的情况会影响结果，这些外在情况应该被记录在结果中。

表6-5　本垒到一垒的速度测试评价标准

评级	右手投球（秒）	左手投球（秒）
较好	4.2	4.1
一般	4.3	4.2
较差	4.4	4.3
差	4.5	4.4

图6-11　本垒到一垒的速度测试

十一、3/4 篮球场冲刺测试

跑步速度对篮球运动员来说非常重要，尤其是在球场上跑动。3/4 篮球场冲刺测试（3/4 Court Sprint Test for Basketball Players）是篮球 SPARQ 评分系统测试项目及 NBA 联合篮球 3/4 场地冲刺测试的一部分。

测试目的：3/4 篮球场冲刺测试的目的是确定 3/4 球场距离（22.86米）的跑步速度。

测试器材：带有标记的篮球场、4个标志桶、秒表或定时门。

测试方法：测试在 3/4 篮球场（22.86米）上进行的最快冲刺。测试者在端线和对面的罚篮线上放置两个标志桶或定时门（见图6-12）。受试者在测试前应该进行充分的热身，包括做一些基本的练习和加速练习；在端线之后以固定的起跑姿势开始，一脚在前，一脚在后。测试者应该鼓励受试者努力通过终点。如果使用手动计时，应该从启动计时器时开始计时。

目标人群：本测试适用于篮球运动员。

注意事项：

篮球场长度不一定相同，需要测量球场，以确定22.86米的距离。

为安全起见，可将防撞垫放在球场远端的墙上。

如果使用定时门，准确性将大幅度提高。

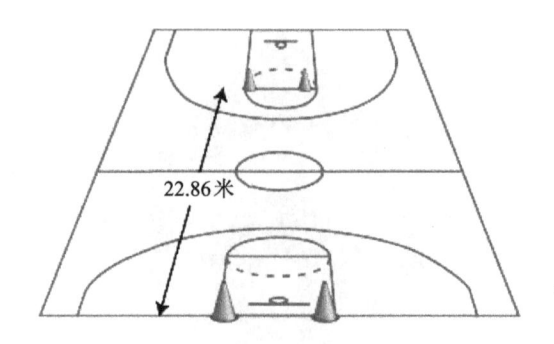

图 6-12　3/4 篮球场冲刺测试

十二、40 米骑行冲刺测试

40米骑行冲刺测试（40-Meter Cycling Sprint Test）是 eTID 冲刺骑行选材测试计划的一部分，是一种无氧体能测试，包括站立起始40米速度测试和飞行式40米速度测试。

测试目的：40米骑行冲刺测试用于评估无氧能力和腿部肌肉的耐力，以及骑行技巧。

测试器材：适当的80米路线（例如赛车场、跑道、停车场等）、自行车、秒表、卷尺、标志桶。

测试方法：标出80米的距离，并在0米、40米和80米处放置标志桶或标记带，在终点线后约5米处放置两个标记桶。

站立起始测试：受试者站立在自行车的脚踏板上，前轮位于40米起始线上（见图6-13）。测试者需要扶住受试者和自行车。受试者必须尽可能快地骑到最后的标志桶（约80米处）。当听到"一，二，三，开始"的口令后，测试者开始计时；当受试者的自行车前轮通过终点线时，停止计时。

飞行式测试：受试者在行进中前40米达到最大速度，在后40米保持最高速度。测试者在受试者通过起始线（40米处）时开始计时，在受试者通过终点线（80米处）时停止计时。

允许尝试两次，最好将记录的时间保留两位小数。

评价标准：记录两种骑行方式的最短时间。

测试优点：这项测试方便，易施行。

测试缺点：测试结果受动力影响较大。

注意事项：提示受试者必须骑到标志桶，以确保到达终点线之前不会减速，增加整体骑行时间。

图 6-13　40 米骑行冲刺测试

十三、100 米游泳测试

100 米游泳测试（100-Meter Swim Test）是铁人三项运动选材测试计划的一部分。

测试目的：100 米游泳测试用于评估运动员在铁人三项游泳中腿部冲刺的能力。

测试方法：标准的 50 米游泳池、秒表。

测试方法：本测试要求受试者尽可能地以最短的时间游完 100 米（50 米泳池 1 圈），可以使用任何游泳划水方式和转弯。受试者以静止姿势开始，在听到"各就各位，开始"的口令后，测试者开始计时，受试者开始以自己的节奏游泳；在其手触碰 100 米终点墙壁时停止计时。如果需要一次测试多名游泳运动员，每条泳道最多可以测三名运动员，以开始时间隔 15 秒为理想情况。

注意事项：记录完成 100 米的时间，精确到"秒"。

第七章

灵敏素质测试

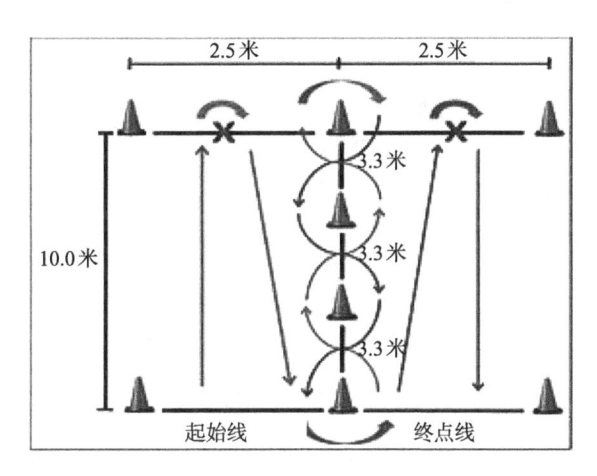

一、伊利诺斯敏捷性测试

伊利诺斯敏捷性测试（Illinois Agility Run Test）是许多团队运动测试的重要组成部分，不经常作为测试手段，且很难评价结果。伊利诺斯敏捷性测试是对于运动的敏捷性的常用测试，因此有许多标准可用。

测试目的：伊利诺斯敏捷性测试用于评估运动的敏捷性。

测试器材：标志桶、秒表、卷尺、定时门（可选）、宽敞而平坦的测试场地。

测试方法：测试场地的长度是10米，宽度是5米；用四个标志桶标记起点、终点、两个转折点，以相等的距离将另外四个标志桶放置在中心，每个标志桶相距3.3米（见图7-1）。受试者躺在标记点前面，头朝向起始线，并用手抱住肩膀。在听到"开始"的口令后，测试者计时，受试者尽可能快地起身，沿着指示的方向绕过跑道，不允许触碰标志桶，到达终点线时停止计时。

评价标准：男性的优异成绩要低于15.2秒，女性要低于17.0秒。

测试优点：这是一项简单的测试，器材较少；此外，它可以测试运动员不注重方向和角度的能力。

图7-1　伊利诺斯敏捷性测试路线

二、30英尺（9.14米）敏捷性折返跑测试

测试目的：30英尺（9.14米）敏捷性折返跑测试（30-Feet Agility Shuttle Run Test）用于评估速度和敏捷性，对于很多运动至关重要，在总统挑战健身奖中经常使用。

测试器材：木块或类似物体、标志桶或胶带、秒表、防滑场地。

测试方法：受试者尽可能快地在两条平行线之间做折返跑。设置两列相距9.14米的标志桶或使用线条进行标记，并将两个木块或类似物体放在其中一条线后面，木块对面的一条线为起始线。在听到"准备，跑"的口令后，受试者跑到另一条线上，拿起一个木块并返回，将它放在起始线后面；然后继续拾取第二个木块（见图7-2）。以此类推，直到将木块全部移到起始线，要在方向线上跑动。

评价标准：可以进行2—3次测试，记录最短的时间，精准到0.1秒。

测试变体：可以改变移动木块的数量、转弯间的距离，并且可以改变受试者从转折点进行拾取和返回转折点的需要。

测试优点：这项测试使用器材较少，且以较快的速度进行。

注意事项：木块应该被放在线上，而不是被扔向受试者。同时受试者确保冲过终点线，以获得最高分数。

图7-2 30英尺敏捷性折返跑测试

三、Zig Zag 测试

测试目的：Zig Zag测试用于评估速度和敏捷性，对于很多运动至关重要。

测试器材：标志桶、秒表、防滑场地。

测试方法：这项测试类似于冲刺跑测试，要求受试者在最短的时间内跑完规定路程。一个标准的曲折线路是四个标志桶被放置在一个3.00米×4.85米的矩形的拐角处，一个标志桶被放置在矩形的中心。沿着矩形长边的拐角将标志桶标记为1—4，将中心标志桶标记为C。测试从1开始，然后到C、2、3、C、4，然后回到1（见图7-3）。

测试变体：可以改变标志桶之间的距离和跑动次数。

注意事项：总长度不能太长，以免产生疲劳，影响测试或训练质量。

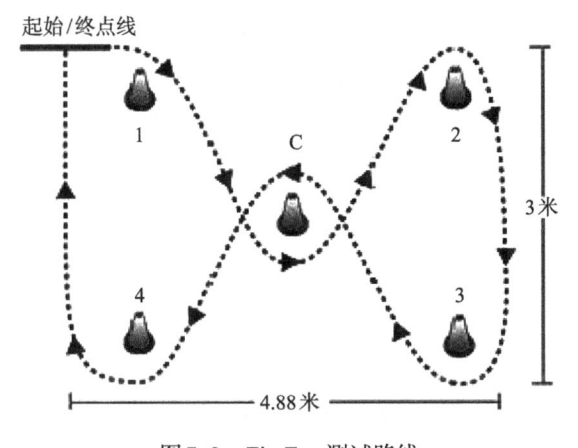

图7-3　Zig Zag 测试路线

四、8字灵敏跑测试

8字灵敏跑测试（Figure-of-Eight Agility Run Test）用于评估敏捷性和下肢肌肉的力量，对于很多运动至关重要。

测试器材：标志桶、秒表、卷尺、防滑场地。

测试方法：放置两个标志桶，相距10米，起始线和终点线分别位于两个标志桶旁边。受试者从一个标志桶处开始跑，跑到第二个标志桶处并绕过它，然后回到第一个标志桶处并绕过它，通过终点线（见图7-4）。每次测试之间进行一次练习测试和两次全力冲刺测试，间歇时间要短。

评价标准：在听到"开始"的口令后计时，在受试者回到起始线/终点线时停止计时。测试两次，记录最好成绩。

目标人群：本测试是成人阿尔法体能测试方案的一部分。

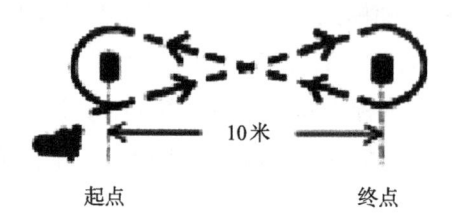

图7-4　8字灵敏跑测试

五、505敏捷性测试

505敏捷性测试（505 Agility Test）用于评估180°转向能力，也适用于专项体育运动，方法是让运动员在球场上踢足球、接曲棍球、反弹篮球。

测试目的：505敏捷性测试用于评估速度和敏捷性，对于很多运动至关重要。

测试器材：定时门或秒表、防滑场地、标志桶。

测试方法：在地面上画好5米和15米的标记线。受试者面朝15米标记线的方向，以最大速度通过5米标记线后继续加速到达15米标记线，再返回5米标记线（见图7-5）。在受试者第一次到达5米标记线时开始计时，在受试者第二次返回时停止计时，记录通过5米标记线的去和回的距离，也就是10米所需的时间。最好测试两次，分别记录每条腿的转身能力。提醒受试者不要超过15米标记线太多，那样会增加他们的跑动时间。

测试优点：本测试准确而简单。

测试缺点：如果测试人数较多，则耗时较长；尽管可以使用秒表进行手动计时，但仍需要购买定时门，以提高计时的准确性。

注意事项：这是一项关于180°转弯能力的测试，这种能力可能只适用于部分运动，可根据专项选择测试项目。

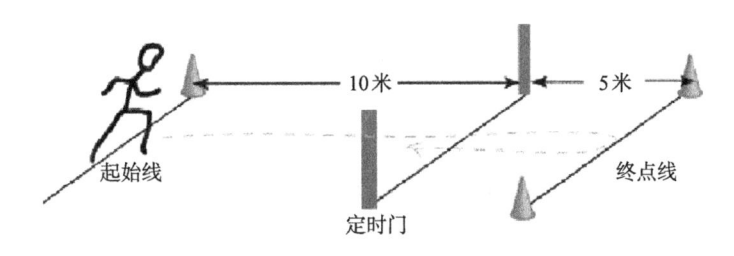

图7-5　505敏捷性测试

六、六边形敏捷性测试

测试目的：六边形敏捷性测试（Hexagon Agility Test）用于评估在保持平衡的同时快速移动的能力。

测试器材：卷尺、粉笔或用于标记地面的胶带、秒表。

测试方法：用胶带在地面上标记六边形，每条边的长度为61厘米，每个角为120°。受试者双脚站在六边形内，背对六边形的中心点，面向六边形的边；在听到"开始"的口令后，跳过面对的六边形的边，再跳回六边形内；继续双脚跳过另一侧的边，然后再跳回六边形内（见图7-6）。以此类推，跳完剩下的几条边。在顺时针和逆时针方向各测试一次。

评价标准：受试者完成完整的三轮的时间即为得分。测试两次，记录最好成绩。

测试变体：进行逆时针和顺时针方向测试是为了比较左右移动技能是否存在不平衡现象。

测试优点：这是一项简单的敏捷性测试，所用的场地、器材都比较简单。

测试缺点：一次只能针对一个人进行测试。

注意事项：如果出现跳错边或踩到边的情况，必须重新测试。

图7-6　六边形敏捷性测试

七、象限跳转测试

测试目的：象限跳转测试（Quadrant Jump Test）是不用跑动的敏捷性测试，用于评估在小空间中快速移动，同时保持平衡和身体协调的能力。

测试器材：卷尺、粉笔或用于标记地面的胶带、秒表。

测试方法：如图7-7所示，在地面上标出一个0.91米的象限、每个象限的代号，以及起始位置。受试者在起始线上双脚并拢；在听到"开始"的口令后，跳到第一象限，然后依次进入象限2、3、4、1、2。以这种模式快速持续10秒，休息后重复测试。

评价标准：测试的分数是受试者两次10秒象限正确跳转次数的平均数；得分是正确跳跃的次数，即用跳跃总次数减去跳错或不合格跳跃的次数。在10秒测试期间，受试者双脚完全位于正确的象限内即获得1分，跳跃时踩线、一只脚落地或两只脚跳入不正确的象限，减去0.5分。

测试变体：进行逆时针和顺时针方向测试是为了比较左右移动技能是否存在不平衡现象。

测试优点：这是一项简单的敏捷性测试，所用的场地、器材都比较简单。

测试缺点：一次只能针对一个人进行测试。

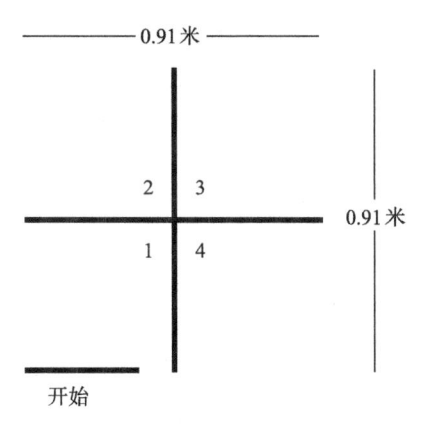

图7-7 象限跳转测试

八、T 测试

测试目的：T测试用于评估敏捷性，包括向前、侧向和后退跑动。

测试器材：卷尺、标志桶、秒表或定时门。

测试方法：如图7-8所示，设置4个标志桶，间距分别为4.57米、9.14米。受试者从标志桶A开始，根据计时器的命令，快速冲向标志桶B并用右手触碰标志桶底部；然后左转并横向滑步到标志桶C，并用左手触碰标志桶底部；再向右侧滑步到标志桶D，并用右手触碰标志桶底部；再次回到标志桶B，用左手触碰，并后退跑到标志桶A。在受试者经过标志桶A时停止计时。

评价标准：关于移动方法，受试者另一只脚可以横跨，如不能触碰标志桶底部或在整个测试过程中没有面向前方，则需要重新测试。记录最好成绩，精确到0.1秒。表7-1显示了成年运动员的一些成绩。

测试优点：这是一项简单的敏捷性测试，所用的场地、器材都比较简单。

测试缺点：一次只能针对一个人进行测试。

注意事项：

受试者在滑步移动时要面向前方，双脚不要交错。为了安全起见，应该在标志桶A后方安排一名保护人员，防止受试者跌倒受伤，确保他后退跑过终点。测试地面的情况应该一致，以确保良好的重测信度。

表 7-1　T测试评价标准

评级	男性（秒）	女性（秒）
优秀	< 9.5	< 10.5
良好	9.5 — 10.5	10.5 — 11.5
一般	10.5 — 11.5	11.5 — 12.5
差	> 11.5	> 12.5

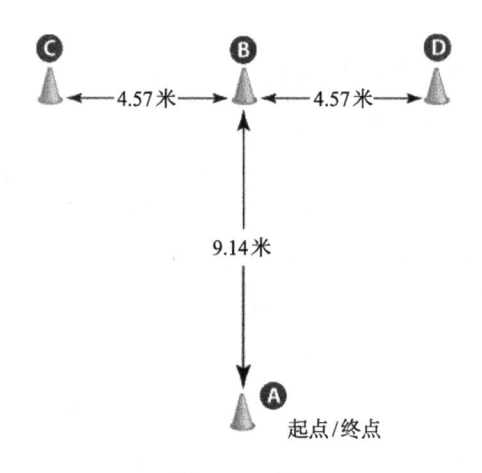

图 7-8　T测试

九、10米敏捷性折返跑测试（4x10米）

10米敏捷性折返跑测试（10-Meter Agility Shuttle Run Test）（4×10米）用于评估速度和敏捷性，以同时在相距10米的两条线之间拾取小块的方式进行，与30英尺（9.14米）敏捷性折返跑测试类似。

测试目的：10米敏捷性折返跑用于评估速度、身体控制和变向能力（敏捷性）。

测试器材：每个受试者两个木块（每块规格为10厘米×5厘米×5厘米）、标志桶或标记带、卷尺、秒表、平坦的防滑场地、两条相距10米的线。

测试方法：使用标记带或标志桶标记相距10米的两条线，将木块放到起始线对面。在听到"各就各位"的口令后，受试者将前面的脚放在起始线之后；在听到"跑"的口令后，快速冲刺到对面的线，拿起小木块，回到起始线并将它放在起始线上或超出起始线处；然后转身继续跑到第二个小木块处，并将它拿回终点线（见图7-9）。

评价标准：记录完成测试的时间，以"秒"为单位，精确到0.1秒。测试两次，记录最好成绩；如果受试者在途中丢掉小木块，则成绩无效，重新测试。

目标人群：本测试能很好地评估一般运动能力，适用于注重敏捷性的体育项目，包括网球、足球和篮球，以及国际体适能测试、新加坡国家体适能奖和阿尔法欧洲健身测试。

测试优点：这项测试所需器材较少，测试速度较快。

注意事项：

应该将木块放在线上，而不是向线扔去。

要确保在终点线上跑步，以取得最好成绩。

除了跑步速度，转弯技术和协调性也是这项测试的重要因素。

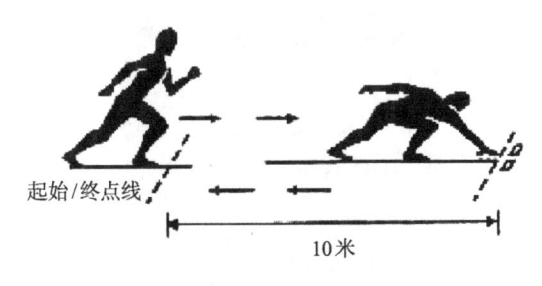

图7-9　10米敏捷性折返跑测试（4×10米）

十、快速测试

测试目的：快速测试（Quick Feet Test）用于评估速度、身体控制和变向能力（敏捷性），以刺激大腿肌纤维快速收缩。

测试器材：平坦的防滑场地、秒表、6.40米长的木棍或20级绳梯，还可以使用有标记的足球场。

测试方法：在长度为9.14米的地面上放置相似尺寸的20级绳梯。受试者准备好后从一端开始跑动，并保证每次移动时脚都在绳梯的空间内，而不接触木棒或绳梯。在受试者的脚刚接触第一根和第二根木棍之间的地面时开始计时，在受试者通过最后一根木棍时停止计时。2分钟后重复测试（见图7-10）。

评价标准：测试两次，记录最好成绩。对大学生运动员来说，以男生低于2.8秒、女生低于3.4秒为优秀。

注意事项：

在进行短跑时，应迅速摆臂，尽可能快地向前移动，尽量减少膝盖抬起的次数。可以通过练习提高在本测试中的运动表现。

若在草地、其他地面上或使用其他布局（如足球场线）进行测试，则应将所有的细节记录在案，以便为下次在同样的环境和场地测试时提供参考。

图7-10 快速测试

十一、侧步测试

测试目的：侧步测试（Side-step Test）用于评估速度、身体控制和变向能力（敏捷性），是简单的适应性测试。

测试器材：平坦的防滑场地、标记线（可使用胶带）、卷尺、秒表。

测试方法：受试者站在场地的中心，侧向跳出30厘米的距离，接触离脚最近的线，再跳回中心；然后跳出30厘米到另一侧，再跳回中心。这是一个完整的测试周期。受试者应该在1分钟内完成尽可能多的循环跳跃（见表7-2）。

注意事项：跳完一个完整的周期得1分，跳完半个周期得0.5分，分数为1分钟内的重复次数。

表7-2 侧步测试评价标准

性别	差	及格	一般	好	优秀
女性（次/分钟）	<33	34—37	38—41	42—45	46+
男性（次/分钟）	<37	38—41	42—45	46—49	50+

十二、埃德格伦侧步测试

测试目的：埃德格伦侧步测试（Edgren Side-step Test）用于评估并步能力和敏捷性。

测试器材：平坦的防滑场地、标记线或标志桶（可使用胶带）、卷尺、秒表。

测试方法：将5个标志桶或标记线摆放在一条直线上，每个标志桶或标记线相距0.91米（两个最外标志桶间距为3.66米）。起始位置在中间的标志桶，受试者面朝前方，跨过中心线。在听到"开始"的口令后，受试者向右跳，直到右脚接触或跨过最外侧的标志桶或标记线；然后向左侧并步跳，直到左脚接触或跨过最外侧的标志桶或标记线（见图7-11）。受试者在10秒内尽可能快地并步回到最外侧的标志桶前面。

测试变体：有时会用"米"作单位，每两个标志桶相距1米。变化后的埃德格伦侧步测试只是定时折返跳。

注意事项：计算标志桶或标记线的数量。如果受试者未到达远端线或标志桶，或躯干和脚尖没有始终朝向前方，或腿部交叉，则扣除一个标志桶的数。测试三次，记录最好成绩。

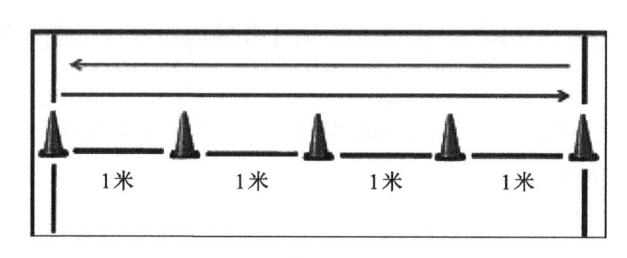

图7-11 埃德格伦侧步测试

十三、埃德格伦侧步测试变体

测试目的：埃德格伦侧步测试变体（Modified Edgren Side-step Test）用于评估侧步能力、敏捷性和速度，完成这项测试大约需要2秒钟。

测试器材：平坦的防滑场地，标记线或标志桶（可使用胶带）、卷尺、秒表。

测试方法：将3个标志桶或标记线摆放在一条直线上，每个标志桶或标记线相距1.83米（两个外标志桶间距为3.66米）。起始位置在中间的标志桶，受试者面朝前方，跨过中心线。在听到"开始"的口令后，受试者向右侧滑步，并向下触碰标志桶底部；再滑步回到左侧并触碰左侧标志桶底部，最后向右回到中心的标志桶（见图7-12）。

注意事项：

完成折返的时长（回到中线）。

测试者在受试者从中线开始移动时计时，并在其脚跨过中线时停止计时。

以低于2秒的成绩为"优秀"。

图7-12 埃德格伦侧步测试变体

十四、20码（18.29米）折返测试

20码（18.29米）折返测试（20-Yard Shuttle Test）是NFL、NHL和MLS联合测试，以及棒球、曲棍球和橄榄球SPARQ评分系统的测试项目之一，它也被称为"专项灵敏折返"或"5—10—5折返跑"。美国女子足球队使用20码敏捷性折返跑进行类似的测试，美国国家橄榄球联盟也进行类似但更长的60码（54.86米）折返测试。

测试目的：20码折返测试用于评估速度、爆发力、身体控制和变向能力（敏捷性）。

测试器材：秒表或定时门、卷尺或带有标记的足球场、3个标志桶、平坦的防滑场地。

测试方法：将3个标志桶每个相距5码（4.57米）摆放。受试者跨过中心线并将一只手触地形成三点站立的姿势。可以从右侧或左侧任意方向开始。例如，在听到"跑"的口令后，受试者转身向右侧跑5码，并用右手触碰该线，然后跑到左侧10码（9.14米）处，用左手触碰另一条线，最后跑回起始线/终点线（见图7-13）。受试者必须在每个转折点触碰线。

评价标准：记录完成测试的时间，以"秒"为单位，精确到两位小数。测试三次，记录最好成绩。

目标人群：这项测试适合许多团队运动，如篮球、曲棍球、橄榄球、足球等。

注意事项：在这项测试中，转弯技术和协调能力对测试结果影响较大。由于所覆盖的总距离为20码，因此也被称为"20码折返跑"。

测试备注：在SPARQ测试练习期间，美国的Decathlete Bryan Clay达到了4.38秒。

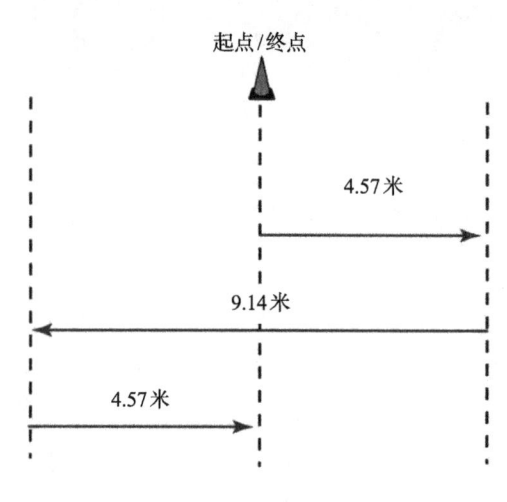

图7-13 20码折返测试

十五、灵敏锥测试

测试目的：灵敏锥测试（Agility Cone Drill Test）是一项横向运动测试，用于评估速度、爆发力、身体控制和变向能力（敏捷性）。

测试器材：秒表或定时门、卷尺或白粉笔、5个标志桶、平坦的防滑场地。

测试方法：将其中4个标志桶以菱形摆放，将剩下的1个放在菱形中心，位于边缘的4个均距离中心3米（见图7-14）。受试者蹲在中心的标志桶后面，左手放在其上，面向标志桶5；转身向右跑，用手触碰标志桶2；回到中心的标志桶处，再到下一个标志桶3；回到中心，到下一个标志桶4；最后再回到中心，越过终点线。受试者必须在每次转弯时用手触碰标志桶。在受试者的手离开中心的标志桶时开始计时，在受试者的胸部越过终点处的标志桶时停止计时。间歇3分钟，然后重复测试，向相反方向移动（以逆时针方向，按1—4—3—2—5的顺序）。

评价标准：记录完成测试的时间，以"秒"为单位，精确到两位小数；最终计算两次测试的平均时间。

目标人群：本测试适用于篮球、足球和其他注重敏捷性的运动。

注意事项：在这项测试中，转弯技术和协调能力对测试结果影响较大。这项测试有时也被称为"指南针测试"，因为需要移动到指南针指的所有方向。这项测试曾经是足球和篮球SPARQ评分系统的测试项目之一；对于足球，现在使用箭头敏捷性测试和罚篮线灵敏锥测试。

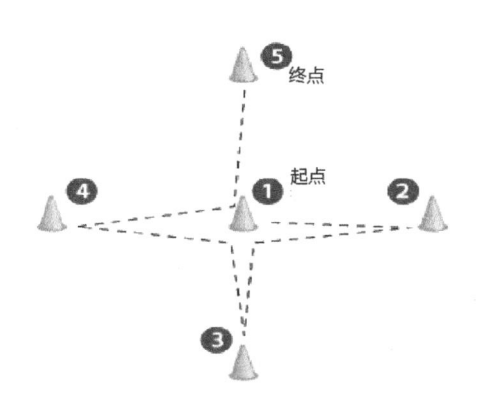

图 7-14　灵敏锥测试

十六、三锥桶测试

测试目标：三锥桶测试（3-Cone Drill Test）是NFL组合替代"4标志

桶"或"盒式钻头"的体能测试方案的一部分，有时也被称为"L-Drill"。用于评估速度、爆发力、身体控制和变向能力（敏捷性）。

测试器材：秒表、卷尺或带有标记的足球场、标志桶、平坦的防滑场地。

测试方法：将3个标志桶以L形摆放，两两相距4.57米。受试者在标志桶1旁边的起始线上做站立式起跑；在听到"跑"的口令后，跑向标志桶2，弯下腰并用右手触碰标记线；转身跑回标志桶1，弯下腰并用右手触摸1处的标记线；然后再跑回标志桶2，从其外侧绕到标志桶3的外侧，在标志桶3和2的外侧跑回标志桶1，完成测试（见图7-15）。受试者必须在改变跑动的方向时向前跑，而不是停下来从相反的方向开始。左、右侧都需要进行测试（如第一次向左，第二次就向右）。

评价标准：记录完成测试的时间，以"秒"为单位。测试两次，记录最好成绩。

目标人群：这项测试是NFL测试组合的一部分，其中关于敏捷性的测试非常重要。它适用于许多团队运动，如篮球、曲棍球、橄榄球、足球等。

测试备注：在SPARQ测试练习期间，美国的Decathlete Bryan Clay达到了7.85秒。

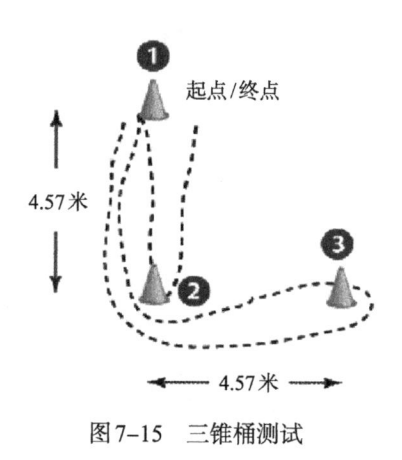

图7-15 三锥桶测试

十七、箱式体能测试

测试目的：箱式体能测试（Box Drill Test）又称"正方形敏捷性测试"，用于评估速度、爆发力、身体控制和变向能力（敏捷性），是NFL测试组合的一部分。

测试器材：秒表、卷尺、4个标志桶、平坦的防滑场地。

测试方法：将4个标志桶以正方形摆放，两两相距9.14米。受试者在标志桶1旁边的起始线上；在听到"跑"的口令后，冲刺到标志桶2，横向滑动到标志桶3，再滑步到标志桶4并转弯冲刺到标志桶1，完成测试（见图7-16）。受试者必须在每个标志桶的外侧完成测试。

评价标准：记录完成测试的时间，以"秒"为单位。测试两次，记录最好成绩。

目标人群：这项测试是NFL测试组合的一部分，其中关于敏捷性的测试非常重要。它适用于许多团队运动，如篮球、曲棍球、橄榄球、足球等。

注意事项：NFL球探组合中的4标志桶测试或箱式标志桶测试已被三锥桶测试取代。

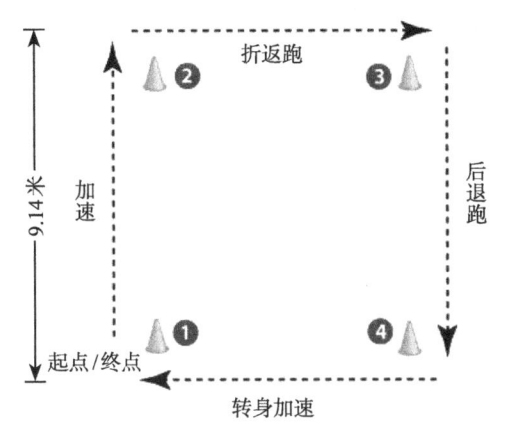

图7-16 箱式体能测试

十八、回转式敏捷性测试

测试目的：回转式敏捷性测试是针对AFL开发的一项特殊的测试，涉及总共约40米的障碍物进出，是澳大利亚足球（AFL）选材的一部分，用于评估整体灵活性，包括速度、爆发力、身体控制和变向能力（敏捷性）。

测试器材：定时门，卷尺，不透明胶带，平坦的防滑场地，5个由PVC管子（直径10—12厘米）制成的障碍物（障碍物用来在管子内底部加重，以增加稳定性），25厘米长、110厘米高的底座。

测试方法：如图7-17所示，将5个障碍物以Z形设置路线；一组电子定时门被设置为"开始"和"结束"；不透明胶带被标记在障碍物的底座位置，以便在撞倒时能够准确地重新定位。经过短暂的热身后，受试者用50%的精力来熟悉测试和路线。准备就绪后，他们与第一个电子定时门对齐，以一个固定的姿势开始，沿着设置好的路线跑动，不允许以任何方式触碰或移动障碍物。如果发生这种情况，测试将停止并重新开始。测试两次，间歇为2—3分钟。

目标人群：本测试适用于许多注重敏捷性的团队运动，如其他职业足球、篮球、曲棍球和橄榄球。

注意事项：记录完成测试的时间，以"秒"为单位，精准到两位小数。测试两次，记录最好成绩。

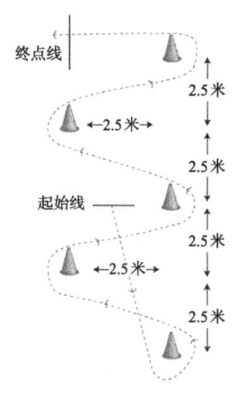

图7-17 回转式敏捷性测试

十九、箭头标志桶敏捷性测试

测试目的：箭头标志桶敏捷性测试（Arrowhead Drill Agility Test）用于评估敏捷性，特别是足球运动员的身体控制和变向能力，是足球SPARQ评分系统的测试项目之一。

测试器材：秒表或定时门、卷尺或粉笔、6个标志桶、平坦的防滑场地。

测试方法：如图7-18所示，将3个标志桶以箭头形状摆放，用标志桶或线来标记开始和结束的位置。受试者将脚放在起始线的后面。准备就绪时，以尽可能快的速度跑到中间的标志桶A，绕过A到C或D，再绕过B跑回起始/终点线，完成测试。受试者完成四条路线，其中两条在左侧，另外两条在右侧。测试中，不允许跨过标志桶，否则重新测试。

评价标准：记录完成左右转弯路线测试的最佳时间，以"秒"为单位，每个方向均精确到两位小数。

目标人群：本测试适用于足球及其他注重灵敏素质的运动项目。

注意事项：在这项测试中，转弯技术和协调能力对结果有较大的影响。

测试备注：在SPARQ测试练习期间，美国的Decathlete Bryan Clay达到了15.49秒。

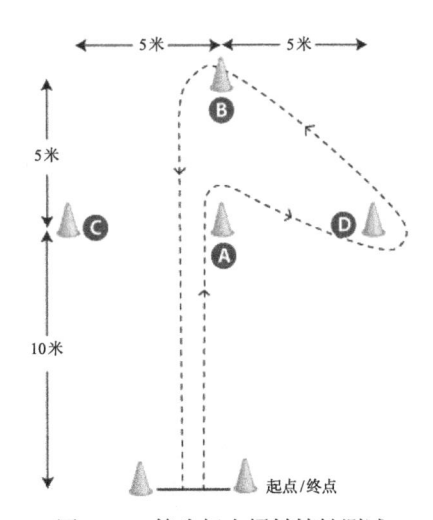

图7-18　箭头标志桶敏捷性测试

二十、20 码（18.29 米）敏捷性测试

测试目的：20码（18.29米）敏捷性测试（20-Yard Agility Test）用于评估运动员加速、减速、变向和再加速的能力，曾经是美国女子足球队测试的一部分。

测试器材：定时门或秒表、卷尺、平坦的防滑场地、标志桶。

测试方法：将3个标志桶沿直线摆放，每个标志桶相距5码（4.57米），分别标记为B、A（中心）和C。用胶带在标志桶旁边标记出一条直线。将计时器放在与标志桶A平行的位置，朝向受试者。受试者跨过中心桶A，双脚平行于标记线；准备就绪后，跑到标志桶B处（用任意一只脚触碰标记线），转弯并加速到达标志桶C处并触线，然后加速越过标志桶A处的线，完成测试（见图7-19）。在受试者开始行动时计时，在受试者的躯干越过中线时停止计时。

评价标准：测试两次，记录最好成绩。

注意事项：鼓励受试者加速通过终点，以最大限度地提高他们的成绩。

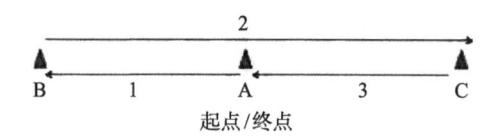

图7-19　20码敏捷性测试

二十一、Balsom 灵敏跑测试

测试目的：Balsom灵敏跑测试是为足球运动员设计的敏捷性测试，其中要求受试者进行多次变向和两次转向。本测试是由Paul Balsom在1994年发明的，用于评估速度、身体控制和变向能力（敏捷性）。

测试器材：秒表或定时门、卷尺、标志桶、平坦的防滑场地。

测试方法：图7-20展示了起始线、终点线和3条转折线。球场的长度为15米（标志桶B、C和D的距离尚未确定）。受试者从A桶起跑，在到

B桶时触线，转向返回起始线，绕过线上A桶左侧的标志桶，穿过C桶到D桶处返回，向右绕过C桶右侧的标志桶，穿过B桶冲向终点。测试两次，记录最好成绩。

评价标准：记录最短时间。

目标人群：本测试是为足球运动员设计的，也适用于注重灵敏素质的许多团体项目。

测试备注：英格兰足球超级联赛球员的平均得分达到了11.7秒（如Morc Coulson，David Archer）。

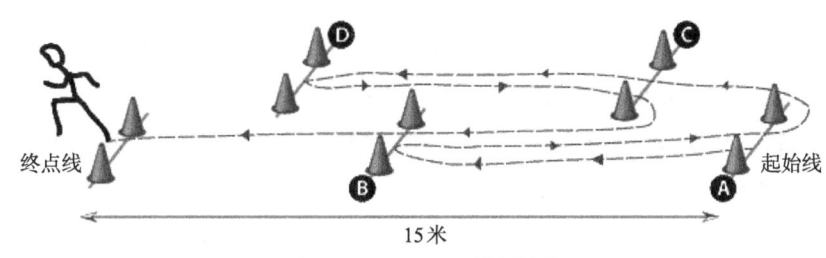

图7-20 Balsom灵敏跑测试

二十二、AAHPERD敏捷性测试

测试目的：AAHPERD敏捷性测试（AAHPERD Agility Test）用于评估老年人的敏捷性和动态平衡能力，是AAHPERD功能适应方案的一部分。

测试器材：秒表、直背椅或折叠椅（约44厘米高）、标志桶、卷尺、平坦的防滑场地。

测试方法：本测试在用标志桶标记的9.45米的路线上进行。受试者以坐姿开始，从椅子上起立，绕过标志桶向右侧走，再返回坐在椅子上；然后起立绕过椅子向左侧相同距离的标志桶走。在一次测试中要敏捷、快速地完成两条线路。

评价标准：两次测试的最佳时间差要接近0.1秒。

目标人群：本测试适用于无法进行传统敏捷性体能测试的老年人群。

注意事项：在测试前先进行练习，以获得最佳效果；再测试两次。如果是常规的行走模式，可使用手杖，允许手扶椅子。

二十三、边线敏捷性测试

测试目的：边线敏捷性测试（Lane Agility Drill Test）是针对篮球运动员的敏捷性进行的测试，是篮球SPARQ评分系统的测试项目之一、NBA选材的体能测试方案的一部分，用于评估速度、身体控制和变向能力。

测试器材：秒表或定时门、卷尺、6个标志桶、篮球场。

测试方法：如图7-21所示放置标志桶。本测试基于专业规格的4条线（4.88米宽、5.79米深）；如果使用中学规格的场地（仅3.66米宽）或其他尺寸不标准的场地，则需要将标志桶放置在标记线外。受试者在起始线后一只脚的位置，以固定姿势开始。测试者在受试者开始向前跑向端线时计时。受试者在标志桶处转为侧向并步，跨端线向右侧移动；在下一个标志桶处后转，从端线后退跑至罚球线，然后侧向左并步回到起始线。在这项测试中，受试者到达起始线时，必须用手触碰起始线，然后转身返回；再沿着线路完成一次，首先向右侧并步，再向前冲刺，侧向左并步，然后后退跑过起始线完成测试。在整个测试过程中要保持朝着端线方向前进。允许测试两次。

评价标准：记录完成测试的时间，以"秒"为单位，精确到0.01秒。犯规包括移动或触碰标志桶、踢到角落里的标志桶、向侧面冲刺而不是并步防守、使用交叉步、不触碰地面或改变行进路线（见表7-3）。

目标人群：本测试适用于篮球运动员。

注意事项：在这项测试中，转弯技术和协调能力对结果有较大的影响，侧向并步时不允许双脚交叉。

表7-3 不同位置球员的预期得分范围

位置	男性（秒）	女性（秒）
后卫	10.2 — 10.9	13.0 — 14.5
前锋	11.0 — 11.4	14.6 — 15.5
中锋	11.5 — 12.3	14.6 — 15.5

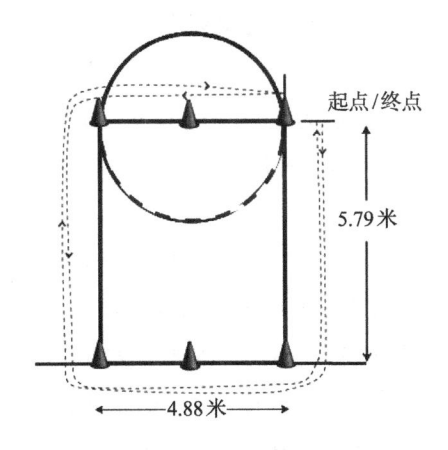

图7-21 边线敏捷性测试

二十四、反应折返跑测试

反应折返跑测试（Reactive Shuttle Test）是NBA联合测试的健身测试方案的一部分。由于NBA官方测试方案未发布，所以这些细节源于有限的其他资源。NFL和NHL的组合包括类似的并步测试，但距离较长。

测试目的：反应折返跑测试用于评估速度、身体控制和变向能力（敏捷性），以及反应能力。

测试器材：秒表或定时门、带有标记的篮球场、3个标志桶或标记带。

测试方法：使用标准的NBA篮球场的标记。标记一个关键点，并将标志桶摆放在关键点外面。两个关键点之间的距离是4.88米。跨过中间线意为"开始"。当测试系统发出指示时，受试者向右侧或向左侧移动，并将脚放在关键点的边缘或上方，跑14.63米后回到对面的线，然后返向并通过起始/终点线，完成测试。

评价标准：记录完成测试的时间，以"秒"为单位，精确到两位小数。测试三次，记录最好成绩。

目标人群：这项测试是NBA测试组合的一部分，适合参与团体运动，如篮球、曲棍球、橄榄球、足球的运动员。

注意事项：在这项测试中，转弯技术和协调能力对结果有较大的影响。

二十五、交叉折返接力测试

测试目的：交叉折返接力测试（Shuttle Cross Pick-up Test）用于考查曲棍球运动员的手眼协调能力和敏捷性，是曲棍球SPARQ评分系统的测试项目之一。

测试器材：秒表或定时门、卷尺、两个标志桶、三个八角形环、两个SPARQ快速反应球或网球、平坦的防滑场地。

测试方法：将标志桶和八角形环如图7-22所示摆放，每个八角环或标志桶到中心的距离均相等。在C和E位置的八角环上放置一个反应球。受试者以站立式起跑姿势位于起始线A处，保持2秒。如果使用秒表，在受试者起跑时开始计时；如果使用电子计时的起点/终点光束进行计时，受试者应该从定时光束后50厘米处的一条线开始，以减少摆动引起的光束过早出现。在听到"跑"的口令后，受试者向前冲刺到中心标志桶B处，绕过B到八角环C处拾取球体；然后穿过中心标志桶B加速跑到对面的八角环D处；再冲回中间，绕过标志桶B到八角环E处再次拾取球体，并带着手中两个球体冲过起始/终点线A。

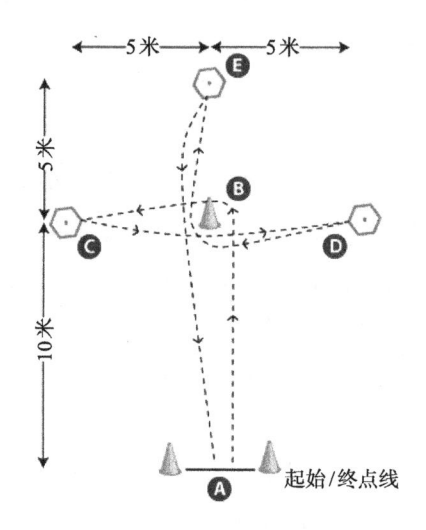

图7-22 交叉折返接力测试

二十六、8英尺（2.44米）走测试

测试目的：8英尺（2.44米）走测试（8-Foot Up and Go Test）用于评估老年人的协调性和敏捷性，是老年人体能测试方案的一部分；AAHPERD敏捷性测试也用于评估老年人的敏捷性。

测试器材：秒表、直背椅或折叠椅（约44厘米高）、标志桶、卷尺、无障碍场地。

测试方法：为了安全起见，将椅子放在靠墙的位置，将标志桶放在椅子前面2.44米处，保持椅子和标志桶之间道路畅通。受试者坐在椅子上，双手放在膝盖上，双脚平放在地面上。在听到"开始"的口令后开始计时，受试者立刻起立，安全地走到标志桶处，不要跑，然后回到椅子处坐下；在受试者坐下时停止计时（见图7-23）。测试两次。

评价标准：两次测试的最佳时间差要接近0.1秒。表7-4、表7-5为根据年龄组设定的本测试的时间范围。

目标人群：本测试适用于可能无法参加传统体能测试的老年人群。

注意事项：在测试前先进行练习，以获得最佳效果；再测试两次。如果是常规的行走模式，可使用手杖，允许手扶椅子。

表7-4　8英尺走测试男性标准

年龄（岁）	较差	一般	较好
60 — 64	> 5.6	5.6 — 3.8	< 3.8
65 — 69	> 5.7	5.7 — 4.3	< 4.3
70 — 74	> 6.0	6.0 — 4.2	< 4.2
75 — 79	> 7.2	7.2 — 4.6	< 4.6
80 — 84	> 7.6	7.6 — 5.2	< 5.2
85 — 89	> 8.9	8.9 — 5.3	< 5.3
90 — 94	> 10.0	10.0 — 6.2	< 6.2

表7-5　8英尺走测试女性标准

年龄（岁）	较差	一般	较好
60 — 64	> 6.0	6.0 — 4.4	< 4.4
65 — 69	> 6.4	6.4 — 4.8	< 4.8
70 — 74	> 7.1	7.1 — 4.9	< 4.9
75 — 79	> 7.4	7.4 — 5.2	< 5.2
80 — 84	> 8.7	8.7 — 5.7	< 5.7
85 — 89	> 9.6	9.6 — 6.2	< 6.2
90 — 94	> 11.5	11.5 — 7.3	< 7.3

图7-23　8英尺走测试

二十七、坐起测试

测试目的：坐起测试（Sitting-Rising Test）是一项简单的体能测试，由巴西的Claudio GilAraújo及其同事于2012年设计，用于评估老年人的灵活性、平衡性和肌肉力量，是对坐在地面上然后独立起立的能力进行的简单评估。

测试器材：不需要任何器材，只需一个确切的空间进行测试。

测试方法：测试在防滑表面上进行。测试者给出以下提示："不用在意运动速度，尝试坐下，然后从地面上起立，可以使用必要的最小支撑。"（见图7-24）

评价标准：最多得10分，没有任何支撑得5分。受试者使用任何一种支撑（手、下臂、膝盖、腿侧）都减1分，站立不稳减0.5分。

目标人群：老年人。

注意事项：坐起测试是51—80岁老年人死亡率的重要预测手段。

图7-24 坐起测试

第八章

柔韧素质测试

第一节　躯干和下肢柔韧性测试

一、坐位体前屈测试

测试目的：坐位体前屈测试（Sit and Reach Test）用于评估柔韧性。

测试器材：坐位体前屈箱，也可以使用标尺或普通箱子。

测试方法：受试者脱下鞋子，坐在地面上，双腿向前伸展，保持脚底贴在测量计的垂直平板上，双膝后侧固定并平放在地面上（测试者可以帮助他们压住）；掌心朝下，双手重叠或并排，尽可能地沿测量线向前移动（见图8-1）。经过几次练习后，受试者伸出手并在该位置保持2秒，确保没有突然前伸的动作；同时，测试者将数据记录下来。

评价标准：将与手到达的位置最接近的厘米或英寸数记为得分。一些测试版本将脚的水平位置作为零标记点，而其他测试版本将脚的水平位置标记为23厘米（9英寸），还有根据受试者的臂长和腿长调整零标记点的位置的坐位体前屈测试（见表8-1）。

表8-1　坐位体前屈测试评价标准

评级	男性 单位：厘米	男性 单位：英寸	女性 单位：厘米	女性 单位：英寸
优秀	> +27.0	> +10.5	> +30.0	> +11.5
良好	+17.0 — +27.0	+6.5 — +10.5	+21.0 — +30.0	+8.0 — +11.5
好	+6.0 — +16.0	+2.5 — +6.0	+11.0 — +20.0	+4.5 — +7.5
平均水平	0 — +5.0	0 — +2.0	+1.0 — +10.0	+0.5 — +4.0
一般	−8.0 — −1.0	−3.0 — −0.5	−7.0 — 0	−2.5 — 0

续表

评级	男性		女性	
	单位：厘米	单位：英寸	单位：厘米	单位：英寸
差	−20.0 — −9.0	−7.5 — −3.5	−15.0 — −8.0	−6.0 — −3.0
非常差	＜−20.0	＜−7.5	＜−15.0	＜−6.0

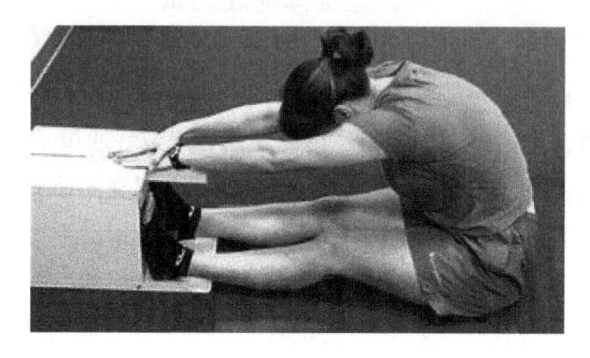

图 8-1　坐位体前屈测试

二、V 形坐位体前屈测试

测试目的：V 形坐位体前屈测试（V-Sit and Reach Test）用于评估柔韧性。

测试器材：用于标记地面的胶带、记号笔和尺。用胶带在地面上标出一条长 0.61 米的直线作为基线，在垂直于基线的中点处向两端各延伸 0.61 米作为测量线。用记号笔沿测量线每 0.5 英寸（1.27 厘米）标记一次（基线和测量线相交的点是零标记点）。

测试方法：受试者脱下鞋子，坐在地板上，保持测量线在双腿之间，将脚后跟放在基线之后，双脚脚后跟相距 20.32 — 30.48 厘米；双手重叠，放在测量线上，拇指紧扣，掌心朝下；在同伴或测试者的辅助下保持双腿伸直，然后尽可能缓慢地向前伸展，保持手指在基线上，脚背屈。经过三次练习后，记录受试者第四次（保持 3 秒）的距离，确保他没有突然前伸的动作，保持指尖水平、双腿伸直（见图 8-2）。

评价标准：将与手到达的位置最接近的0.5英寸记为得分，在基线之前记为负，超出基线记为正。

图8-2　V形坐位体前屈测试

三、直立体前屈测试

测试目的：直立体前屈测试（Floor Reach Test）用于评估下背部肌肉和腘绳肌的柔韧性。下背部柔韧性很重要，因为这个部位的松紧度与腰椎前凸、前倾，下背部疼痛有关。

测试器材：秒表。

测试方法：受试者直立，赤足，双手和双脚并拢；缓慢地用指尖接触地面，并保持10秒，不允许有突然前伸的动作（见图8-3）。测试者控制住受试者的膝盖，防止屈曲。

评价标准：这项测试是以"通过"或"失败"为基础进行评分的。若受试者可以坚持10秒，则视为通过。直立体前屈测试包含六个练习，如六个练习中的其中一个练习无法完成，则总体测试不通过。

图8-3　直立体前屈测试

四、腹股沟柔韧性测试

测试目的：腹股沟柔韧性测试（Groin Flexibility Test）用于评估内收肌群的柔韧性。

测试器材：直尺或卷尺。

测试方法：受试者坐在地面上，双腿屈曲，使膝盖尽可能地向身体两侧下降；双脚脚底相对；双手抓住脚踝，后背直立，慢慢俯身，使躯干靠近地面（见图8-4）。测量从脚后跟到腹股沟的距离。

评价标准：根据表8-2将测量距离转换为得分。距离越小，说明柔韧性越好。

表8-2　腹股沟柔韧性测试评价标准

评级	得分
优秀	5厘米
非常好	10厘米
好	15厘米
一般	20厘米
差	25厘米

图8-4　腹股沟柔韧性测试

五、腓肠肌柔韧性测试

测试目的：腓肠肌柔韧性测试（Calf Muscle Flexibility Test）用于评估柔韧性。

测试器材：直尺或卷尺。

测试方法：受试者站在距离墙壁足够远的地方；双腿尽可能地屈曲，使膝盖接触墙壁，每条腿重复一次（见图8-5）。

评价标准：测量从脚趾到墙壁的最大距离。

图8-5 腓肠肌柔韧性测试

六、横向侧弯测试

测试目的：横向侧弯测试（Side Bending Test）用于评估胸椎、腰椎和髋关节侧屈的范围。

测试器材：用于标记地面的胶带、直尺或卷尺。

测试方法：受试者直立，背部贴在墙上；双腿相距15厘米；双臂垂直放在身体两侧，中指贴裤缝。测试者要求受试者尽可能缓慢地将身体向侧面屈曲，同时保持背部与墙壁接触。每侧都测试两次，记录中指从开始位置到最后位置的距离。

评价标准：记录左侧和右侧的最佳测量值。

七、90/90 或主动膝关节伸展测试

测试目的：90/90 或主动膝关节伸展测试〔90/90（AKE）Test〕根据跑步和踢腿的需要评估髋关节屈曲位置的主动伸膝范围。

测试器材：具有伸缩臂的测角仪和水平仪、坚固的桌子。

测试方法：受试者仰卧，头贴在地面上，双臂在胸前交叉；髋关节被动屈曲，直到腿垂直于地面（可以使用水平仪）。在整个测试过程中，要保持被测试腿的位置不移动，另一条腿完全水平伸展；被测试腿在垂直位置保持伸直，脚保持放松，记录此时腿的角度（见图8-6）。

评价标准：测量腿在垂直位置时膝关节屈曲的最小角度。如果腿能够完全伸直，角度将被记录为0。任何屈曲角度都将被记录为正数，例如10°、20°等。被测试腿在没有移动、完成了伸展的情况下屈曲，移动到与垂线夹角为30°的位置；再次伸直，再次记录腿开始移动的屈曲角度。

图8-6　90/90 或主动膝关节伸展测试

八、直腿上举柔韧性测试

测试目的：直腿上举柔韧性测试（Straight Leg Raise Test）用于评估每条腿完全伸展时髋关节的屈曲范围。

测试器材：具有伸缩臂的测角仪和水平仪、坚固的长椅。

测试方法：受试者仰卧在平坦的地面或长椅上，抬起一条腿；测试者用测角仪进行测量。测试者将一只手放在受试者大腿前侧膝盖上部，将另一只手放在其脚后跟上。受试者在抬起腿之前，腿被迫完全伸展，并在整个运动过程中保持完全伸展（髋关节不能抬离地面或长椅）。受试者将腿尽可能地抬高，测试者在最大拉伸点测量水平位移的角度。保持测角仪的支点在测试腿的大转子上，移动臂与股骨中线对齐，以外上髁作为参考点（见图8-7）。测试两次，将两个分数的平均值作为得分；双腿都要进行测量。

评价标准：以测角仪测量水平位移的角度，得分是度数。

图8-7　直腿上举柔韧性测试

九、改良托马斯测试

测试目的：改良托马斯测试（Modified Thomas Test）用于评估髋关节的灵活性，尤其是髂腰肌和股四头肌的灵活性。

测试器材：具有伸缩臂的测角仪和水平仪、坚固的长椅。

测试方法：受试者坐在长椅的边缘，然后身体向后退，坐到长椅上，将一条腿的膝盖拉到胸前，以确保腰椎在长椅上平放，骨盆向后翻转；然后被测试腿朝地面降低，并用手臂将另一侧髋部保持在最大屈曲角度位置。测试者用测角仪测量每一侧的两个角度：第一个是髋关节屈曲的角度（反映髂腰肌的长度），测角仪的固定臂与骨盆外侧中线对齐，移动臂与股骨中线对齐，以外上髁为参照点；第二个是膝关节屈曲的角度（反映股直肌的长度)(见图8-8)。对另一侧进行测试时重复此过程。

评价标准：以测角仪测量每条腿的两个不同的角度，得分是度数。

图8-8　改良托马斯测试

第二节　躯干旋转柔韧性测试

躯干旋转测试

测试目的：躯干旋转测试（Trunk Rotation Test）用于评估躯干和肩部的灵活性，对预防在游泳、球拍类运动和投掷运动中受伤尤为重要。

测试器材：墙、粉笔或铅笔、直尺或卷尺。

测试方法：在墙上标出一条垂线。受试者背对墙上的线并与之相距一臂远；双脚间距与肩等宽；向前伸出双臂，平行于地面；躯干向右侧扭转，用手指触摸身后的墙，保持双臂平行于地面；保持双脚不动，可以转动肩部、臀部和膝盖。测试者标记受试者指尖触碰墙壁的位置，然后测量该点到垂线的距离。点在这条线之前记为负的分数，在这条线之后记为正的分数。受试者保持脚在同一位置，重复做左侧的动作。

评价标准：取两个分数（左侧和右侧）的平均值。参考表8-3将测量分数转换为评分。

表8-3　躯干旋转测试评价标准

评级	得分
优秀	20厘米
好	15厘米
非常好	10厘米
一般	5厘米
差	0厘米

第三节 上肢柔韧性测试

一、肩颈灵活性测试

测试目的：肩颈灵活性测试（Shoulder-Neck Mobility Test）用于测试肩部和颈部的灵活性。

测试器材：墙。

测试方法：受试者背靠着墙站立，双脚与墙的距离为1.5倍脚长；臀部、背部和肩部靠在墙上；分别举起每一侧手臂，保持平直，拇指朝前，尽可能地举过头顶；当双手在头上方时，扭转双手并将手掌放在墙上，肘部和手腕要保持笔直（见图8-9）。只允许尝试一次。

评价标准：注意手的最后位置，并记录每一侧的结果。测试分数是左侧和右侧得分的总和。

5分：整个手背与墙接触（未限制运动范围）。

3分：只有手指到达墙（中度限制运动范围）。

1分：手未接触墙（严重限制运动范围）。

图8-9 肩颈灵活性测试

二、肩部柔韧性测试

测试目的：肩部柔韧性测试（Shoulder Flex Test）用于评估肩部的柔韧性，对预防在游泳、球拍类运动和投掷运动中受伤尤为重要。

测试器材：棍子或毛巾、直尺或卷尺。

测试方法：受试者双手分开，持一条毛巾或一根棍子，手掌朝下，将棍子举过头顶直到背后，保持双手紧握毛巾或棍子（见图8-10）。重复测试，每次都使双手距离更近，直到不能完成动作。或者，双手可以沿着毛巾或棍子移动，开始时双手靠在一起，当移动到头顶时，缓慢地将双手分开，使之越过头顶直到身后，重复几次。

评价标准：测量双手之间的最小距离。

图8-10　肩部柔韧性测试

三、肩部环绕测试

测试目的：肩部环绕测试（Shoulder Circumduction Test）用于评估肩部的柔韧性。

测试器材：一端有固定手柄，另一端有滑动手柄的绳子。

测试方法：测试者调整滑动手柄，使两个手柄之间绳子的长度相当于受试者的肩宽（从左肩峰到右肩峰）；然后，受试者握住绳子的两个手柄，使它从身体前方越过头顶，并尽可能地远离背部（见图8-11）。受试者必须伸展手臂来完成这个动作，尽量保持双手始终握住绳子的两个手柄。

评价标准：在一次尝试后，记录三次测试的最高分数。分数越高，表示柔韧性越好。得分是扇形展开的角度，用度计量，用下式计算：Angle（°）= arc cos S/2L。其中 S 表示在动作过程中滑动手柄移动多少（以"厘米"为单位），L 表示从肩峰到中指的手臂长度（以"厘米"为单位）。

图 8-11　肩部环绕测试

四、肩部屈曲测试

测试目的：肩部屈曲测试（Shoulder Buckling Test）用于评估一般的肩部运动范围。

测试器材：直尺或标尺。

测试方法：这项测试是在站立姿势的基础上完成的。受试者将一只手臂放在头后，然后从肩膀上向下移动，尽量移到背部中间，手掌触及身体，手指朝下；将另一只手臂放在背后，掌心朝外，手指朝上，尽可能地伸手试图触摸另一只手的中指或与之重叠（见图 8-12）。测试者需要指导受试者，使其手指对齐，并测量中指指尖之间的距离。如果指尖接触，则分数为零；如果不能接触，测量指尖之间的距离（分数为负）；如果它们重叠，则测量重叠多少（分数为正）。练习两次，然后测试两次；换另一侧重复测试。如果受试者感到疼痛，停止测试。

评价标准：记录最好成绩，以"厘米"或"0.5 英寸"为单位。得分越高，结果越好。表 8-4 为根据年龄组设定的本测试的推荐范围（以"英寸"为单位）。

表8-4 肩部屈曲测试评价标准

男性：

年龄（岁）	低于平均水平 （单位：英寸）	平均水平 （单位：英寸）	高于平均水平 （单位：英寸）
60—64	<-6.5	-6.5—0	>0
65—69	<-7.5	-7.5—-1.0	>-1.0
70—74	<-8.0	-8.0—-1.0	>-1.0
75—79	<-9.0	-9.0—-2.0	>-2.0
80—84	<-9.5	-9.5—-2.0	>-2.0
85—89	<-10.0	-10.0—-3.0	>-3.0
90—94	<-10.5	-10.5—-4.0	>-4.0

女性：

年龄（岁）	低于平均水平 （单位：英寸）	平均水平 （单位：英寸）	高于平均水平 （单位：英寸）
60—64	<-3.0	-3.0—1.5	>1.5
65—69	<-3.5	-3.5—1.5	>1.5
70—74	<-4.0	-4.0—1.0	>1.0
75—79	<-5.0	-5.0—0.5	>0.5
80—84	<-5.5	-5.5—0	>0
85—89	<-7.0	-7.0—-1.0	>-1.0
90—94	<-8.0	-8.0—-1.0	>-1.0

五、肩部柔韧性测试

测试目的：测试肩部的柔韧性对于预防伤害是重要的，尤其在游泳、球拍类运动和投掷运动中。

测试器材：直尺或卷尺。

测试方法：首先测试左侧肩膀。受试者站立并向上伸直右臂，然后屈肘，使下臂和手垂在头后，保持上臂静止，将手掌放在肩胛骨之间；然后左臂伸到身后，手掌朝外，并试图使双手的手指接触。测试右侧肩膀。

评价标准：测量双手之间的最小距离。可参阅表8-5，以获得解释结果的一般准则。

表8-5 肩部柔韧性测试评价标准

评级	描述
良好	手指触摸
中等	指尖不接触，但距离不到5厘米
较差	指尖距离大于5厘米

图8-12 肩部屈曲测试

六、肩部伸展测试

测试目的：肩部伸展测试（Shoulder Stretch Test）用于评估上肢和肩关节的柔韧性。

测试器材：无。

测试方法：这项测试是在站立姿势的基础上完成的。受试者将一只手臂放在头后，然后从肩膀上向下移动，尽量移到背部中间，手掌触及身体，手指朝下；将另一只手臂放在背后，掌心朝外，手指朝上，尽可能地伸手试图触摸另一只手的手指。测试者需要指导受试者，使其手指对齐。测试另一侧肩膀。

评价标准：将每一侧的评分记录为"是"或者"否"。

第九章

平衡能力测试

平衡能力是保持直立或控制身体运动的能力。平衡是许多运动的重要组成部分，尽管该项能力很少被测试。我们一般用眼睛、耳朵和身体感觉来保持平衡。平衡有两种：静态和动态。静态平衡为在静止时保持平衡，而动态平衡为在移动时保持平衡。动态平衡是敏捷性的重要组成部分。

第一节　静态平衡能力测试

一、火烈鸟平衡测试

测试目的：火烈鸟平衡测试（Flamingo Balance Test）用于评估单腿平衡的能力。

测试器材：秒表，50厘米长、5厘米高、3厘米宽的金属梁（两端各用一个支架固定，且有防滑表面）。

测试方法：受试者脱下鞋子，站在梁上，握住测试者的手保持平衡；当支撑腿保持平衡时，自由腿屈曲，并且使同侧脚靠近臀部（见图9-1）。测试者放开手时启动秒表；每当受试者失去平衡时，停止计时。重新开始，直到受试者再次失去平衡。

评价标准：记录60秒内受试者失去平衡的次数，如果在前30秒内超过15次，测试结束并给出零分。

图9-1 火烈鸟平衡测试

二、鹳平衡站立测试

测试目的：鹳平衡站立测试（Stork Stand Test）用于评估脚尖的平衡能力。

测试器材：地面、平坦的防滑表面、秒表、纸和铅笔。

测试方法：受试者脱下鞋子，并将双手叉腰，然后将非支撑脚放在支撑腿的膝盖的内侧面（见图9-2）。受试者有1分钟的练习时间。受试者抬起脚后跟，用脚尖保持身体平衡。在脚后跟从地面上抬起时开始计时；如果发生以下任何一种情况，都将停止计时：

1.手离开腰部。

2.支撑脚向任何方向旋转或移动（跳跃）。

3.非支撑脚离开支撑腿的膝盖。

4.脚后跟接触地面。

评价标准：测试三次，记录最好成绩，以"秒"为单位。表9-1列出了本测试的一般评级。

表 9-1　鹳平衡站立测试评价标准

评级	得分（秒）
优秀	> 50
良好	40 — 50
平均水平	25 — 39
一般	10 — 24
差	< 10

图 9-2　鹳平衡站立测试

三、站立平衡测试

测试目的：站立平衡测试（Standing Balance Test）用于评估平衡能力。

测试器材：平坦的防滑表面、秒表。

测试方法：受试者单腿站立，尽可能地站得久一些（见图9-3）。在开始测试之前，测试者给受试者1分钟的时间进行练习。当受试者抬高的脚触碰地面、跳跃或者失去平衡时，停止计时。记录三次测试中的最佳时间。对另一条腿进行测试。

评价标准：得分为可以保持在平衡位置的时间。

测试变体：为了增加难度，在测试过程中，受试者可以水平伸出双臂，或将双手放在头上，也可以闭上双眼。

图9-3 站立平衡测试

第二节　动态平衡能力测试

一、Y平衡测试（下肢）

测试目的：Y平衡测试（Y Balance Test）用于评估动态平衡和核心控制。

测试器材：Y平衡测试工具箱、卷尺。

测试方法：在测试之前，测试者要测量受试者右侧的肢体长度，这是计算结果所需的。这项测试要求受试者用一条腿保持平衡，同时对侧腿在前侧、后内侧和后外侧三个不同的方向尽可能地伸向远处，按以下顺序执行六个测试：右前侧 — 左前侧 — 右后内侧 — 左后内侧 — 右后外侧 — 左后外侧。每条腿各进行一次。受试者单脚站立在脚踏板上，脚趾在红线处；非站立脚向所需的方向伸出，尽可能地推动伸展指示器，同时保持平衡，必须在控制下返回起始位置（见图9-4）。在运动过程中，被测试腿不得触碰支撑腿以保持平衡，或者将脚放在伸展指示器的顶部以获得支撑，并且不能将指示器踢出。

评价标准：所有的测量值都是从脚踏板上的红色线上取得的，精确到0.5厘米。距离可以从测试设备上读取。测试三次，记录每个方向的最大范围。计算结果时应考虑肢体长度，以确定一个"复合到达距离"。如双侧肢体情况不对称可以通过比较每条腿的测试结果来评估。

图9-4　Y平衡测试（下肢）

二、横杆纵向平衡测试

测试目的：横杆纵向平衡测试（Stick Lengthwise Balance Test）用于评估维持静态平衡的能力。

测试器材：尺寸为2.54厘米×2.54厘米×30.50厘米的横杆、秒表。

测试方法：受试者用脚尖站在横杆上，尽可能地站得久。当受试者的脚后跟从地面上抬起时，开始计时。允许练习几次。

评价标准：记录受试者在横杆上保持平衡状态的时间。当受试者的脚后跟或身体的任何其他部位接触地面，或从横杆上掉下来时，停止计时。

三、平衡木测试

测试目的：平衡木测试（Beam Walk Test）通过沿着高架梁行走时保持平衡的能力来评估动态平衡。

测试器材：体操平衡木、秒表。

测试方法：本测试的目的是检验受试者能否在标准的平衡木上平稳地行走，而不会掉下来，并且要求在6秒内走完。受试者从平衡木的一端开始一步步走到另一端（见图9-5）。测试三次。

评价标准：表9-2列出了受试者在梁上行走的主观观察分数。为了使分数更准确，可由三名或更多名裁判组成的团队来观察给定的个人表现。每次的得分是所有裁判给定分数的平均值，个人的总分是三次得分的平均值。

表9-2 平衡木测试评价标准

5	在平衡木上完美地行走；不需要检查平衡，不要停顿；在6秒内完成行走。
4	在平衡木上行走时有点不稳定，在6秒内完成行走。
3	在平衡木上行走时有点不稳定，可能暂停一次或多次，需要6秒以上的时间完成行走。
2	在平衡木上行走时非常不稳定，几乎掉下来；可能暂停一次或多次；需要6秒以上的时间完成行走。
1	在走完之前从平衡木上掉下来。
0	刚开始行走就从平衡木上掉下来。

图9-5 平衡木测试

四、Bass 测试

测试目的：Bass 测试用于评估动态平衡能力。

测试器材：足够的地面空间、用于标记地面的胶带、卷尺、秒表。

测试方法：这里描述的程序是用于动态平衡测试的改进的 Bass 测试。测试标注如图 9-6 所示：受试者首先在场地起点处以右脚静止站立，然后以左脚跳到第一个标记处并立即保持静止 5 秒，再以右脚跳到第二个标记处并保持静止 5 秒；继续跳跃，并在每个标记处都保持静止 5 秒，直到完成。在每个标记处，脚底必须完全覆盖每个标记。允许进行一段时间的练习。

评价标准：将结果记录为"成功"或"失败"。成功的表现包括跳到每个标记处时不用脚后跟或身体的任何其他部位触碰地面，并在每个标记处保持静止 5 秒而不露出标记。

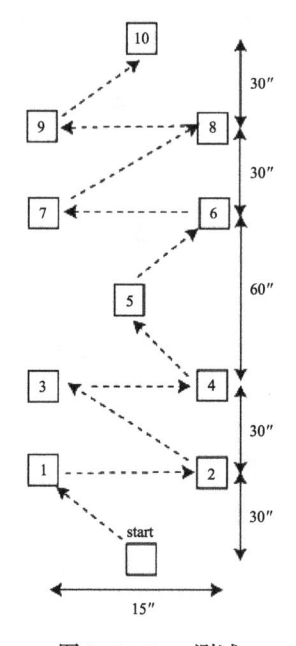

图 9-6 Bass 测试

五、平衡板测试

测试目的：平衡板测试（Balance Board Test）用于评估整个身体的平衡能力。

测试器材：一个木制的平衡测量平台，尺寸为50.0厘米×50.0厘米×1.5厘米，将一个小的2厘米宽的横梁放在木板中间正下方；将小塞子放置在平台的角落，使平台的倾斜角度不超过18°；连接计时器的触点被放置在平台的底部的中间。

测试方法：受试者站在平台上，双脚外展15°，脚后跟间距为15厘米，必须尽量保持平衡30秒（见图9-7）。在计时器的触点接触地面时停止计时。经过一次练习后，记录三次测试的最高分数。

评价标准：得分是平台没有接触地面的时间，用分数表示即0.3秒记为1分，30秒记为100分。最高分数为100分。分数越高表示平衡能力越好。

目标人群：这项测试是专为老年人设计的。

图9-7 平衡板测试

第十章

协调性测试

运动员的体能测试中通常不包括协调性测试，尽管协调性本身在敏捷性测试及许多其他身体素质测试中扮演着重要的角色，例如垂直跳跃和投掷力量测试。协调是一项复杂的技能，需要其他良好的身体素质的辅助，如平衡能力、力量和敏捷性。在运动场上，一个看起来协调性很好的人能够做到很好地把握时机。这也是一种很难传授的技能，它是在早期生命发展过程中通过适当的发展而获得的。因此，协调性测试通常用于监测年轻人是否缺乏发展。

一、墙上抛掷测试

测试目的：墙上抛掷测试（Wall-throw Test）用于评估手眼协调能力。

测试器材：网球或棒球，光滑、坚硬的墙壁，标记带，秒表。

测试方法：测试者在与墙保持一定距离（例如0.91米或2.00米）处做标记。受试者站在线后并面对着墙站立；一只手以低手位将球扔向墙面，并试图用另一只手将它抓住，然后将球扔回墙面并用最初的手抓住（见图10-1）。测试可以指定的尝试次数或设定的时间（例如30秒）继续进行。除了可以添加设定时间段限制，还可以添加在压力下进行测试的因素。

评价标准：表10-1列出了墙上抛掷测试的一般评级及基于30秒内成功抓住球的次数的评分。

表10-1　墙上抛掷测试评价标准

评级	得分（秒）
优秀	＞35
良好	30 — 35
平均水平	20 — 29
一般	15 — 19
差	＜15

测试变体：根据期望的结果，可以对本测试的过程做出许多变化：物体的大小、重量和形状，与墙的距离，尝试的次数或时间都可以多变。该过程应该与结果一起被记录并与它保持一致，以便将来对相同的受试者进行测试。

图10-1　墙上抛掷测试

二、木块传输测试

测试目的：木块传输测试（Block Transfer Test）用于评估手的灵活性。

测试器材：两块木板（56.5厘米×23.0厘米×2.4厘米），每块木板上有40个孔（直径4.0厘米，深1.1厘米）和40个塞子（直径3.5厘米，高2.2厘米）。

测试方法：受试者坐在放有两块木板的桌子前面；在受试者开始将第一块木板上的40个塞子移到与第一块木板连接，距离较远的第二块木板时开始计时；受试者必须尽可能快地按照规定的顺序用优势手移动塞子。测试前，受试者应该练习5个塞子。

评价标准：以"秒"为单位记录完成测试的时间。

三、苏打汽水测试

测试目的：苏打汽水测试（Soda Pop Test）用于评估手的灵活性和手眼协调性。

测试器材：秒表，3个完整的12盎司（355毫升）苏打汽水罐，长81.28厘米、宽12.70厘米的纸板平台。将直径为8.26厘米的6个圆圈的圆心画在距纸板长边3.81厘米的直线上。

测试方法：测试者将汽水罐摆放在从受试者测试手的侧面开始的每一个圆圈中。受试者坐在桌旁，竖起大拇指开始测试，肘关节屈曲100°—120°，用测试手抓住第一个罐子；在接到"开始"的信号时，启动秒表开始计时，将每个罐子倒置放到绘制线内的相邻的圆圈中；然后回到第一个罐子处，将它放回原始位置，并与其他两个罐子一起继续。练习并测试两次。

评价标准：两次测试的最佳时间差要接近0.1秒，记录最好成绩。

四、明尼苏达操作速度测试

测试目的：明尼苏达操作速度测试（Minnesota Rate of Manipulation Test）用于在快速眼手协调任务中测量上臂和手部的动作速度。

测试器材：两个折叠板、60个木块（木制折叠板长9.14米，有60个孔平均分布为4行，用于放置木块）。

测试方法：完整的测试包括5个子测试：放置、旋转、置换、单手旋转和放置、双手旋转和放置。以站立姿势进行测试（见图10-2）。每个测试都从练习开始，进行3—5次。可以双手进行测试和比较。

评价标准：将每次测试的时间都记录到最近的秒数，总分数是所有测试组合的总时间。可以比较每只手的时间，并将总时间与规范值进行比较。

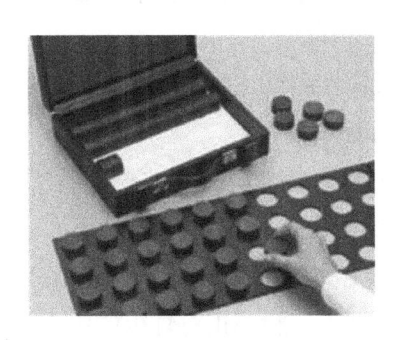

图10-2 明尼苏达操作速度测试

五、Plate Tapping 测试

测试目的：本测试用于评估肢体运动的速度和协调性。

测试器材：可调节高度的桌子、两个直径为20厘米的黄色圆盘、长方形物体（30厘米×20厘米）、秒表。

测试方法：测试者将两个黄色圆盘放在桌子上，相距60厘米；可调整桌面高度，使受试者舒适地站在圆盘前；将长方形物体放在两个圆盘之间。受试者将非优势手放在长方形物体上，优势手不断在两个圆盘之间快速地来回移动，重复25个周期（50次）（见图10-3）。

评价标准：记录完成25个循环所需的时间。测试两次，记录最好成绩。

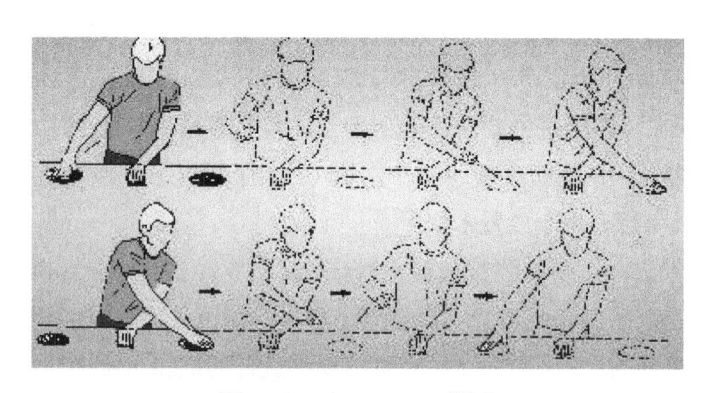

图10-3　Plate Tapping测试

六、拍灯反应性测试

测试目的：拍灯反应性测试（Light Board Tapping Test）用于评估反应时间、手眼反应和协调能力。

测试器材：BOSU球、仪表灯板。

测试方法：灯板的结构使它在被激活时显示一条目标光线，该目标光线会移动到整个板子上的不同单元。从灯板中心向外辐射的光线距离不同。受试者站在BOSU球上，脸部正对灯板的中心；尽可能多地按下活动

的灯（见图10-4）。

评价标准：得分为受试者在测试过程中按下的灯的数量，总数可达到90。

目标人群：拳击运动员。

图10-4 拍灯反应性测试

第十一章

无氧能力测试

第一节 单组测试

一、30秒的Wingate测试

测试目的：30秒的Wingate测试用于评估下肢的无氧能力。

测试器材：Fleisch或改良的Monark自行车测力计。

测试方法：受试者首先进行几分钟的自行车热身，然后测试者指导受试者尽可能快地踩踏板30秒。在最初的几秒内，阻力负荷被调整到预定的水平，成人的相关参考数据通常约为45克/千克（Fleisch）或75克/千克（Monark）。NHL预抽测试通常为90克/千克。注重力量的项目的运动员通常会使用较大的力量，儿童和年龄较大的运动员则可能使用较小的力量。

评价标准：可以在这项测试中进行的一些测量是：平均功率和峰值功率（理想的方法是在测试的前5秒间隔内测量，以"瓦特"表示）、相对峰值功率（通过峰值功率除以体重确定，表示为"瓦特/千克"）、平均峰值功率、最小峰值功率及由功率下降确定的疲劳指数。

相关公式为：

功率输出（kpm·min-1）=〔转速×阻力（kg）×（m）×60（s）〕时间（秒）

瓦=kpm·min-1 / 6.123

瓦特/千克=瓦特/体重（千克）

疲劳指数=〔(峰值功率输出–最小功率输出)/峰值功率输出〕×100

测试变体：可用手臂测功计。

二、10秒和30秒的三级无氧测试

测试目的：10秒和30秒的三级无氧测试（10 & 30-second Tri-level

Anaerobic Test）用于评估无氧能力。

测试器材：Repco前置循环功率计（使用空气阻力修改工作负荷）、工作监控装置、秒表、体重秤。

测试方法：测试者指导受试者尽可能快地踩踏板10秒或30秒。受试者的脚必须被牢固地绑在踏板上，以实现最大的功率输出。口头鼓励将有助于受试者达到最高分数。对于10秒的测试，可以让受试者尝试两次，并在两次之间休息5分钟，记录最好成绩。最新型号的记录装置可以每秒记录输出功率；而对于较老的装置，可以在选定的时间间隔内手动记录输出功率。

评价标准：可以从工作监控单元获得的测量值有总工作量、峰值功率。对于30秒测试（乳酸工作指数），疲劳指数可以根据整个测试的功率下降来计算；峰值能力和总体工作分数可以依据体重进行相应分数的划分，规范表可用于这些测试。

三、500米划船Ergo测试

测试目的：500米划船Ergo测试用于评估全身无氧能力，旨在完全耗尽所有无氧能量的生产途径。

测试器材：概念IID划船测功仪（需要设置一个特定的拖动因子）。

测试方法：依据屏幕上的首选项确保拖动因子设置正确。受试者坐下，准备开始500米测试，要在最短的时间内完成500米；在500米测试结束后，受试者应该感到精疲力尽（见图11-1）。经验表明，平均分配可以获得更好的分数（前250米的时间与后250米的时间相同），而不是开始太慢，后期又特别快，或者开始太快，以致不能完成给定的距离。

评价标准：记录完成500米所需的时间及平均速度，以"分钟"和"秒"为单位。

目标人群：划船运动员。

注意事项：

对于女性，应该将拖动因子设为90；对于男性，则应该设为100。按照PM3/4界面上的菜单提示，可以在概念IID划船测功仪上检查拖动因子，拖动系数将出现在右下方的显示窗口中。当显示阻力系数时，受试者轻轻地划动并调整阻力器设置，以选择正确的阻力系数，也可以与工作人员联系，请他为正在使用的特定测功仪设置阻力因子。口头鼓励将有助于受试者达到最高分数。

图11-1　500米划船Ergo测试

四、坎宁安和福克纳测试

测试目的：坎宁安和福克纳测试（Cunningham-Faulkner Test）用于评估无氧能力。

测试器材：跑步机（将坡度增加到20%）、秒表。

测试方法：测试者将跑步机的速度设为10千米/时，将坡度设为0，以使受试者熟悉测试程序和设备。受试者可以先在跑步机上以测试速度进行一些较短的练习；休息一段时间后，测试者将跑步机的速度设为12.9千米/时，将坡度设为20%。在受试者进行无支撑跑时开始计时，并在受试者抓住扶手时结束计时，测试一直持续到受试者精疲力尽（见图11-2）。在整个测试过程中，测试者需要对受试者进行鼓励。

评价标准：受试者在精力耗尽前花费的时间就是分数，记录时间时精确到0.5秒。也可以通过测试获得最大血液乳酸值，以获得关于受试者无氧能力的进一步的信息。

图11-2　坎宁安和福克纳测试

五、300码（274.32米）折返跑测试

测试目的：300码（274.32米）折返跑测试（300-Yard Shuttle Test）用于评估无氧耐力。

测试器材：秒表、卷尺、标志桶、平坦的草地。

测试方法：将标志桶摆放在与线条相距25码（22.86米）处，以表示冲刺距离。受试者一条腿在前，在计时器指示下跑到对面的线，用脚触线，转身跑回起始线（见图11-3）。测试6次（总共完成274.32米）；休息5分钟后，重复测试。

评价标准：记录两次300码折返跑时间的平均值。

目标人群：本测试适用于篮球、曲棍球、橄榄球、足球等涉及较多冲刺运动的运动员。

注意事项：这是一项极限努力无氧测试，为了获得最高分数，受试者必须在给定时间内百分之百地努力。测试者应该鼓励受试者不要放慢脚步，最好的成绩是通过从一开始就努力来实现的。

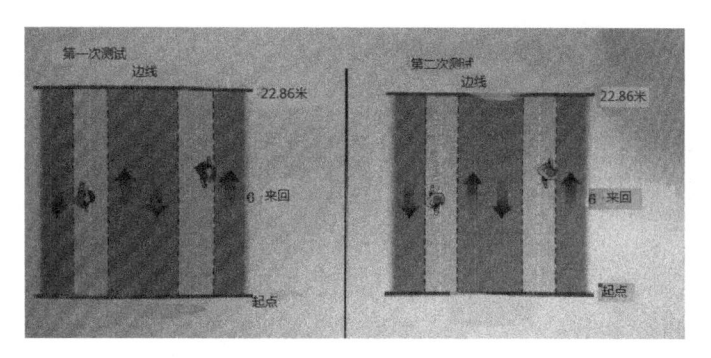

图 11-3　300 码折返跑测试

六、60 码（54.86 米）折返跑测试

测试目的：60 码（54.86 米）折返跑测试（60-Yard Shuttle Test）用于评估无氧速度耐力。

测试器材：秒表、卷尺、带有标记的足球场、标志桶、平坦的防滑场地。

测试方法：受试者从起始线开始，跑 5 码（4.57 米），然后回到起始线，再跑 10 码（9.14 米），再回到起始线，然后跑 15 码（13.72 米），最后在起始线结束，总共 60 码；需要在每一次折返时用手触线，一共做 5 次（见图 11-4）。

评价标准：以"秒"为单位记录完成测试的时间。测试三次，记录最好成绩。

目标人群：这项测试是 NFL 测试组合的一部分，但它适用于很多团队运动项目，如篮球、曲棍球、橄榄球、足球等。

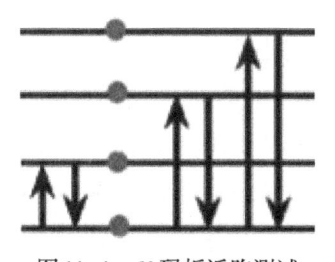

图 11-4　60 码折返跑测试

七、300米跑测试

测试目的：300米跑测试用于评估无氧能力。

测试器材：300米跑道、秒表、标志桶。

测试方法：300米跑测试要求受试者在最短的时间内跑完300米。受试者在测试前应该进行充分的热身，包括慢跑、拉伸和短跑。首先，所有受试者排在起始线后面，在"跑"的命令发出时开始计时。

评价标准：记录完成300米的时间，精确到0.1秒。表11-1列出了成年男性测试的评价标准。

表11-1　300米跑测试男性评价标准

评级	得分（秒）
差	> 77.0
低于平均水平	71.1 — 77.0
平均水平	65.1 — 71.0
高于平均水平	59.1 — 65.0
好	54.1 — 59.0
非常好	48.0 — 54.0
优秀	< 47.9

八、400米跑测试

测试目的：400米跑测试用于评估短距离快速跑的能力，通常被用作衡量铁人三项运动员的冲刺速度。

测试器材：400米跑道、秒表。

测试方法：400米跑测试要求受试者以最短的时间跑完400米。如果不使用400米跑道，则应在平坦、空旷的场地上确定适当的路线，以考虑风向的变化。受试者在测试前应该进行充分的热身，包括慢跑、伸展和短跑。首先，所有受试者排在起始线后面，在"准备，开始"的命令发出时开始计时。受试者尽可能快地跑完400米且中途不停止，在他们通过400米终点线时停止计时。

评价标准：记录完成400米的时间，精确到0.1秒。

九、800米跑测试

测试目的：800米跑测试用于评估无氧能力。

测试器材：400米跑道、秒表。

测试方法：800米跑测试要求受试者以最短的时间跑完800米。首先，所有受试者排在起始线后面，在"跑"的命令发出时开始计时，受试者按照自己的步调跑。

评价标准：记录完成800米的时间，表11-2列出了成人测试的评价标准。

表11-2　800米跑测试成人评价标准

评级	得分（分、秒）
差	超过3′45″
低于平均水平	3′31″—3′45″
平均水平	3′16″—3′30″
高于平均水平	3′01″—3′15″
好	2′46″—3′00″
优秀	≤2′45″

第二节 多次跑测试

一、冲刺疲劳测试

测试目的：冲刺疲劳测试（Sprint Fatigue Test）用于评估无氧能力，以及在冲刺的过程中恢复并且重复产生相同水平的动力的能力。

测试器材：两个秒表、卷尺、标志桶、至少50米的跑道。

测试方法：将标志桶摆放在距起始线30米处，以表示冲刺距离，将另外两个标志桶分别放置在距前一个10米处。根据计时器的显示，受试者将脚放在起始线上；在"走"的命令发出时，两个秒表同时开始计时。一个秒表用于冲刺计时；另一个继续运行，记录第一次冲刺的时间。受试者尽最大努力冲刺30米，确保在到达终点线之前不会减速。受试者在到达10米的标志桶时减速，行进到30米终点线，将它作为下一个起始线；下一次冲刺将朝相反的方向进行。每次30米冲刺都在上一次冲刺开始30秒后开始。这个循环一直持续到10次冲刺完成，从30秒开始，1分钟，1.5分钟，2分钟，等等。

评价标准：通过前三次冲刺的平均时间除以最后三次冲刺的平均时间来计算疲劳指数，将得到在75%和95%之间的一个值。例如，如果前三次冲刺时间分别为6.9秒、7.1秒和6.7秒（平均6.9秒），后三次分别为7.6秒、8.2秒和7.9秒（平均7.9秒），则疲劳指数为6.9÷7.9＝0.87（良好）（见表11-3）。

目标人群：本测试适用于篮球、曲棍球、橄榄球、足球等涉及较多冲刺运动的运动员。

表11-3 冲刺疲劳测试评价标准

评级	疲劳指数
优秀	>89%
良好	85%—89%
平均水平	80%—84%
差	<80%

二、基于跑步的无氧冲刺测试

测试目的：基于跑步的无氧冲刺测试（Running Based on Anaerobic Sprint Test）用于评估无氧能力。

测试器材：秤、秒表、定时门（可选）、卷尺、标志桶、35米跑道。

测试方法：在测试之前对每个受试者进行称重，得到的数据用于计算；然后受试者进行热身。在35米跑道的两端放置标志桶。需要两名测试者，一人记录受试者跑35米所需的时间，另一人记录10秒的恢复时间。受试者站在35米跑道的一端，在听到"跑"的命令时，尽最大努力开始冲刺；10秒后，从35米跑道的另一端开始下一次冲刺。重复此过程，直到完成6次冲刺。

评价标准：记录每次冲刺的时间，精确到0.01秒（如果使用定时门，准确性将大幅度提高）。冲刺时间和体重可以用来计算最大、最小和平均功率输出，以及疲劳指数。

计算方法：重量即受试者的体重，距离为35米，时间为完成35米的秒数。通过这些值可以确定最大和最小功率、平均功率和疲劳指数。（最大功率－最小功率）÷6次冲刺的总时间。

功率＝重量 × 距离^2 ÷ 时间^3

功率＝重量 × 1225 ÷ 时间

目标人群：本测试适用于篮球、曲棍球、橄榄球、足球等涉及较多冲刺运动的运动员。

三、Phosphate Recovery 测试

测试目的：本测试用于评估无氧能力。

测试器材：秒表、卷尺、标志桶、至少60米的跑道。

测试方法：这项测试涉及7次奋力的冲刺，每次持续7秒，恢复23秒。在跑道前20米处每隔2米放置一个标志桶；在距离第一个标志桶40米处，再每隔2米放置一个标志桶，直到60米处（见图11-5）。受试者站在第一个标志桶处（起点1）。在听到"跑"的命令时，每个受试者都奋力冲刺7秒。测试者注意受试者刚刚跑过的标志桶。然后受试者在下一次冲刺前有23秒的消极恢复（步行/慢跑）。对于第二次冲刺，受试者站在起点2处，沿着标志桶冲刺。在第一次冲刺开始30秒后，他们会按照前进的方向再冲刺7秒。记录冲刺距离。总共进行7次冲刺。

评价标准：冲刺距离的计算方法是最后一次冲刺的距离减去第一次冲刺的距离。由于疲劳，预计最后的冲刺的距离将比其他冲刺更短。

目标人群：本测试适用于篮球、曲棍球、橄榄球、足球等涉及较多冲刺运动的运动员。

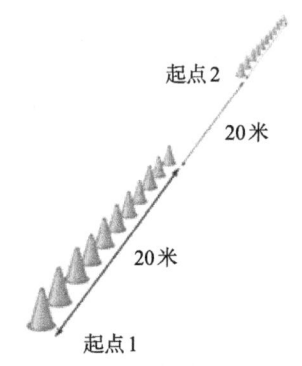

图11-5 Phosphate Recovery测试

四、AFL 冲刺恢复测试

测试目的：AFL冲刺恢复测试（AFL Sprint Recovery Test）用于评

估无氧能力，以及在冲刺的过程中恢复并且重复产生相同水平的动力的能力。

测试器材：定时门、卷尺、秒表、标志桶、至少50米的跑道。

测试方法：标记两条相距30米的线（可使用胶带），在30米两端10米处各放置一个标志桶，作为转弯点，并在这些点放置定时门。当一切准备就绪时，受试者将脚放在起始线上，以最大速度冲刺30米，以确保在最后速度不会减慢。测试者从受试者的第一次动作开始计时，然后继续测量总时间；记录来自定时门系统的每次冲刺的时间。在每次冲刺之后，受试者都在标志桶处转身，并朝线的另一端奔跑，准备进入下一个冲刺阶段，以与之前的冲刺相反的方向进行，每次接下来的30米冲刺都是在上一次冲刺开始后的第20秒进行。继续该循环，直到完成6次冲刺。在第一次冲刺开始后，冲刺开始的时间分别为0秒、20秒、40秒、1分钟、1分20秒和1分40秒。

评价标准：6次冲刺的总时间即为得分。在2008年AFL选秀大会上，前10名的成绩在24.8秒和25.5秒之间。疲劳指数可以通过比较第一次和最后一次冲刺时间来计算。

目标人群：这项测试是为AFL设计的，但它适用于多种涉及较多冲刺的运动，例如篮球、曲棍球、橄榄球和足球。

五、国际足联间歇测试（一）

测试目的：国际足联间歇测试（一）（FIFA Interval Test I）用于评估在冲刺之间恢复并且重复进行高强度冲刺的能力，旨在测试足球裁判员必须具备的能力。

测试器材：定时门（或两个秒表）、用于计时恢复的秒表、卷尺、标志桶、至少50米的跑道。

测试方法：将定时门和标志桶相距40米放置，以表示短跑距离，将起始线标记在定时门前1.5米处。受试者将一只脚放在起始线后面，在开始第一次冲刺时，最大限度地跑过40米外的定时门。记录冲刺时间。秒表用于记录恢复时间。受试者有1.5分钟的时间回到起点，然后再次冲刺（每次冲刺都从1分30秒开始，按3分钟、4.5分钟、6分钟这样进行），共进行6次冲刺。

评价标准：为了通过测试，受试者每次的冲刺时间都必须达到一定的标准。对男裁判员来说，国际裁判员每次的冲刺时间必须低于6.2秒，国际助理裁判员为6.0秒，国家裁判员为6.2秒，国家助理裁判员为6.2秒。对女裁判员来说，国际裁判员每次的冲刺时间必须低于6.6秒，国际助理裁判员为6.4秒，国家裁判员为6.8秒，国家助理裁判员为6.6秒。如果受试者跌倒，他们会再次接受40米测试。如果受试者在6次测试中都没有达到标准，那么在第6次测试之后，他们将被给予1次额外的测试，并且只有这一次，如果失败了，测试就失败了。

测试变体：如果无法使用定时门记录时间，则需要秒表和两名助手。一人用标志信号表示被摄体穿过第一个门的时间，第二人与第二个门对齐，在受试者通过40米标记时停止计时。

目标人群：这项测试是专为足球裁判开发的，它也适用于带有间歇性的运动队，比如篮球、曲棍球、橄榄球和AFL。

注意事项：测试时不用穿田径钉鞋。

六、亨曼折返测试

测试目的：亨曼折返测试用于评估无氧能力。

测试器材：平坦的地面、秒表、卷尺、标记带或标志桶。

测试方法：将两个标志桶或标记带相隔20米放置。受试者从其中一个标记处开始，在两个标记之间以最快速度进行折返跑1分钟。测试者记录受试者进行折返的次数，确保他每次都正确跑到标记处。休息1分钟后，受试者再在标记之间进行折返跑1分钟。一共完成5分钟的折返跑，每次之间恢复1分钟。

评价标准：记录每分钟的折返次数。得分是5分钟内进行折返的总次数。

第三节　上肢无氧能力测试

一、手臂曲柄测试

测试目的：手臂曲柄测试（Arm Crank Test）用于测量上肢的力量和功率。

测试器材：手臂曲柄测力计、工作监控器、秒表。

测试方法：受试者舒适地站在手臂曲柄测力计前方，一只脚在另一只脚前方，在最大速度下以两个15秒间隔尽可能快地对可变电阻进行启动。口头鼓励有助于受试者达到最高分数。

评价标准：记录峰值和平均上肢功率，可以用体重除以这些分数确定相对分数。

目标人群：本测试适用于拳击和其他注重良好的上身力量和功率的运动。

测试备注：本测试被用于美国"竞争者"系列电视节目第三季，来评估拳击手的身体素质。

二、快速击打测试

测试目的：快速击打测试用于评估持续的打击力。

测试器材：100磅（45.36千克）的沙袋、秒表、拳击手套。

测试方法：快速击打测试采用专门设计的沙袋，可以记录击中的力量和时间。受试者在规定的时间内尽可能快并且尽可能重地击打沙袋。口头鼓励有助于受试者达到最高分数。

评价标准：结果包括冲击峰值和输出量度。

目标人群：本测试适用于拳击运动员。

测试备注：本测试被用于美国"竞争者"系列电视节目第三季，来评估拳击运动员的适应性。

第四节 其他测试

一、Conconi 测试

测试目的：本测试用于确定训练中无氧阈下的心率。

测试器材：秒表、具有记录和调用功能的心率监测仪、跑道或健身器材。

测试方法：本测试可以在任何设备上或任何运动模式下进行。以轻松的步伐开始，然后按预定的时间间隔增加运动量。在每个速度/运动量级别结束时记录心率。继续进行，直到精疲力尽。

评价标准：以速度/运动量绘制心率图，用线连接点。最初的心率和运动量图应该是线性的。在高强度下，线弯曲的点对应无氧阈。

本测试假定无氧阈与心率图上的偏转点相关。随后的研究发现心率中的偏转点仅出现在某些个体中，并且当它发生时，显然高估了直接测量的乳酸阈。

目标人群：本测试适用于耐力运动员（如中长跑运动员、自行车运动员、铁人三项运动员、赛艇运动员等）。

测试备注：即使无氧阈水平不是一个准确的衡量标准，也可以使用这项测试来观察健康状况的改善情况，因为工作负荷的心率会随着健康状况的改善而下降。可以从这项测试中得到最大心率的测量值。

二、血乳酸测试

测试目的：血乳酸的测量通常是自动的。血乳酸水平表示产生的乳酸释放到血液中与之混合，以及从血液中去除。血乳酸测量用于监测无氧功率的变化和对设定工作负荷的反应。

测试器材：小型手术刀或柳叶刀、冰块和储存容器、酒精棉签、血液分析设备、锐器和污染物品处理器。

测试方法：小针刺血样可以从身体的任何部位采集，通常来自指尖或耳垂。必须首先清洁该区域，使用干燥的纸巾去除汗水，然后使用酒精棉签进行消毒。当该区域干燥时，以刺血针（通常带有弹簧装置）刺穿皮肤，并将血液收集到细管或其他设备中，以备分析。如果血液不能自由流动，可轻轻对皮肤施加压力，或重新刺入。

测试备注：乳酸盐是由乳酸形成的盐。无氧运动产生乳酸，并迅速在肌肉中形成乳酸盐。因此，术语"乳酸盐"和"乳酸"经常被互换使用。

第十二章

有氧耐力测试

第一节　力竭性持续跑测试

一、20 米多级体能测试

测试目的：20米多级体能测试（20-Metre Multistage Shuttle Run Test）（蜂鸣测试）用于评估有氧能力。

测试器材：平坦的防滑场地、标志桶、20米卷尺、蜂鸣测试音频、音乐播放器、记录表。

测试方法：受试者于哔声中在两条相距20米的线之间连续进行折返跑。出于这个原因，测试通常也被称为"蜂鸣测试"。受试者站在一条线后面，面对第二条线，并在录音指示下开始跑步，开始时速度要慢；继续在两条线之间跑动，在蜂鸣声发出时转身。大约1分钟后，声音提示速度增加，并且哔声将更频繁。如果在哔声发出之前到达此线，则受试者必须等待，直到发出哔声，然后再继续；如果每次在哔声发出之前都没有到达此线，受试者则得到警告，并且必须继续跑向此线，然后转身并尝试在两声哔声内赶上。如果受试者在得到警告后连续两次未能到达此线（2米以内），则测试停止。

评价标准：得分是受试者无法跟上录音节奏之前达到的距离（20米）的次数。记录完成的最后一个等级（不一定是停在的等级）。表12-1是笔者基于个人经验，并且使用标准的澳大利亚哔声测试版本给出的一个非常粗略的建议，以说明成年人会得到什么样的等级分数。通过计算可将此等级分数转换为VO_{2max}等效分数，也可以下载哔声测试记录表。

目标人群：本测试适用于运动队和学校团体，但不适用于禁用极限运动的人群。

表 12-1　20 米多级体能测试评价标准

评级	男性级别	女性级别
优秀	>13	>12
非常好	11—13	10—12
好	9—11	8—10
平均水平	7—9	6—8
差	5—7	4—6
非常差	<5	<4

二、Yo-Yo 耐力测试

测试目的：本测试用于评估个人的有氧耐力。

测试器材：平坦的防滑场地、标志桶、卷尺、预先录制的音频CD或MP3（购买或使用Team Beep Test软件）、CD播放机、记录表。

测试方法：用标志桶标记出两条相距20米的线。受试者站在一条线的后面，在听到指示时开始跑，听到信号时转向。信号节奏不断加快。如果未及时到达另一条线，则受试者必须跑到线路转弯处并尝试在两声哔声内赶上。如果未能达到要求，则测试停止。

评价标准：得分是受试者无法跟上录音节奏之前达到的距离。1级通常需要6—20分钟才能完成，而2级需要2—10分钟才能完成。

测试变体：这项测试有两个版本：1级和2级。1级测试与标准的蜂鸣测试实际上是相同的。2级测试以较高的运行速度开始，并且速度有不同的增量。

目标人群：本测试适用于运动队和学校团体，但不适用于禁用极限运动的人群，通常在足球运动员当中进行。

三、最大耗氧量测试

测试目的：最大耗氧量测试（VO_{2max} Test）用于评估个人的有氧耐力。

测试器材：氧气和二氧化碳分析仪、可以更改工作负荷的测力计、心率监测器（可选）和秒表。通过道格拉斯袋或Tissot罐收集呼出的气体并测量体积，或者通过手持式或涡轮式测距仪来测量。

测试方法：在适当的测力计（跑步机、脚踏车、游泳凳等）上进行测试。训练量逐渐从中等强度增加到最大强度。通过通气量和呼出气体中的氧气和二氧化碳来计算氧摄取量，并且在测试完成时或接近完成时确定最高水平。

评价标准：结果表示为 L／min（升每分钟）或 ml／(kg·min)（每千克体重每分钟的氧气百分比）。如果发生以下几种情况，则认为受试者已经达到其最大摄氧量指数：高原或氧摄取"峰化"、达到最大心率、达到1.15或更高的呼吸交换比率及意志疲劳。

目标人群：本测试适用于任何以有氧耐力为组成部分的运动，如长跑、越野滑雪、赛艇、铁人三项、自行车等。

四、最大速度测试

测试目的：最大速度测试（V_{max} Test）用于评估个人的有氧耐力。

测试器材：可以更改工作负荷的测力计、秒表、心率监测器（可选）。

测试方法：受试者在适当的测力计（跑步机、脚踏车、游泳凳等）上进行测试。运动工作负荷逐渐增加（如1千米/时或1.61千米/时），从中等强度开始，如8千米/时。速度应该每隔几分钟（1—4分钟）提高一次，直到受试者精疲力尽。

评价标准：在本测试中，将受试者能够保持至少1分钟的速度作为最终成绩。

目标人群：本测试适用于任何以有氧耐力为组成部分的运动，如长跑、越野滑雪、赛艇、铁人三项、自行车等。

五、布鲁斯测试

测试目的：布鲁斯测试用于评估心脏功能和健康状况。

测试器材：跑步机，秒表，12导联心电图机和导联、胶带、夹子。

测试方法：测试在跑步机上进行。如果有需要，将心电图导联放置在胸壁上。跑步机起步时速为2.74千米/时，坡度为10%。每过3分钟，跑步机的坡度增加2%，如表12-2所示。当受试者由于疲劳、疼痛或许多其他医学适应症而无法继续时，应该停止测试。

表12-2 布鲁斯测试评价标准

等级	速度（千米/时）	坡度（%）
1	2.74	10
2	4.02	12
3	5.47	14
4	6.76	16
5	8.05	18
6	8.85	20
7	9.65	22
8	10.46	24
9	11.26	26
10	12.07	28

评价标准：得分是测试所用的时间，以"分钟"为单位。可以使用计算器和下面的公式进行计算：$VO_{2max}(ml/kg \cdot min) = 14.760 - 1.379 \times T + 0.451 \times T^2 - 0.012 \times T^3$。

女性：$VO_{2max}[ml/(kg \cdot min)] = 2.94 \times T + 3.74$

年轻女性：$VO_{2max}[ml/(kg \cdot min)] = 4.38 \times T - 3.90$

男性：$VO_{2max}[ml/(kg·min)] = 2.94 \times T + 7.65$

年轻男性：$VO_{2max}[ml/(kg·min)] = 3.62 \times T + 3.91$

其中T是完成的总时间（以"分钟"表示，"秒"用小数表示，例如9分钟15秒=9.25分钟）。

测试变体：有一种常用的改良布鲁斯方案，起始于比标准测试更低的工作量，并且通常用于老年人或久坐的患者。改良布鲁斯测试的第一阶段、第二阶段分别以2.74千米/时和0等级、2.74千米/时和5%等级进行，第三阶段对应于如上所列的标准布鲁斯测试方案的第一阶段。

目标人群：本测试适用于疑似冠心病的患者，以及注重氧耐力的运动员，如长跑运动员。

六、Balke 跑步机测试

测试目的：Balke跑步机测试为确定心脏病患者的VO_2峰值的临床测试，也可以用于评估运动员的心血管健康程度。

测试器材：跑步机、秒表、心电图仪（可选）。

测试方法：受试者在跑步机上行走，直到疲劳，步速恒定，每1—2分钟坡度增加一次。测试者在测试开始时启动秒表，并在受试者无法继续时停止计时。Balke跑步机测试有几种变化，比如跑步机速度的变化、每个级别的时间和梯度的增加。以下是已使用测试方案的示例：

对于男性，将跑步机速度设定为5.31千米/时，坡度从0开始。1分钟后将坡度增加到2%，然后每分钟增加1%。

对于女性，将跑步机速度设定为4.82千米/小时，坡度从0开始。然后每3分钟将坡度增加2.5%。

行驶速度恒定在3千米，而坡度每2分钟增加2.5%。

评价标准：得分是测试所用的时间，以"分钟"为单位，理想情况应该为9—15分钟。也可以使用下面的公式将测试时间转换为估计的VO_{2max}得分：

男性：$VO_{2max} = 1.444\,T + 14.990$

女性：$VO_{2max} = 1.38\ T + 5.22$

其中T是完成的总时间（以"分钟"表示，"秒"用小数表示，例如9分钟15秒= 9.25分钟）。注意：这只有在使用、制定与这些公式相同的方案时才适用。

目标人群：建议对心脏病人进行Balke跑步机测试，因为在这项测试中工作负荷的升高过程是缓慢的，即使对于严重左心室功能障碍的患者也是相对安全的。

七、蒙特利尔大学田径测试

测试目的：蒙特利尔大学田径测试用于评估有氧能力。

测试器材：400米跑道、标志桶、卷尺、CD播放机。

测试方法：CD或录音带、相关小册子可提供测试程序的完整说明。测试在400米跑道上进行，标志桶被放置在跑道每50米处。第一阶段的步行速度为6千米/时，此后每2分钟速度增加1.2千米/时。速度的变化由预录的音频提示。当受试者落在指定标记5米之后或更远处时，或受试者感觉无法继续时，应该停止测试。

评价标准：得分为以"米"为单位的距离。Ahmaidi等人使用公式"$VO_{2max} = 1.353 + 3.163 \times 最后阶段的速度 + 0.0122586 \times 最后阶段的速度 \times 2$"将得分转换为$VO_{2max}$得分，其中速度取决于每个阶段在30秒内覆盖的距离。

目标人群：本测试适用于足球、橄榄球、AFL、曲棍球、手球、篮球等团队运动的运动员。

八、Birtwell 40米折返测试

测试目的：Birtwell 40米折返测试用于评估有氧能力。

测试器材：平坦的防滑场地、标志桶、40米卷尺、记录纸、哨子、秒表。

测试方法：将标志桶放置在相距40米的两条线上（见图12-1）。受试者站在其中一排标志桶后面，面向对面的标志桶，听到指示时开始跑动。一名指导者按时间表上指示的时间吹哨，另一名报出目前正在运行的等级和次数（如"等级5，次数2"）。受试者试图及时到达信号指示的每一排标志桶，并在两排标志桶之间不断跑动，直到无法继续。记录成功完成的最后一级。

评价标准：得分是受试者无法达到之前所达到的次数。将等级和次数记录为得分，如6.2代表第6级、第2次。良好的得分介于第6级和第7级，超过7级为"优秀"。最合适的U15橄榄球运动员可达6.2，加拿大国家U20橄榄球运动员可达7.4（取决于身体类型和位置）。

目标人群：本测试适用于运动队和学校团体，但不适用于禁用极限运动的人群，主要用于橄榄球运动员。

图12-1　Birtwell 40米折返测试

第二节　间歇性测试

一、Yo-Yo 间歇性测试

测试目的：Yo-Yo间歇性测试（Yo-Yo Intermittent Test）用于评估长时间重复进行间歇运动的能力，特别针对网球、手球、篮球、足球等运动的运动员。

测试仪器：平坦的防滑场地、标志桶、卷尺、预先录制的音频CD或MP3（购买或使用Team Beep Test软件）、CD播放机、记录表。

测试方法：按照图12-2将标志桶摆成三排，间距分别为20.0米、2.5米（耐力测试）或5.0米（恢复测试）（见图12-2）。受试者在起始线后开始，并且在CD的指示下跑20米，在听到"嘟"声时，折返回到出发点。在每个20米往返运动中，都会有一个主动恢复期（耐力测试时间和恢复测试时间分别为5秒和10秒）。当受试者在规定的时间内没有完成一次成功的折返时，系统会发出警报；若落下一次依然没有完成折返，测试将终止。

评价标准：得分是受试者无法跟上录音节奏之前达到的距离。Yo-Yo间歇性测试一般需要6—20分钟，而第2级需要2—10分钟。根据Yo-Yo第1级和第2级测试结果可得出用于估计VO_{2max}〔ml/（kg·min）〕的公式：

Yo-Yo IR1 测试：VO_{2max}〔ml/（kg·min）〕= IR1 距离（m）× 0.0084 + 36.4

Yo-Yo IR2 测试：VO_{2max}〔ml/（kg·min）〕= IR2 距离（m）× 0.0136 + 45.3

测试变体：每个耐力和恢复间歇测试都有两个级别：第1级是为受过较少训练的个人设计的；第2级是为训练有素的人设计的，会以更快的速度开始。在整个测试过程中，两种测试版本的速度都在提高。体能教练

Krešimir Šoš创造了Yo-Yo测试的变体，他认为非常适合区分有氧和无氧工作（偏转点更清晰）。受试者可更快地改变速度，以更容易在图表上看到偏转点。第1级测试中距离是一个固定的变量，并且时间在减少。受试者以8千米/时的速度开始并且运行4个时间间隔（1个间隔为2×20米＋5秒暂停，就像Yo-Yo耐力测试一样），在经过4个时间间隔后，测试速度增加到1千米/时。

目标人群：Yo-Yo间歇性测试是专为足球运动员开发的，也适用于类似的间歇性运动队。第1级测试是为业余运动员设计的，第2级测试是针对精英级足球运动员的。本测试不适用于禁忌大强度运动的人群。

测试优点：大型团队可以最低的成本一次完成这项测试。

测试缺点：练习情况和动机会影响得分。由于测试通常在室外进行，环境条件也会影响结果。必须购买测试光盘。

注意事项：这是一项最大强度测试，需要合理的适应度。不建议业余运动员，有健康问题、受伤或低健身水平的人士使用。如果可以进行，需要确保音频播放器的电池被完全充电。测试的信度取决于测试进行的严格程度、操作流程是否规范，以及受试者是否符合要求。

测试备注：本测试是由丹麦足球生理学家Jens Bangsbo和他的同事们开发的。

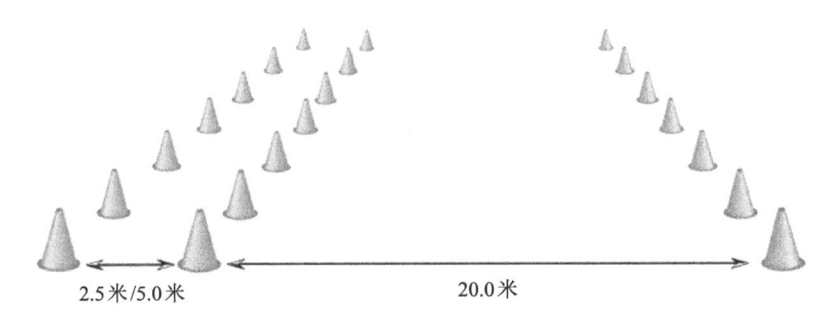

图12-2　Yo-Yo间歇性测试

二、J.A.M. 间歇性测试

测试目的：J.A.M.间歇性测试（J.A.M. Intermittent Test）用于评估长时间重复进行间歇运动的能力。

测试器材：平坦的防滑场地、标志桶、卷尺、J.A.M测试光盘、CD播放机、记录表。

测试方法：将标志桶摆放在三角形场地中，场地的边长不同。测试包括步行、慢跑、快跑。受试者在三角形场地周围按顺序循环进行快跑、步行或慢跑，大约每2分钟进行一次强度最大的12米冲刺跑，与一系列音频信号保持同步（见图12-3）。"嘟"声之间的时间逐渐缩短，测试继续进行，直到受试者无法跟上录音节奏。

评价标准：得分是测试所用的时间。这项测试至少需要进行12分钟。

目标人群：本测试是专为评估橄榄球联盟裁判员的体能而开发的，适用于足球、橄榄球、曲棍球、手球和篮球的各级运动员。

测试优点：测试很容易进行，大型团队可以最低的成本一次完成这项测试。

测试缺点：练习情况和动机会影响得分。由于测试通常在室外进行，环境条件也会影响结果。

注意事项：这是一项最大强度的测试，需要合理的适应度。不建议业余运动员，有健康问题、受伤或低健身水平的人士使用。测试的信度取决于测试进行的严格程度，以及受试者是否符合要求。

图12-3　J.A.M.间歇性测试

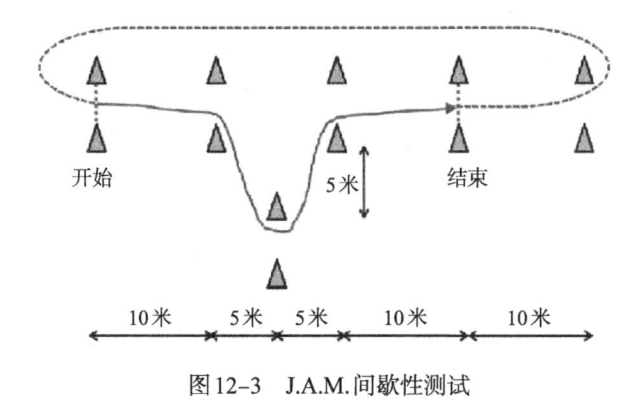

三、30—15间歇性测试

测试目的：30—15间歇性测试（30-15 Intermittent Test）用于评估间歇运动恢复和重复进行的能力。

测试器材：至少40米长的平整的场地、测试录音、标志桶。

测试方法：先在中心点两端标出一个40米的区域，随后在每一条底线和中线两边（公差区）的3米处放置标记。测试包括30秒的跑步和15秒的步行。受试者从最后一条线的后面开始，彼此相距至少1米；在听到第一个"嘟"声后开始跑，在第二个"嘟"声中努力到达中线周围的区域，然后在第三个"嘟"声后到达另一端。这个过程一直持续到两个"嘟"声响起，表示30秒结束，受试者停止运动；然后向前走到下一个等级，在15秒内等待下一个等级的开始。如Buchheit（2008）所列，起始速度为8.0千米/时，其后每增加45秒，时速增加0.5千米。如受试者三次没有进入限制区，测试结束。

评价标准：

将完成的最后阶段的速度作为得分。使用下面的公式：

VO_{2max} (ml·kg-1·min-1) = 28.3000–2.1500×G–0.7410×A–0.0357×W+0.0586×A×VIFT＋1.0300×VIFT

根据最终运行速度估算VO_{2max}，其中VIFT是最终运行速度，G代表性别（女=2，男=1），A代表年龄，W代表体重。

测试变体：区间折返跑测试（Interval Shuttle Run Test）是一项非常类似的测试，也包括30秒跑和15秒走。

目标人群：这项测试是为间歇性运动的运动员团队开发的。

测试优点：这项测试与间歇性运动相关，而不是常用的哔声测试。

测试缺点：本测试不常用，所以很难找到规范值，音频录制将很难进行。

四、Gacon测试

测试目的：Gacon测试用于评估足球运动员间歇性跑的能力和有氧耐力。

测试仪器：椭圆形运动场或跑道、标志桶、哨子、秒表。

测试方法：在125.00米、131.25米、137.50米等处用标志桶标出。所有的受试者排在起始线上，需要在45秒内跑125.00米；完成后有15秒的休息时间，在15秒的时间内以相反的方向重复跑到起始处，但这次距离增加了6.25米，为131.25米。对于每次重复，距离都增加6.25米，而跑动时间（45秒）和其余时间（15秒）保持不变（见表12-3）。受试者继续跑下去，直到无法在45秒内完成设定的距离。

评价标准：以"米"为单位记录总距离。

测试变体：对年轻的和不适合的运动员来说，这项测试是可以被修改的，比如第一段距离只有100米，之后每个阶段都增加6.25米。

测试优点：大型团队可以立即进行测试。这是一项用最少的设备就能进行的非常简单的测试。

表12-3　Gacon测试等级

等级	距离（米）	每千米所需时间（分钟）	平均速度（千米/时）	总距离（米）	时间（秒）
1	125.00	6：00	10.0	125.00	45+15

续表

等级	距离（米）	每千米所需时间（分钟）	平均速度（千米/时）	总距离（米）	时间（秒）
2	131.25	5：43	10.5	256.25	45+15
3	137.50	5：27	11.0	393.75	45+15
4	143.75	5：13	11.5	537.50	45+15
5	150.00	5：00	12.0	687.50	45+15
6	156.25	4：48	12.5	843.75	45+15
7	162.50	4：37	13.0	1006.25	45+15
8	168.75	4：27	13.5	1175.00	45+15
9	175.00	4：17	14.0	1350.00	45+15
10	181.25	4：08	14.5	1531.25	45+15
11	187.50	4：00	15.0	1718.75	45+15
12	193.75	3：52	15.5	1912.50	45+15
13	200.00	3：45	16.0	2112.50	45+15
14	206.25	3：38	16.5	2318.75	45+15
15	212.50	3：31	17.0	2531.25	45+15
16	218.75	3：26	17.5	2750.00	45+15
17	225.00	3：20	18.0	2975.00	45+15
18	231.25	3：15	18.5	3206.25	45+15
19	237.50	3：10	19.0	3443.75	45+15
20	243.75	3：05	19.5	3687.50	45+15
21	250.00	3：00	20.0	3937.50	45+15
22	256.25	2：56	20.5	4193.75	45+15
23	262.50	2：52	21.0	4456.25	45+15
24	268.75	2：48	21.5	4725.00	45+15
25	275.00	2：44	22.0	5000.00	45

五、足球 FIT 间歇测试

测试目的：足球FIT间歇测试（Soccer FIT Interval Test）用于评估长时间重复进行间歇运动的能力。

测试器材：25码（22.86米）区域、标志桶、卷尺、秒表、哨子或预先录制的音频。

测试方法：两条线相距25码，另一条线在10码（9.14米）处。测试包括在30秒内连续进行两次跑，然后休息30秒；休息之后，在29秒内进行两次跑，然后再休息30秒；再在28秒内进行两次跑，直到无法在规定的时间内回到起始线（见图12-4）。每一个运动周期都包括两次10码折返跑和一次25码折返跑，受试者如在规定的时间内没有回到起始线时，测试将结束。

评价标准：记录总距离作为得分。通常测试者会记录受试者的每一个运动周期（例如20-1指20秒等级的第一次），然后用提供的图表计算距离。

测试变体：本测试可以在没有球（足球、篮球）的情况下进行，它包括一个技能因素，使练习更接近模拟运动。这项测试的一些变化为可以是步行通过第一个10码区间，侧向移动经过第二个10码区间，最后冲刺25码的一个循环。

目标人群：本测试是专为足球运动员开发的，也适用于类似的间歇性运动队和篮球运动员。

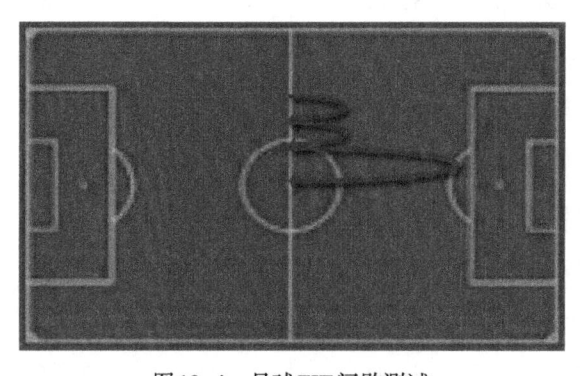

图12-4　足球FIT间歇测试

六、国际足联间歇测试（二）

测试目的：国际足联间歇测试（二）（FIFA Interval Test II）用于评估长时间重复进行间歇运动的能力，旨在测试足球裁判员的体能储备。

测试器材：400米跑道、标志桶、卷尺、哨子或预先录制的音频、CD播放机。

测试方法：使用标志桶在跑道上标记出每次运动的起始点（弯道的中点）和结束点（每条直道的中点），用4个标志桶标出"步行区域"（150米标记点的前面3米和后面3米）（见图12-5）。在测试者的第一声哨响后，受试者必须在规定的时间内跑150米，并到达步行区域，然后必须步行50米到达下一轮测试的起始点；在下一声哨响后，受试者必须再跑150米，然后再步行50米。重复这个循环直到完成至少10圈。下一声哨响前，受试者不会开始下一轮的测试。助手们在起点放一面旗子，当哨声响起时，他们迅速降低旗子，示意受试者开始跑动。

所有男性受试者150米跑的时间要求是30秒，所有女性受试者的时间要求是35秒。裁判级别不同，要求的时间也有所不同。国际男性裁判员有35秒用作50米步行恢复，国际男性助理裁判员和国家男性裁判员有40秒，国家男性助理裁判员有45秒；国际女性裁判员有40秒用作50米步行恢复，国际女性助理裁判员和国家女性裁判员有45秒，国家女性助理裁判员有50秒。

评价标准：如果受试者不能及时将一只脚放在步行区域内，观察员的信号和受试者必须停止，测试失败。

目标人群：本测试是专为足球裁判员开发的，也适用于类似的间歇性运动队。

注意事项：受试者可以组成最多6人的小组。如果可能，可以设定4个不同的起始位置，每个小组在整个测试中由独立的观察员监视。

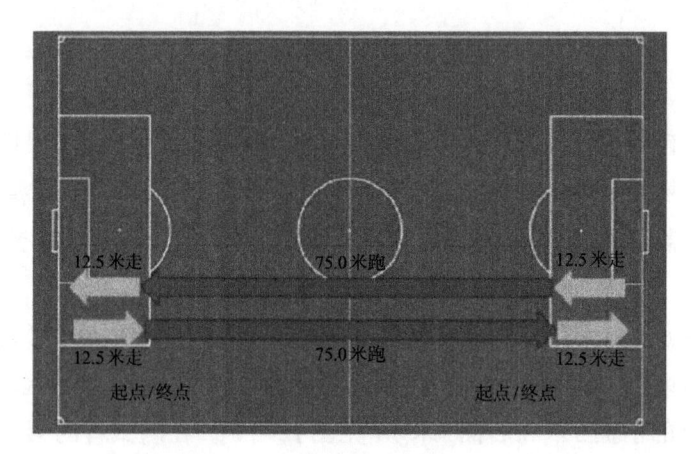

图12-5 国际足联间歇测试（二）

第三节 走跑类测试

一、以固定时间和距离跑的测试

测试目的：以固定时间和距离跑的测试（Run Test for Set Time and Distance）中有相当多的变量作为衡量有氧能力的指标，这里是对这种类型的测试的一般描述。

测试器材：椭圆跑道或直道、标志桶、记录表、秒表。

测试方法：有几项测试涉及跑步的设定时间（如9、10、12分钟）或设定距离（如1610米、2414米、1200米），所完成的距离或所需的时间将被记录。这些测试所需的时间通常为8—15分钟，取决于受试者的具体情况。

评价标准：这一模式可用于许多测试。将结果与具有相同测试程序和类似目标群体的规范性测试进行比较非常重要。

测试变体：这项测试除了可以采用不同的时间和距离外，还可以采用不同的运动模式，比如游泳。

目标人群：本测试可以被修改，以适合大多数人群。对成年人来说，测试至少需要10分钟，以确保能量主要由有氧系统提供；较短的跑步更适合儿童。

测试优点：大型团队可以立即进行测试。这是一项非常简单的测试。

测试缺点：足够的练习和良好的步频是确保代表性得分所必需的，并且这项测试的表现很大程度上受个人动机影响。

注意事项：已发表的研究表明，一般在超过9分钟或1610米的运行中具有0.65或更好的相关性，可靠性取决于实际操作、节奏策略和动机。如果这些问题得到解决，应该有很好的信度。

二、20米跑测试

测试目的：20米跑测试是由健康和健身顾问John Miller开发的20米哔声测试的简单变体。本测试是哔声测试与固定时间跑的结合，不需要CD播放机或太长的跑道。这是一项新的测试，其效度和信度尚待确定。

测试器材：平坦的防滑场地、标志桶、20米卷尺、秒表。

测试方法：20米跑测试包括在相距20米的两条线之间连续运动，试图在5分钟内尽可能地实现更大的距离。确保每圈至少有一只脚踩在终点线上（见图12-6）。保持良好的节奏感很重要，以便在分配的时间内达到最大的距离。受试者可以采用走路的方式，尽管这不应该被鼓励。

评价标准：得分是受试者在5分钟内达到的距离。其间运行的组数越多，说明成绩越理想，John Miller在报告中说，他所看到的男子的最好成绩是60分，女子是55分。男子和女子最大的分数差是9分。

目标人群：这项测试适用于所有健康的人群。对那些身体素质差的人来说尤其合适，否则他们只能进行几个级别的哔声测试。

测试优点：在没有录音带的情况下，可以得到与哔声测试相同的有氧练习效果。不需要进行长时间的哔声测试，只需进行5分钟。大型团体可以一次完成测试。可将受试者分成两组，一组做测试，另一组计算圈数。测试在室内或室外进行均可。

测试缺点：实际操作和动机可以影响成绩。如果测试在室外进行，环境条件也会影响结果。

注意事项：这项测试没有经过科学研究，也不常用。

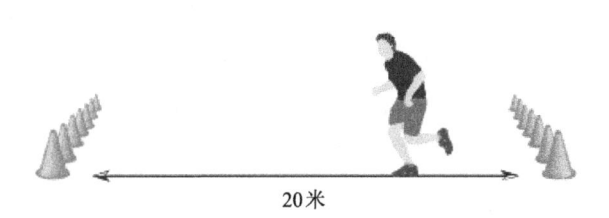

图12-6　20米跑测试

三、1英里（1610米）耐力跑步/步行测试

测试目的：1英里（1610米）耐力跑步/步行测试（1-Mile Endurance Run / Walk Test）用于评估有氧耐力，作为衡量健康状况和许多体育活动的重要组成部分。

测试器材：秒表、平滑且有标记的1英里跑道、纸和铅笔。

测试方法：1英里耐力跑步/步行测试要求受试者在最短的时间内完成1英里的路程。在给出测试目的之后，测试者发出命令"准备，开始"。如果愿意，走路可以穿插在跑步之间；但应该鼓励他们在尽可能短的时间内完成更长的距离。

评价标准：记录完成1英里所需的时间，以"分钟"和"秒"为单位。可将这些结果与相似年龄组的标准进行比较。

测试变体：对于年幼的孩子，可以使用相同的程序进行距离较短的测试：6—7岁可采用0.25英里（402米），8—9岁可采用0.50英里（805米）等。

测试优点：本测试涉及最少的设备和最低的成本，并且可以自行管理。

测试缺点：本测试的准确性取决于步频和动机。

注意事项：由于良好的节奏对于最大限度地提高在这项测试中的分数非常重要，可以在实际测试前一周进行预测试，以帮助受试者了解适当的节奏，或者让他们感受到所需的用力程度，在预热时间内进行短距离跑步。上面列出的程序可能与用于总统挑战赛或健身体能测试的官方描述略有不同。

四、半英里（805米）步行测试

测试目的：半英里（805米）步行测试（Half Mile Walk Test）用于评估身体状况不是很好的人群和老年人的有氧健身能力。

测试器材：有标记的跑道或用卷尺标记出的一段距离、秒表。

测试方法：在本测试中，受试者尽可能快地走805米。受试者要设定自己的步频，并且进行预测试，这对节奏练习很有帮助。如果受试者愿

意，可以停下来休息。

评价标准：记录完成半英里所需的时间，以"分钟"和"秒"为单位。

目标人群：本测试适用于可能无法参加传统体能测试的老年人群。

测试优点：本测试涉及最少的设备和最低的成本。

测试缺点：本测试对健康的人来说很容易，应该选择更长的时间。

注意事项：如果受试者报告头晕、恶心、过度疲劳、疼痛，或测试者发现他们产生了任何其他有关症状，则应该终止测试。测试者应该在发生医疗紧急情况时采取必要的行动。

五、Andersen 测试

测试目的：Andersen 测试用于评估有氧能力。

测试器材：秒表、卷尺。

测试方法：Andersen测试要求受试者在10分钟内完成最大距离，包括跑步或尽可能快地沿着赛道来回走动。受试者必须在起点处和终点处用手触地，交替步行或跑步15秒并暂停15秒，总共20个间隔。助手每15秒发出一次指令以指示何时开始或停止跑步。在10分钟结束时，测量完成的距离。

评价标准：当测试结束后，可以使用公式"得分 = 18.38 +（0.03301 × 跑步距离，以"米"为单位）-（5.92 × 性别）"计算自己的有氧能力（男性 = 0，女性 = 1），然后使用表12-4中男性和女性的评分来检查自己的健身状况。

表 12-4 Andersen测试评价标准

男性	20—29岁	30—39岁	40—49岁	50—65岁
较差	<39	<35	<31	<26
低于平均水平	39—43	35—39	31—35	26—31
平均水平	44—51	40—47	36—43	32—39
好	52—56	48—51	44—47	40—43

续表

男性	20—29岁	30—39岁	40—49岁	50—65岁
非常好	>57	>52	>48	>44
女性	20—29岁	30—39岁	40—49岁	50—65岁
较差	<29	<28	<26	<22
低于平均水平	29—34	28—33	26—31	22—28
平均水平	35—43	34—41	32—40	29—36
好	44—48	42—47	41—45	37—41
非常好	>49	>48	>46	>42

测试优点：大型团队可以一次完成测试。这是一项非常简单的测试。如果有需要，本测试可以自行管理。

测试缺点：足够的练习和良好的步频是确保代表性得分所必需的，并且这项测试的表现很大程度上受个人动机影响。

六、1000米跑测试

测试目的：1000米跑测试（1 km Run Test）用于评估年轻人或运动水平较低者的有氧能力。

测试器材：椭圆跑道、秒表。

测试方法：1000米跑测试要求受试者在尽可能短的时间内完成规定距离。14—19岁男孩1000米，14—19岁女孩800米，13岁以下男孩和女孩600米。在听到信号"准备就绪"时，所有受试者排在起始线后面。在命令"开始"发出时计时，受试者以自己的节奏跑动。可以在测试过程中鼓励受试者。允许步行，但是不提倡。

评价标准：记录完成1000米的时间，以"分钟"和"秒"为单位。

测试优点：30多个组可以统一测试。这是一项非常简单的测试，使用的设备最少。

测试缺点：足够的练习和良好的步频是确保代表性得分所必需的，并且这项测试的表现很大程度上受个人动机影响。

注意事项：这项测试的信度取决于实际操作、步频策略和动机。对于年龄较大和体能水平较高的运动员，长距离跑测试更为合适，可以真正测试有氧系统。如果正在测试大型团队，则可以通过绑绳来制作精加工滑槽，从而实现终点线的更多控制。计时员站在终点线上，当受试者越过终点线时读出时间。

七、1英里（1610米）Rockport步行测试

测试目的：1英里（1610米）Rockport步行测试（1 Mile Rockport Walk Test）是适合低健身水平者的常见有氧能力测试。

测试器材：秒表、平整且带有标记的1英里跑道、纸、铅笔、心率监测器、体重秤。

测试方法：1英里Rockport步行测试要求受试者尽可能快地步行1英里，完成后立即测量脉搏。如果没有心率监测器，则可以手动测量10秒的心跳次数，然后将它乘以6，获得每分钟的心跳次数。在此过程中要注意达到所要求的时间，还需要了解自身的体重以进行VO_{2max}计算。

评价标准：VO_{2max}评分可以使用以下公式计算（Kilne等，1987；McSwegin等，1998）：

女性：VO_{2max}= 139.168 –（0.388 × 年龄）–（0.077 × 磅数）–（3.265 × 步行时间，以"分钟"为单位）–（0.156 × 心率）

男性：在女性的计算结果的基础上加上6.318。

目标人群：本测试适用于体能状况不佳的男性和女性，因为他们无法完成类似的远程跑步测试；也适用于所有年龄的人。

测试优点：本测试涉及最低的成本，并且可以自行管理。

测试缺点：本测试对健康的人来说很容易。此外，由于受试者必须尽可能快地行走，本测试的准确性取决于步频和动机。

八、1英里（1610米）步行测试

测试目的：1英里（1610米）步行测试（1-Mile Walk Test）用于评估有氧能力。

测试器材：秒表、有标记的1英里跑道或水平地面上的路线、心率监测器。

测试方法：1英里步行测试要求受试者在最短的时间内完成1英里的路程，同时保持不变的速度。开始时，所有受试者都要排在起始线后面。在命令"开始"发出时计时，受试者按照自己的步频走步。在走路结束时，每个人都应该测量15秒的心率数。可以使用手动方法或使用心率监测器来测量心率，记录步行时间和心率。如果使用心率监测器，可以记录自己的时间，并将步行过程中记录的最后心率作为步行心率分数。

评价标准：记录每个受试者完成1英里的时间，以"分钟"和"秒"为单位。将步行时间和15秒的心率输入Fitness Gram软件。使用Rockport Fitness Walking Test公式计算估计的VO_{2max}。

目标人群：本测试是为13岁及以上的学生设计的。

测试优点：大型团体可以一次完成测试，这也是一项非常简单的测试。如果测试是在400米跑道上进行的，那么在整个测试过程中，所有受试者都在视野范围内；并且可以在每圈提供分段时间，以帮助实施步频策略。本测试可以自行管理。

测试缺点：足够的练习和良好的步频是确保代表性得分所必需的，并且这项测试的表现很大程度上受个人动机影响。

注意事项：上面列出的程序可能与Fitness Gram的官方描述略有不同。

九、1.6千米跑测试

测试目的：1.6千米跑（1.6 km Run Test）用于评估有氧能力和腿部肌肉的耐力。

测试器材：1.6千米跑道（例如4×400米跑道）、秒表。

测试方法：本测试要求受试者在最短的时间内完成1.6千米的路程。开始时，所有受试者都要排在起始线后面。在命令"开始"发出时计时，受试者按照自己的步频跑步。

评价标准：记录每个受试者完成全程的时间，以"分钟"和"秒"为单位。

测试优点：大型团体可以一次完成测试，这也是一项非常简单的测试。如果测试是在400米跑道上进行的，那么在整个测试过程中，所有受试者都在视野范围内。

测试缺点：足够的练习和良好的步频是确保代表性得分所必需的，并且这项测试的表现很大程度上受个人动机影响。如果在400米椭圆跑道上进行，要进行不断的时间反馈，以帮助调整步频。

十、1.5英里（2414米）跑测试

测试目的：1.5英里（2414米）跑测试（1.5-Mile Run Test）用于评估有氧能力和腿部肌肉的耐力。

测试器材：1.5英里（2414米）跑道、秒表。

测试方法：本测试要求受试者在最短的时间内完成1.5英里的路程。开始时，所有受试者都要排在起始线后面。在命令"开始"发出时计时，受试者按照自己的步频跑步。允许途中行走，但是不提倡。在测试完成时应该进行放松散步。

评价标准：记录每个受试者完成全程的时间。

注意事项：在与其他人没有身体接触，并且不妨碍其他人参加测试的情况下，允许受试者在跑步的过程中跟跑（如跑在其他人前面、旁边或后面）。允许在测试过程中欢呼或呼喊。在1.5英里的运行中，有一些医疗支持或医疗应急计划至关重要，应该避免危险的气候条件，如炎热、潮湿等，并且应该在完成评定后提供水或其他液体。

十一、2000米步行测试

测试目的：2000米步行测试（2 km Walk Test）用于评估心血管的耐力，是成人的EUROFIT测试的一部分。

测试器材：秒表、2000米跑道、心率监测器。

测试方法：测试内容为在2000米以上的距离内尽可能快地行走，在测试结束时记录步行时间和心率。可以使用手动方法或使用心率监测器来测量心率。

评价标准：结果通过2000米步行时间、步行结束时的心率（HR）、体重指数（BMI）和年龄来计算。VO_{2max} 可以用公式"VO_{2max} 〔ml/（kg·min）〕=116.20-2.98×步行时间（s）-0.11×HR -0.14×年龄-0.39×BMI"计算（Oja & Tuxworth，1995）。

目标人群：年龄为20—65岁、健康状况不佳的无法完成跑步测试的人群。

测试优点：本测试涉及最少的设备和最低的成本，大型团体可以一次完成测试，并且可以自行管理。

测试缺点：本测试对健康的人来说很容易，他们可以考虑其他跑步类测试。

十二、2000米跑测试

测试目的：2000米跑测试（2 km Run Test）用于评估有氧能力。

测试器材：2000米跑道、秒表。

测试方法：2000米跑测试要求受试者在最短的时间内完成2000米的路程。开始时，所有受试者都要排在起始线后面。在命令"开始"发出时计时，受试者按照自己的步频跑步。允许途中行走，但是不提倡。

评价标准：记录每个受试者完成2000米的时间。

测试优点：大型团体可以一次完成测试，这也是一项非常简单的测试。如果测试是在400米跑道上进行的，那么在整个测试过程中，所有受试者都在视野范围内。

测试缺点：足够的练习和良好的步频是确保代表性得分所必需的，并且这项测试的表现很大程度上受个人动机影响。如果在400米椭圆跑道上进行，要进行不断的时间反馈，以帮助调整步频。

十三、2.4千米跑测试

测试目的：2.4千米跑测试（2.4 km Run Test）用于评估有氧能力。

测试器材：2.4千米跑道、秒表。

测试方法：2.4千米跑测试要求受试者在最短的时间内完成2.4千米的路程。开始时，所有受试者都要排在起始线后面。在命令"开始"发出时计时，受试者按照自己的步频跑步。允许在途中行走，但是不提倡。在测试完成时应该进行放松散步。

评价标准：记录每个受试者完成全程的时间（见表12-5）。

表12-5 2.4千米跑测试评价标准

评级	男性（分钟、秒）	女性（分钟、秒）
很差	>16′01″	>19′01″
差	16′00″—14′01″	19′00″—18′31″
合格	14′00″—12′01″	18′30″—15′55″
好	12′00″—10′46″	15′54″—13′31″
优秀	10′45″—9′45″	13′30″—12′30″
极好	<9′44″	<12′29″

注意事项：新加坡S联赛球员必须在本测试中获得10分15秒的及格分数才能上场。完成时间少于9分钟的球员将获得100美元的现金奖励，而完成时间少于8分30秒的球员将获得200美元。没达到及格分数的球员可

以随时重新参加测试。

测试备注：新加坡足协从2013年开始采用2.4千米跑步作为其强制性健身测试，而不是哔声测试。这项测试也是美国特工和FBI评估测试的一部分。

十四、2英里（3219米）跑测试

测试目的：2英里（3219米）跑测试（2-Mile Run Test）用于评估有氧能力和腿部肌肉的耐力。

测试器材：2英里跑道、秒表。

测试方法：2英里跑测试要求受试者在最短的时间内完成2英里的路程。开始时，所有受试者都要排在起始线后面。在命令"开始"发出时计时，受试者按照自己的步频跑步。允许途中行走，但是不提倡。

评价标准：记录每个受试者完成2英里的时间。得分取决于受试者的性别和年龄。

注意事项：在与其他人没有身体接触，并且不妨碍其他人参加测试的情况下，允许受试者在跑步的过程中跟跑（如跑在其他人前面、旁边或后面）。

十五、3英里（4828米）跑测试

测试目的：3英里（4828米）跑测试（3-Mile Run Test）用于评估有氧能力和腿部肌肉的耐力。

测试器材：3英里跑道、秒表。

测试方法：3英里跑测试要求受试者在最短的时间内完成3英里的路程。开始时，所有受试者都要排在起始线后面。在命令"开始"发出时计时，受试者按照自己的步频跑步。允许途中行走，但是不提倡。

评价标准：记录每个受试者完成3英里的时间。对于男性，慢于18分10秒扣1分；对于女性，慢于21分10秒扣1分。受试者必须在一定时间内完成测试。可通过表12-6了解本测试对男性和女性的最低要求。

表12-6 3英里跑测试评价标准

年龄（岁）	男性（分钟）	女性（分钟）
17—26	28：00	31：00
27—39	29：00	32：00
40—45	30：00	33：00
46+	33：00	36：00

注意事项：足够的练习和良好的步频是确保代表性得分所必需的，并且这项测试的表现很大程度上受个人动机影响。

十六、3000米跑测试

测试目的：3000米跑测试（3 km Run Test）用于评估有氧能力。

测试器材：3000米跑道、秒表。

测试方法：3000米跑测试要求受试者在最短的时间内完成3000米的路程。开始时，所有受试者都要排在起始线后面。在命令"开始"发出时计时，受试者按照自己的步频跑步。允许途中行走，但是不提倡。

评价标准：记录每个受试者完成3000米的时间。

测试优点：大型团体可以一次完成测试，这也是一项非常简单的测试。如果测试是在400米跑道上进行的，那么在整个测试过程中，所有受试者都在视野范围内。

测试缺点：足够的练习和良好的步频是确保代表性得分所必需的，并且这项测试的表现很大程度上受个人动机影响。如果在400米椭圆跑道上进行，要进行不断的时间反馈，以帮助调整步频。

十七、5000米跑测试

测试目的：5000米跑测试（5 km Run Test）用于评估有氧能力和腿部肌肉的耐力。

测试器材：5000米跑道、秒表。

测试方法：5000米跑测试要求受试者在最短的时间内完成5000米的路程。开始时，所有受试者都要排在起始线后面。在命令"准备，开始"发出时计时，受试者按照自己的步频跑步，在中途不停的情况下尽快完成5000米的路程。

评价标准：记录每个受试者完成5000米的时间，以"分钟"和"秒"为单位。

测试优点：大型团队可以一次完成测试，这也是一项非常简单的测试。如果测试是在400米跑道上进行的，那么在整个测试过程中，所有受试者都在视野范围内。

测试缺点：足够的练习和良好的步频是确保代表性得分所必需的，并且这项测试的表现很大程度上受个人动机影响。如果在400米椭圆跑道上进行，要进行不断的时间反馈，以帮助调整步频。

注意事项：如果没有使用400米的跑道，最好有一条2500米的往返跑道来应对风的变化。

十八、6分钟跑测试

测试目的：6分钟跑测试（6-Minute Run Test）用于评估有氧耐力适应性（身体使用氧气作为能量来源的能力）。

测试器材：椭圆形场地或跑道、标志桶、记录表、秒表。

测试方法：在跑道周围设置标记以帮助测量完成的路程。受试者持续跑6分钟，记录总距离。允许步行，但必须鼓励受试者尽最大努力跑。

评价标准：没有标准值可用于本测试。为了对预期成绩有所了解，纽卡斯尔骑士橄榄球队在300米跑道上进行了这项测试。在2008年进行的一项测试中，他们的顶级选手之一达到了1680米，比最接近他的队友多出了80米，并且比大多数队友多出了一圈。

测试变体：测试也可以通过在跑步机上跑6分钟的方式进行，设定为1级（1%）倾斜以模拟室外跑步。步行/跑步测试有很多变化。

目标人群：对于那些不太健康或不能跑步的人，可以进行类似的步行测试。

测试优点：大型团队可以立即进行测试。这是一项非常简单的测试。

测试缺点：足够的练习和良好的步频是确保代表性得分所必需的，并且这项测试的表现很大程度上受个人动机影响。

注意事项：这项测试的信度取决于实际操作、步频策略和动机，如果这些问题得到解决，应该有很好的信度。

十九、6分钟步行测试

测试目的：6分钟步行测试（6-Minute Walk Test）用于评估有氧能力。

测试器材：以卷尺量出长度的轨道、秒表、用于休息的椅子。

测试方法：将步行路线布置在41.15米×4.57米的矩形区域内，按一定距离放置标志桶，以表示步行距离。本测试要求受试者尽可能快地行走6分钟，完成尽可能长的路程。受试者按照自己的步频走步。在测试过程中，受试者可以停下来休息。

评价标准：测量6分钟内走的最短的路程。下面为由Jenkins等人研发的回归式：

男性：步行距离（米）= 867 – 5.71 × 年龄（岁）+1.03 × 身高（厘米）

女性：步行距离（米）= 525 – 2.86 × 年龄（岁）+2.71 × 身高（厘米）– 6.22 × 体重指数）

目标人群：本测试适用于可能无法参加传统体能测试的老年人群。

测试优点：本测试涉及最少的设备和最低的成本。

测试缺点：这项测试对健康的人来说很容易。

注意事项：如果受试者报告有头晕、恶心、过度疲劳、疼痛等症状，则应该终止检测。测试者应该接受培训以识别这些症状，并在发生医疗紧急情况时采取必要的行动。

二十、12分钟Cooper测试

测试目的：12分钟Cooper测试（12-Minute Cooper Test）用于评估有氧能力（运动时身体利用有氧供能的能力）。

测试器材：椭圆形场地或跑道、标志桶、记录表、秒表。

测试方法：在跑道周围设置标记以帮助测量完成的路程。受试者持续跑12分钟，记录总距离。允许步行，但必须鼓励受试者尽最大努力跑。

评价标准：对于解释成人此项测试结果的一般指导原则，有Cooper试验标准表。还有几个公式可以用距离评分估算最大摄氧量以〔毫升/（千克·分钟）〕为单位：

VO_{2max} =57.89千米 – 11.29

VO_{2max} =22.35千米 – 11.29

测试变体：测试也可以通过在跑步机上跑12分钟的方式进行，设定为1级（1%）倾斜以模拟室外跑步。步行/跑步测试有很多变化。

目标人群：本测试适用于大多数人群；那些不适合或不能跑步的人，可以进行类似的步行测试。

测试优点：大型团队可以立即进行测试。这是一项非常简单的测试。

测试缺点：足够的练习和良好的步频是确保代表性得分所必需的，并且这项测试的表现很大程度上受个人动机影响。

注意事项：Cooper（1968）报道了最大摄氧量（VO_{2max}）与12分钟步行/跑步完成路程的相关性为0.90。这项测试的信度取决于实际操作、步频策略和动机，如果这些问题得到解决，应该有很好的信度。

二十一、15分钟 Balke 测试

测试目的：15分钟Balke测试（15-Minute Balke Test）用于评估有氧能力（运动时身体利用有氧供能的能力）。

测试器材：椭圆形场地或跑道、标志桶、记录表、秒表。

测试方法：在跑道周围设置标记以帮助测量完成的路程。受试者持续跑15分钟，记录总距离。允许步行，但必须鼓励受试者尽最大努力跑。

评价标准：有几个公式可以用距离评分估算最大摄氧量。

Balke的原始公式：$VO_2 = 6.5 + 12.5 \times$ 距离（千米）

另一个公式（Horwill，1994）：$VO_2 = 0.172 \times [$距离（米）$/15-133] + 33.3$

目标人群：本测试适用于大多数人群；那些不适合或不能跑步的人，可以进行类似的步行测试。

测试优点：大型团队可以立即进行测试。这是一项非常简单的测试。

测试缺点：足够的练习和良好的步频是确保代表性得分所必需的，并且这项测试的表现很大程度上受个人动机影响。

注意事项：这项测试的信度取决于实际操作、步频策略和动机。如果这些问题得到解决，应该有很好的信度。与所有的现场测试一样，条件会影响结果。测试应该在风速小、无雨的一天中进行，并且选择在干燥、平滑的表面上进行；可在类似条件下重复测试。

第四节 专项或项群测试

一、10米折返测试

测试目的：10米折返测试（10-Metre Shuttle Test）是针对脑运动功能分类系统中分类为Ⅰ级或Ⅱ级的脑瘫儿童设计的有氧能力测试，由荷兰乌得勒支康复中心的研究人员开发（Verschuren等，2006），是20米哔声测试的变体。还有一个轮椅版本的测试：对CP患者进行10米轮椅折返测试。

测试器材：平坦的防滑场地、标志桶、10米卷尺、心率监测器、预先录制的CD。

测试方法：受试者应该穿定制的运动服装和鞋子，并佩戴心率监测器。将两个标志桶间隔10米摆放，用标志桶和胶带标记终点。受试者在加速条件下在两个标记之间行走或跑动，及时到达预先录制的CD播放声音位置；测试继续进行，直到受试者无法与录制内容保持同步（见图12-7）。

评价标准：得分是受试者无法跟上录音节奏之前达到的折返次数。在测试结束时从心率监测器读取心率并记录。这个心率可以用来检查一个人是否已经最大限度地执行了测试（心率>180次/分钟）。

测试变体：每个CP GMFCS级别（SRT-1和SRT-2）都有独立的儿童协议。Ⅰ级折返跑步测试（SRT-1）适用于GMFCS 1级（即能够在室内外无限制地行走）的儿童。SRT-1从5千米/时开始。Ⅱ级运行测试（SRT-2）适用于GMFCS 2级（即能够在室内和室外行走时有所限制）的儿童。SRT-2从2千米/时开始。两种测试的速度均以0.25千米/时增加。

目标人群：脑瘫儿童。

测试缺点：与所有的折返测试一样，练习和动机会影响结果。

测试优点：标准的10米折返测试不适合所有儿童，特别是有残疾的儿童，因为8千米/时的起始速度及每分钟增加的速度超出了他们的能力。另外，用于测试脑瘫儿童有氧运动能力的折返测试是一种更好的替代方案，因为大多数脑瘫患儿在运动协调和足部位置方面存在问题，并且不断增加的速度和斜踏板测试对他们来说是不合适的。

注意事项：本测试对于运动时间具有良好的重测信度（SRT-1的ICC系数为0.97，SRT-2为0.99），并且在最终水平达到峰值心率有可靠性（SRT-1的ICC系数为0.87，SRT-2为0.94）。折返跑测试的数据与踏车测试的数据具有高度的相关性。

图12-7 10米折返测试

二、10米递增折返步行测试

测试目的：10米递增折返步行测试（10-Metre Incremental Shuttle Walk Test）是一项有氧健身测试，用于评估慢性阻塞性肺病（COPD）患者的运动能力。

测试器材：平坦的防滑场地、标志桶、卷尺、预先录制的CD或录音带。

测试方法：将标志桶间隔9米摆放。受试者在两个标志桶之间行走，速度每分钟递增，直到无法按时完成目标距离。速度有12级，从0.50米/秒开始到2.37米/秒。

评价标准：以"米"为单位记录总距离（见表12-7）。

表12-7 10米递增折返步行测试等级

等级	速度（米/秒）	每次折返时间（秒）	完成次数	总距离（米）
1	0.50	20.00	3	30
2	0.67	15.00	4	70
3	0.84	12.00	5	120
4	1.01	10.00	6	180
5	1.18	8.57	7	250
6	1.35	7.50	8	330
7	1.52	6.67	9	420
8	1.69	6.00	10	520
9	1.86	5.46	11	630
10	2.03	5.00	12	750
11	2.20	4.62	13	880
12	2.37	4.29	14	1020

目标人群：本测试是为患有肺部疾病的患者设计的，也可用于严重程度不等的残疾人士。

测试缺点：与所有的折返测试一样，练习和动机会影响结果。

测试优点：本测试操作简单，需要有限的设备。

三、2000米划船测功仪测试

测试目的：2000米划船测功仪测试（2 km Rowing Ergo Test）旨在得出彻底力竭条件下的所有能量的生产途径。

测试器材：Concept IID划船测功仪或同等设备，需要设置一个特定的拖动因子。

测试方法：使用屏幕上的首选项，确保拖动因子被正确设置。在测试之前确保在PM3／4上设置了500米的划分。测试要求受试者在最短的时间内完成2000米，在完成测试时，受试者应该感到精疲力尽。经验表明，连续做划船动作而不是间歇进行，才能取得更好的成绩，如果在后面部分才加速，或开始时过快，将无法完成规定的距离。

评价标准：记录完成2000米的时间及平均速度，以"分钟"和"秒"为单位。

目标人群：划船运动员。

注意事项：应该将阻力因素设为女性90，男性100。按照PM3／4界面上的菜单提示，可以在Concept IID划船测功仪上检查拖动因子，拖动系数将显示在右下方的显示窗口中。当存在阻力系数显示时，受试者可轻轻地调整设置，以选择正确的阻力系数；也可请工作人员帮忙设置阻力因子。保持良好的节奏非常重要，开始时过快会导致乳酸增加，在测试的其余部分对有氧能量产生负面影响，导致早期疲劳和技术恶化。鼓励有助于受试者在测试中获得高分数。

四、5000米划船测功仪测试

测试目的：5000米划船测功仪测试（5 km Rowing Ergo Test）作为跑步测试的替代品，是对下身压力较小的有氧能力测试。

测试器材：Concept IID划船测功仪或同等设备，需要设置一个特定的拖动因子。

测试方法：需要提供相应指导，并进行大量的实践，以确保技术的正确和更好的结果，也有助于预防受到伤害。设置适当的阻力因素、显示时间和间隔。从静止位置开始，然后连续运行5000米。本测试要求受试者在最短的时间内完成5000米。经验表明，连续做划船动作而不是间歇进行，才能取得更好的成绩，如果在后面部分才加速，或开始时过快，将无法完成规定的距离。

评价标准：记录完成5000米的时间及平均速度，以"分钟"和"秒"为单位。

目标人群：46岁及以上的美国海军陆战队队员。

注意事项：保持良好的节奏非常重要，开始时过快会导致乳酸增加，在测试的其余部分对有氧能量产生负面影响，导致早期疲劳和技术恶化。鼓励有助于受试者在测试中获得高分数。

五、10米多级折返游泳测试

测试目的：10米多级折返游泳测试（10-Metre Multistage Shuttle Swim Test）用于评估水球运动员的有氧能力。

测试器材：游泳池、10米的泳道、测试光盘、CD播放机。

测试方法：10米多级折返游泳测试是针对运行折返测试的测试协议的变体，但特定于水球运动员，并在游泳池中进行。受试者以逐渐增加的速度游动10米的距离，直到力竭，并且没有墙可以推开。测试从0.90米/秒开始，每阶段增加0.05米/秒。每个阶段持续大约1分钟，并且通过音频提示信号通知折返。

评价标准：得分是受试者无法跟上录音节奏之前达到的折返次数。

目标人群：这是一项针对竞技水球运动员有氧能力的测试，适用于从学校、俱乐部标准到国际级别的所有球员（男性和女性）。

测试优点：本测试允许整个团队使用最少的时间和游泳池空间对有氧能力进行有效评估。

测试缺点：与跑步哔声测试一样，练习和动机会影响结果。

注意事项：在已发表的研究论文中，测试的度是根据22位女性和22位男性水球运动员的样本确定的。在两个测试分数之间计算组内相关系数，为0.99（$p > 0.05$）。测试的技术误差为2.3次折返或5%。其间完成的折返次数和增量系在游泳测试期间发现的测量的VO_{2max}与耗竭之间的验证相关系数。逐步多元回归显示VO_{2max}约占MSST方差的78%。

测试备注：本测试是由西澳大利亚体育学院和西澳大利亚大学人体运

动与运动科学系设计并制作的。可以使用团队Beep Test软件创建自己的折返游泳测试，使用上面列出的时间。准确地说，还需要知道每个关卡的数量。

六、威廉姆斯游泳哔声测试

测试目的：威廉姆斯游泳哔声测试（Williams Swim Beep Test）用于评估游泳运动员的有氧能力。

测试器材：宽度为12.5米的泳池、自行录制哔声。

测试方法：威廉姆斯游泳哔声测试基于1500米游泳。1500米被分解成15×100米，每100米被分解成8×12.5米。速度级别每100米改变一次。前3×100米的速度非常缓慢，可用作热身练习。哔声之间的时间随着进程而缩短。最后的100米达到接近世界纪录的速度。

评价标准：得分是受试者无法跟上录音节奏之前达到的距离。

目标人群：这是一项针对游泳运动员有氧能力的测试，适用于所有级别的运动员（男性和女性）。

测试优点：本测试允许整个团队使用最少的时间和游泳池空间对有氧能力进行有效评估。

测试缺点：与跑步哔声测试一样，练习和动机会影响结果。

注意事项：可以使用团队Beep Test软件创建自己的威廉姆斯游泳哔声测试。

七、临界游泳速度测试

测试目的：临界游泳速度测试（Critical Swim Speed Test）通过计算临界游泳速度作为耐力健身的衡量标准，并帮助设定训练强度。

测试器材：25米或50米长的游泳池、秒表。

测试方法：经过标准化的热身后，受试者需要以最快的速度游两次，距离分别超过50米和400米，之间有足够的时间进行恢复。受试者在游泳池的一端开始测试，助手记录受试者每次游泳的时间。

评价标准：以"米/秒"为单位的临界游泳速度可以使用以下公式计算：CSS（m/sec）=（D2-D1）÷（T2-T1）。其中D1 = 50，D2 = 400，T1为以"秒"为单位记录游泳50米的时间，T2为以"秒"为单位记录游泳400米的时间。吉恩发现，游泳者的临界游泳速度是最大100米游泳速度的80% — 85%，以及400米游泳速度的90% — 95%。

目标人群：本测试适用于有经验的游泳运动员（男性和女性），他们可以进行两次最大努力下的游泳。

测试优点：测试和计算过程很简单。

注意事项：临界游泳速度已被证明与血乳酸积累（OBLA）和最大乳酸稳态（Wakayoshi等，1993）相对应的游泳速度密切相关。

八、7×200米游泳阶段性测试

测试目的：7×200米游泳阶段性测试（7×200-Metre Swim Step Test）用于在标准游泳的过程中测试体能参数。

测试器材：25米或50米长的游泳池、游泳池时钟、秒表、血液乳酸测试设备、心率监测器。

测试方法：所有的200米游泳都是在6分钟内匀速，并且以游泳运动员的专项动作（即自由泳、仰泳、蛙泳）进行。每个受试者的游泳目标时间都基于年龄或强度。对老年人来说，每行进200米需要的时间都比之前的少10分钟，最后200米保持最高心率；对于年龄小的受试者，每次游泳都与其最好的成绩有关。对于男性运动员，第一次200米以PB + 24秒行进，第二次200米以PB + 20秒行进，第三次200米以PB + 16秒行进，第四次200米以PB + 12秒行进，第五次200米以PB + 8秒行进，第六次200米以PB步速行进，第七次200米以PB步速行进；对于女性运动员，游泳1 — 5分钟的目标是热身。记录所有分段、总时间及速率。在每次游泳结束时，记录6 — 20分钟内的感知运动速率、心率，并在每次游泳后3分钟测量乳酸。

评价标准：计算平均步速、心率、速率、每200米的速率。使用结果绘制心率/速度曲线或乳酸/速度曲线。这些随着时间的变化被用于监测游泳特定有氧调节的变化。

目标人群：本测试适用于有经验的游泳运动员（男性和女性），他们具有良好的节奏能力。

测试优点：综合措施为游泳教练和运动员提供了很好的反馈。

测试缺点：昂贵且耗时。

注意事项：这项测试需要大量的帮助，最好每个受试者都有一个数据采集器。要求受试者有良好的节奏能力。实践将改善这一点，并提高结果的可靠性。

九、为铁人三项运动员设计的 1000 米游泳计时测试

测试目的：为铁人三项运动员设计的1000米游泳计时测试用于评估有氧游泳能力。

测试器材：标准的50米长的游泳池、秒表。

测试方法：为铁人三项运动员设计的1000米游泳计时测试要求受试者以尽可能快的速度游泳1000米。任何游泳姿势和方法都可以使用，但自由式会实现最大的速度。受试者在泳池的一端开始测试，在"准备，开始"的命令下达后，开始以自己的节奏游泳；当完成1000米，在受试者的手触碰墙壁时停止计时。

评价标准：记录完成1000米的时间，精确到"秒"。如果使用非50米长的标准游泳池，则应将实际长度记录在结果中。

注意事项：每条泳道最多允许三名受试者参与测试。

十、450 码（411.48 米）/ 500 米游泳测试

测试目的：450码（411.48米）/500米游泳测试（450-Yard / 500-Meter Swim Test）用于评估有氧能力和游泳能力。

测试器材：25米或50米长的游泳池、秒表。

测试方法：450码/500米游泳测试要求受试者以尽可能短的时间游泳450码或500米。任何游泳姿势和方法都可以使用。受试者在游泳池的一端开始测试，在命令"开始"发出时计时，受试者以自己的节奏游泳。定时器应分出时间间隔或长度，直到测试完成。受试者可以在每次到达游泳池另一端后用手和脚将自己推开，可以站立在泳池边休息，可以使用护目镜、面罩、泳帽、耳塞等，但不允许使用鱼鳍、呼吸管、浮筒和推进装置。

评价标准：记录完成全程的时间，精确到"秒"。

注意事项：如果受试者在休息时向前移动，需要或接受救生员或其他人员的协助，测试将停止。

十一、PRT 椭圆机（或固定自行车）测试

测试目的：PRT椭圆机（或固定自行车）测试〔PRT Elliptical Trainer（or Stationary Cycle）Test〕用于评估有氧能力和腿部肌肉的耐力。这项测试提供的挑战相当于2414米的跑步，对下肢的影响要小得多。

测试器材：椭圆机或固定自行车。官方用于PRT测试的椭圆机的授权模型包括：Life Fitness（型号为 9500 HR、95 XI、91 XI和91X）、Percor EFX–Navy型和Nautilus E9.16型。PRT唯一授权的固定自行车是Life Fitness。

测试方法：这是一项12分钟的固定时间测试，要求受试者在12分钟内尽可能多地消耗卡路里。那些打算使用这些设备来执行其心脏PRT选项的人员应熟悉设备的工作情况及所有的安全机制，对指挥者和主管人员进行授权也是必需的。需要充分的实践来了解在12分钟内最大限度地提高身体机能所需的运动量。在开始椭圆机测试之前，必须输入受试者的体重。在整个测试的过程中，阻力/负载可能有所不同，并且受试者可以调整旋转。燃烧的总卡路里量由测试器械输出量决定。如果受试者在没达到12分钟的情况下就停止运动，如停下来休息、停止机器、站立在自行车上，以

及将手从车把上移开（除了需要暂时调整阻力或为了舒适而调整），则椭圆机或自行车测试失败。

评价标准：总卡路里产量与2414米跑的结果相关。卡路里输出将被转换为跑的时间，然后可以将它与标准跑的性能图表进行比较，以确定分数。

目标人群：本测试作为PRT的一部分，适用于那些需要减少跑步相关冲击的水手，并且可以降低对下肢曾经受到过损伤的人造成进一步的损伤的风险。

注意事项：指挥者和主管人员在被批准使用椭圆机进行测试时要保持谨慎。

测试备注：从2007年春季体能锻炼周期开始，本测试首次被用作PRT心脏部分的替代。

十二、针对轮椅使用者的多级现场测试

测试目的：针对轮椅使用者的多级现场测试（A Multistage Field Test for Wheelchair Users）用于预测轮椅使用者的最大氧耗。

测试器材：标志桶、平坦的场地、录音。

测试方法：用标志桶标记出的八角形的区域，基本上是一个15米×15米的正方形，对每个角落都进行修改，以创建一个2.83米长的转弯区域，八角形的四个主要的边均长11米（见图12-8）。最初的速度为6000米/时，每分钟增加6.17米。当受试者必须处于中转区内时，会有蜂鸣声；如果受试者连续三次无法到达中转区，则停止测试。

评价标准：得分是受试者无法跟上录音节奏之前完成的距离。

目标人群：本测试是用于评估轮椅使用者有氧能力的测试。

测试优点：本测试比通常用于评估轮椅使用者体能的替代实验室健身测试更具成本效益，且更容易管理。

测试缺点：与跑步哔声测试一样，练习和动机会影响结果，轮椅使用技巧也会影响结果。

注意事项：允许受试者使用自己的轮椅，并且可以自由选择测试的旋转方向（顺时针或逆时针）。如果他们为测试选择相同的旋转方向，也可以同时测试四个科目。本测试的哔声录音使用的时间与标准哔声测试不同。

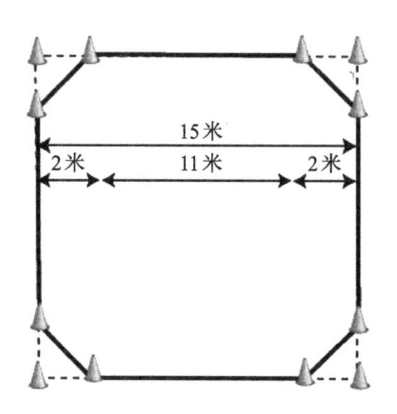

图12-8　针对轮椅使用者的多级现场测试场地

十三、轮椅折返测试

测试目的：轮椅折返测试（Wheelchair Shuttle Test）用于评估轮椅使用者的身体健康状况。

测试器材：标志桶、平坦的场地、录音。

测试方法：受试者被要求在由音频信号控制的一个设定好的增量速度下驱动轮椅在两个相隔10米的标记间移动。哔声表示的起始速度为2000米/时，每分钟增加4.17米。这是一项最大能力的测试，受试者需要持续到力竭。口头鼓励是必需的。当哔声连续响两次，受试者越过标记1.5米时，测试结束。记录测试结束时的运动时间和心率。

评价标准：得分是受试者无法跟上录音节奏之前达到的运动水平的数据。心率和主观评估（例如，是否出汗、面部潮红，不能推动轮椅）被用来确定是否达到最大用力。

目标人群：本测试是用于评估轮椅使用者有氧能力的测试，针对脑瘫患者进行设计。

测试优点：本测试比通常用于评估轮椅使用者体能的替代实验室健身测试更具成本效益，且更容易管理。如果空间允许，可以同时测试多个受试者。

测试缺点：与跑步哔声测试一样，练习和动机会影响结果，轮椅使用技巧也会影响结果。

注意事项：允许受试者使用自己的轮椅。轮椅的重量和其他具体情况应该被记录，理想情况下应该使用同一台轮椅进行后续的测试。本测试的哔声录音使用的时间与标准哔声测试不同。

十四、轮椅有氧测试

测试目的：轮椅有氧测试（Wheelchair Aerobic Test）用于评估轮椅使用者的有氧能力。

测试器材：400米跑道、标志桶、记录表、秒表。

测试方法：在路线上按设定的间隔（如每隔50米）放置标志桶，以帮助测量完成的距离。受试者在跑道上行进12分钟，测试者记录完成的距离。必须鼓励受试者尽最大努力。

评价标准：将完成的距离记录到最近的100米。表12-8给出了解释成人本测试结果的一般准则。

表12-8 轮椅有氧测试评价标准

评级	距离 （千米）	距离 （米）	最大摄氧量估计值 〔毫升/（千克·分钟）〕
很好	> 2.56	> 2560	> 36.2
高于平均水平	2.19 — 2.56	2171 — 2560	29.2 — 36.2
平均水平	1.40 — 2.17	1381 — 2170	14.6 — 29.1
低于平均水平	1.01 — 1.38	1010 — 1380	7.7 — 14.5
差	< 1.01	< 1010	< 7.7

目标人群：本测试为为轮椅使用者设计的有氧能力测试。

测试优点：本测试可以同时测试多个轮椅使用者，且非常简单。

测试缺点：足够的练习是确保代表性得分所必需的，并且这项测试的表现很大程度上受个人动机影响。

注意事项：这项测试的信度取决于实际操作、步频策略和动机。如果这些问题得到解决，应该有很好的信度。

十五、滑冰多级有氧测试

测试目的：滑冰多级有氧测试（Skating Multistage Aerobic Test）用于评估冰球运动员的有氧耐力。

测试器材：至少50米长的冰场、曲棍球棒、标志桶、50米卷尺、录音。

测试方法：滑冰多级有氧测试包括来回滑动45米的距离，按照音频信号控制速度，同时用优势手握住曲棍球棒。在冰场上摆放标志桶或画线标记出路程，并标记出中点以帮助调整节奏。测试包括1分钟的连续滑冰，然后是30秒的休息时间。起始线与终点线平行，受试者站在起始线后面，在接到音频信号的指示时开始滑冰。如果受试者在"嘟"声发出之前到达第二条线，则播放器必须等待，直到发出哔声，然后再继续。在1分钟结束时，受试者滑行至45米跑道的最近端，并在开始下一阶段之前等待几秒。初始速度为3.5米/秒，每分钟的增量为12米（速度每1.5分钟增加一次）。测试继续进行，直到受试者无法跟上录音节奏。

评价标准：得分是受试者无法跟上录音节奏之前达到的折返次数。记录最后一级的成功完成。VO_{2max}得分可以根据获得的最大速度来计算：

VO_{2max}（ml·kg-1·min-1）= 18.070 × （m·s-1的最大速度）-35.596（r = 0.970，SEE = 3.010）。

目标人群：这项测试是专为冰球运动员设计的，也适用于在冰上进行的其他运动。

测试优点：大型团队可以一次完成测试。

测试缺点：练习和动机会影响结果。由于测试在寒冷的条件下进行，极端温度会影响性能。

注意事项：60秒的滑冰之后的30秒休息时间对于避免过度的肌肉疲劳或背部伤害很有必要，因为曲棍球运动员很少连续滑冰超过30秒。这项测试的信度取决于测试运行的严格程度、滑冰技巧水平和受试者的练习。

十六、水球间歇性折返测试

测试目的：水球间歇性折返测试（Water Polo Intermittent Shuttle Test）用于评估水球运动员反复进行高强度游泳的能力。

测试器材：游泳池、测试光盘、CD播放机。

测试方法：水球间歇性折返测试包括一系列连续进行的7.5米游泳，穿插10秒的主动恢复。随着折返越来越快，受试者必须通过音频信号来跟踪他们的游泳节奏。测试一直持续到受试者无法跟上录音节奏。

评价标准：得分是受试者无法跟上录音节奏之前达到的折返次数，有时会记录完成的距离。

目标人群：这是一项针对竞技水球运动员的健身测试，适用于从学校、俱乐部标准到国际级别的所有球员（男性和女性）。

测试优点：本测试允许整个团队使用最少的时间和游泳池空间对有氧能力进行有效评估。

测试缺点：与跑步哔声测试一样，练习和动机会影响结果。

十七、J.A.M. 间歇测试——基于橄榄球联盟比赛强度

测试目的：本测试用于评估长时间重复进行间歇运动的能力。

测试器材：平坦的防滑场地、标志桶、卷尺、J.A.M.测试光盘、CD播放机、记录表。

测试方法：CD和相关小册子提供了测试程序的完整描述；需要将标志桶放置在三角形场地中，且三角形的边长不同。测试包括步行、慢跑和快跑。受试者在三角形周围循环按顺序快跑、步行和慢跑，大约每2分钟

就进行一次最长12米的冲刺跑；与一系列音频信号保持同步，"嘟"声之间的时间逐渐缩短，直到受试者无法跟上录音节奏。

评价标准：分数是测试完成的时间。这项测试至少需要12分钟才能进入全国橄榄球统计面板。

目标人群：这项测试是专为评估橄榄球联盟裁判员的体能开发的，也适用于足球、橄榄球、曲棍球、手球和篮球的各级运动员。

测试优点：测试很容易进行。大型团队可以最低的成本一次完成这项测试。

测试缺点：练习和动机会影响结果。由于测试通常在室外进行，环境条件也会影响结果。

注意事项：这是一项最大强度测试，需要合理的适应度。不建议业余运动员，有健康问题、受伤或低健身水平的人士采用。这项测试的信度取决于测试进行的严格程度，以及受试者是否符合要求。

十八、Loughborough 间歇性测试

测试目的：Loughborough间歇性折返测试用于评估运动员对基于模拟冲刺的团队运动的生理反应。

测试器材：至少30米长的平坦场地、标志桶、卷尺、定时门、心率监测器、录音。

测试方法：需要进行初步测试以确定受试者的最大摄氧量，并计算相对运行速度（可以使用蜂鸣测试）；标志桶相距20米，定时门距场地一端15米。Nicholas等人描述的标准测试（2000）包括两部分：A部分具有固定的持续时间，由5分钟、15分钟的训练周期组成，恢复时间为3分钟。每个训练周期由间歇性高强度跑步的设定模式组成：3×20米步行速度、1×20米最大跑步速度、4秒恢复、3×20米在VO_{2max}的55%下运行，然后在VO_{2max}的95%下运行。B部分是间歇性折返运行的开放期。受试者在20米标记之间以最大摄氧量的55%和95%的速度连续交替运行。这部分持续大约10分钟，并持续到受试者无法维持所需的较高强度的连续两次折返。

评价标准：可记录的参数包括15米冲刺次数、心率、使用便携式设备的VO_2、血乳酸、自感疲劳量表。

测试变体：可以调整跑步强度，以反映不同运动的强度，一些研究使用了测试的修改或缩短版本。对测试的另一种描述是：测试包括6×15分钟的运动，以3分钟的休息为间隔，共计90分钟的活动。每个15分钟进行的项目由10个周期组成：步行3×20米、冲刺1×15米、跑步3×20米、慢跑3×20米。

目标人群：这项测试是专为足球运动员开发的，也适用于类似的间歇性运动队。

测试优点：本测试可在一个受控的环境中准确地模拟足球比赛。

测试缺点：本测试耗费大量的时间和资源。测试音频需要根据每个人的具体情况进行修改。

十九、足球裁判员 FIFA 间隔测试

测试目的：足球裁判员FIFA间隔测试用于评估长时间重复进行间歇运动的能力，旨在测试足球裁判员的体能储备。

测试器材：400米跑道、标志桶、卷尺、哨子或音频CD、CD播放机。

测试方法：使用标志桶在跑道上标记出每次运动的起始点（弯道的中点）和结束点（每条直道的中点），用4个标志桶标记出"步行区域"（150米标记点的前面3米和后面3米）。在测试者的第一声哨响后，受试者必须在规定的时间内跑150米，并到达步行区域，然后必须步行50米到达下一轮测试的起始点；在下一声哨响后，受试者必须再跑150米，然后再步行50米。重复这个循环直到完成至少10圈。在下一声哨响前，受试者不会开始下一轮的测试。助手们在起始点放一面旗子，当哨声响起时，他们迅速降低旗子，示意受试者开始跑动。所有男性受试者150米跑的时间要求是30秒，所有女性受试者的时间要求是35秒。裁判级别不同，要求的时间也有所不同。国际男性裁判员有35秒用作50米步行恢复，国际男性助理裁判员和国家男性裁判员有40秒，国家男性助理裁判员有45秒；国

际女性裁判员有40秒用作50米步行恢复，国际女性助理裁判员和国家女性裁判员有45秒，国家女性助理裁判员有50秒。

评价标准：如果受试者不能及时将一只脚放在步行区域内，观察员的信号和受试者必须停止，测试失败。

目标人群：本测试是专为足球裁判员开发的，也适用于类似的间歇性运动队。

注意事项：受试者可以组成最多6人的小组。如果可能，可以设定4个不同的起始位置，每个小组在整个测试中由独立的观察员监视。对于低于国家水平的裁判员，Cooper 12分钟运行常用于评估有氧耐力。

二十、橄榄球联赛裁判员改良哔声测试

测试目的：橄榄球联赛裁判员改良哔声测试用于评估长时间重复进行间歇运动的能力，旨在测试橄榄球裁判员的体能储备。

测试器材：至少30米长的防滑场地、标志桶、30米卷尺、蜂鸣音测试CD、CD播放机、记录表。

测试方法：橄榄球联赛裁判员改良哔声测试涉及在记录的哔声之间连续运行10米或20米。使用标准的哔声测试CD；受试者站在起始线A的后面，并在CD音频指示下开始运动；如果在发出哔声之前到达C点，则受试者必须等待，直到发出哔声；当发出哔声时，他们会向后倒退到B点，然后在哔声再次发出时，向前运行到D点。最后转身重复，如前所述，向前跑20米，然后向后跑10米（见图12-9）。与标准的哔声测试一样，起始速度非常慢。大约1分钟后，声音提示速度增加，并且哔声将更频繁。如果每次在哔声发出之前都没有及时到达指定点，受试者必须尝试在两声哔声内赶上。如果受试者连续两次未能到达指定点（2米以内），测试停止。

评价标准：得分是受试者无法跟上录音节奏之前达到的距离（20米）的次数。记录完成的最后一个等级（不一定是停在的等级）。

目标人群：这项测试是专为橄榄球联赛裁判员开发的，也适用于其他

体育裁判。

注意事项：测试的信度取决于测试进行的严格程度和受试者的练习。

测试优点：大型团体可以使用标准的哔声测试音频一次完成这项测试。

测试缺点：练习和动机会影响结果。由于测试通常在室外进行，环境条件也会影响结果。

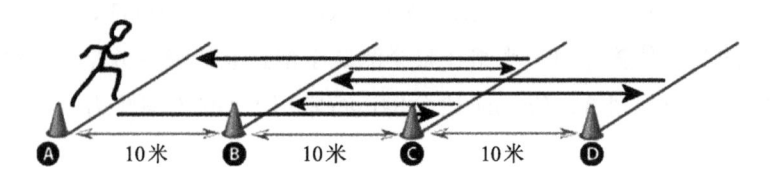

图12-9　橄榄球联赛裁判员改良哔声测试

第五节　亚极量测试

一、功率车测试

（一）Astrand-Rhyming 测试

测试目的：本测试用于评估亚极量有氧能力。

测试器材：自行车测功仪、时钟或秒表、心率监测器。

测试方法：受试者在恒定的工作负荷下踏上自行车测功仪7分钟。每分钟测量心率，并确定稳态心率。

评价标准：一般来说，心跳越慢，就意味着体能越好。在公布的表格（列线图）上查找稳态心率，以确定最大摄氧量的估计值。这里还有公式，其中预测的VO_{2max}以升/分钟为单位，HRss是运动6分钟后的稳态心率，工作负荷以千克·米/分钟为单位。要将瓦数转换为千克·米/分钟，可将瓦数乘以6.12。

女性：$VO_{2max} = (0.00193 \times workload + 0.326)/(0.769 \times HRss - 56.1) \times 100$

男性：$VO_{2max} = (0.00212 \times workload + 0.299)/(0.769 \times HRss - 48.5) \times 100$

与VO_{2max}的相关性为0.85—0.90。

测试优点：测试管理相对简单，运动过程中包括心电图监测部分。

测试缺点：得分会受个人最高心率变化影响。它会低估高心率的人的适应性，并且随着年龄的增长而高估身体健康情况（最高心率随着年龄的增长而降低）。由于这项测试是在自行车测功仪上进行的，因而有利于骑行者。

（二）PWC-170 与 PWC-75% 测试

测试目的：PWC-170与PWC-75%测试用于评估有氧能力。

测试器材：自行车测功仪、时钟或秒表、心率监测器。

测试方法：受试者在自行车测功仪上进行三个连续的工作。首先在自行车测功仪上设置相关参数，以确保座椅的正确高度（膝盖在动作轨迹底部略微屈曲）。测试者将心率监测器放在受试者身上，检查他们的运动历史记录，以确定起始工作量（估计达到100 — 115次/分钟的心率）；开始测试并测量受试者每分钟的心率，持续3 — 4分钟，直到他达到稳定的心率；继续测试第二和第三工作负荷，分别设定115 — 130次/分钟和130 — 145次/分钟的心率。

评价标准：绘制每个稳态心率和工作负荷图，用三个点的最佳拟合线来估计引起每分钟心跳170次的工作量（或采用PWC-75% —— 最高心率的75%测试）；然后将此工作负荷值与规范值进行比较。

测试变体：除了PWC-170和PWC-75%外，还可以使用其他级别，例如PWC-130用于测量老年人或其他不希望过度提高心率的人群。

测试优点：在这项测试中，受试者可以坐下来，以适合ECG监测；由于这项测试是在自行车测功仪上进行的，因而有利于骑行者。

测试缺点：确定最佳拟合线并将它推测为170 bpm的做法是主观的，并且可能出错。

注意事项：PWC代表实际工作能力。PWC-170以每分钟170次的心率估计工作能力，而PWC-75%估计工作能力为最高心率的75%。这两个测试的程序非常相似。

（三）三级有氧测试

测试目的：三级有氧测试（Tri-level Aerobic Test）用于评估有氧能力。

测试器材：使用空气阻力改变电阻的Repco前置自行车测功仪、心率监测器（也可以使用手动触诊方法）、工作监测单元（一些自行车具有循环工作负荷拨号盘）、秒表或时钟，在测试之前测量受试者的体重。

测试方法：受试者从25瓦开始，以1分钟的增量踩踏板，直到心率达到预测的最高心率的75%；继续踩踏，直到达到目标心率。如果在最后1分钟达到目标心率，则通过外推法计算达到目标的心率。

评价标准：记录达到预测的最高心率的75%的工作量；然后将该数值除以体重（有氧指数），并且可以将常模表与一般人群进行比较。

测试优点：坐着的受试者适合进行心电监护；本测试适用于年龄较大

的受试者，因为它不会对身体造成很大的压力。由于这项测试是在自行车测功仪上进行的，因而有利于骑行者。

二、台阶测试

（一）流行的台阶测试

流行的台阶测试主要包括Harvard台阶测试、Chester台阶测试、加拿大家庭健身测试、Balke台阶测试、YMCA 3分钟台阶测试、Sharkey（Forestry）台阶测试、女王学院台阶测试、家庭台阶测试、平台行走（无台阶）。

测试目的：流行的台阶测试用于以简单的测试来测量有氧能力，需要最少的设备和空间。

测试器材：所需的设备将根据正在进行的测试而变化。台阶或平台的结构要坚固，高度为15—50厘米；可能需要秒表、节拍器或预先录制的节奏带，具体取决于使用的程序。

测试方法：受试者在给定速率下在平台上上下一段时间或直到疲惫，可以在测试期间或之后的某段时间记录心率，查看正在执行的测试步骤的视频。

评价标准：结果基于运动后的步进时间或心率，可以计算得分，然后将它与标准值进行比较，以确定适合的等级。美国运动医学学会（ACSM）也有一个公式，用于根据步进速度和步高确定一个人的总VO_2。

测试优点：设备成本低，便于携带；踩踏是一项自然活动；可以进行自我管理。

测试缺点：由于个体的生物力学特性不同，较高的步高可能对较矮的人不利，使他们的有氧健身水平被低估；体重也被证明是其中一个较为重要的因素；用本测试测大型团体将非常耗时。受试者有时很难保持节拍器或其他设备设定的确切速度，有绊倒的危险；如果需要进行一些生理测量（如心率、血压等），则很难实现。

（二）Harvard台阶测试

测试目的：Harvard台阶测试是Brouha等人于"二战"期间在Harvard疲劳实验室开发的有氧能力测试。本测试的特点是操作简单，需要最少的设备。

测试器材：50.80厘米高的台阶或平台、秒表、节拍器或预先录制的节奏带。

测试方法：受试者在平台上以每分钟30步的速度，每隔2秒上下跑步5分钟或直到疲惫。"力竭"被定义为受试者在15秒内无法保持步速。如果使用简短时间测试形式，受试者在完成测试时立即坐下，并在完成后1—1.5分钟计算心脏跳动的总次数（参见测量心率）；如果使用长时间测试形式，则需要在2—2.5分钟、3—3.5分钟进行心率测量。

评价标准：台阶指数得分由以下等式确定。例如，如果总测试时间为300秒，并且1—1.5分钟的心跳次数为90次，2—2.5分钟为80次，3—3.5分钟为70次，那么长时间测试形式的台阶指数评分将为：（100×300）/（240×2）=62.5（见表12-9）。

台阶指数（简短时间测试形式）=（100×测试持续时间，以"秒"为单位）÷（5.5×脉搏计数，介于1分钟和1.5分钟）

台阶指数（长时间测试形式）=（100×测试持续时间，以"秒"为单位）÷（2×恢复期心跳的总和）

表12-9 Harvard台阶测试评价标准

评级	台阶指数长时间测试形式
很好	>96
好	83—96
平均水平	68—82
低于平均水平	54—67
差	<54

测试变体：在一些研究中，测试过程中出现了一些变化，例如降低女

性受试者的测试台阶高度。

测试优点：本测试涉及最少的设备和最低的成本，并且可以自行管理。

测试缺点：生物力学特性因人而异。例如，台阶高度是标准的，因而对较高的人是有利的，因为他将消耗较少的能量来踏上该台阶；体重也被证明是其中的一个重要因素。用本测试测大型团体将非常耗时。

注意事项：使用30秒内的心脏跳动次数，而不是在此期间的心率（每分钟心跳次数）。

（三）女王学院台阶测试

测试目的：女王学院台阶测试（Queens College Step Test）用于评估心肺或耐力适应性。

测试器材：41.30厘米长的台阶或平台、秒表、节拍器或预先录制的节奏带、心率监测器。

测试方法：女性受试者以每分钟22步的速度，男性受试者以每分钟24步的速度在平台上上下一段时间。受试者应采用四步节奏上下3分钟。受试者在测试完成后立即停止运动，心脏跳动从恢复5—20秒后计数15秒。将此15秒读数乘以4，得出以下计算中使用的每分钟跳动（bpm）值。

评价标准：最大摄氧量可以根据测试结果计算，使用下面的公式（McArdle et al., 1972）。评级可以使用 VO_{2max} 规范确定。

男性：VO_{2max}〔毫升/（千克·分钟）〕= 111.33〔0.4200 × 心率（分钟）〕

女性：VO_{2max}〔毫升/千克·分钟）〕= 65.81〔0.1847 × 心率（分钟）〕

测试变体：如果使用心率监测器来测量心率，在锻炼后20秒的时候进行心率读数。

测试优点：本测试涉及最少的设备和最低的成本，所需时间短，并且可以自行管理。

测试缺点：生物力学特性因人而异。此外，数据是根据跑步机跑步制定的，因此假设现实跑步和跑步机跑步需要相同的氧气量。

注意事项：已测量的恢复心率的测试重测信度为 $r = 0.92$，恢复心率和 VO_{2max} 的相关性已经被测量为 $r = -0.75$。

（四）YMCA 3 分钟台阶测试

测试目的：YMCA 3分钟台阶测试（YMCA 3-Minute Step Test）用于评估心肺呼吸或耐力适应性的次最大量度。

测试器材：30.48厘米长的台阶、秒表、节拍器或预先录制的节奏带、听诊器。

测试方法：受试者从练习台阶步节奏开始。第一拍，在踏板上跳动一步，第二拍踩下另一只脚，换脚踩下第三拍，再换脚踩下第四拍。将节拍器的节奏设置为每分钟96次（4次单击为一个循环），步进速度为每分钟24步。受试者在台阶上以给定节奏上下台阶共3分钟，在测试完成后立即停止并坐下保持静止。测试者从5秒开始测量受试者的心率（理想情况下用听诊器）1分钟。

评价标准：得分是受试者运动1分钟后的心率。

测试优点：本测试涉及最少的设备和最低的成本，并且可以自行管理。

测试缺点：由于所有人（男性和女性）的步幅相同，生物力学特性（如身高和下肢长度）会带来优势。

（五）3 分钟台阶测试

测试目的：这是一项简单的台阶测试，用于评估心肺耐力，可以在家里完成。

测试器材：一个30.48厘米高的长凳（或类似尺寸的台阶、坚固的箱子）。

测试方法：受试者上下长凳3分钟。先用一只脚踩，再用另一只脚，尽量保持稳定的四拍循环。测试者在3分钟结束时立即测量受试者的心率，受试者保持站立。

评价标准：测试结束后，心率越低，说明健康水平越高。将心率测量结果与表12-10进行比较。这些分数基于所描述的测试，如果测试完全被修改，则可能不准确。

表 12-10 3分钟台阶测试评价标准

男性：

年龄（岁）	18—25	26—35	36—45	46—55	56—65	65+
非常好	<79	<81	<83	<87	<86	<88
好	79—89	81—89	83—96	87—97	86—97	88—96
高于平均水平	90—99	90—99	97—103	98—105	98—103	97—103
平均水平	100—105	100—107	104—112	106—116	104—112	104—113
低于平均水平	106—116	108—117	113—119	117—122	113—120	114—120
差	117—128	118—128	120—130	123—132	121—129	121—130
很差	>128	>128	>130	>132	>129	>130

女性：

年龄（岁）	18—25	26—35	36—45	46—55	56—65	65+
非常好	<85	<88	<90	<94	<95	<90
好	85—98	88—99	90—102	94—104	95—104	90—102
高于平均水平	99—108	100—111	103—110	105—115	105—112	103—115
平均水平	109—117	112—119	111—118	116—120	113—118	116—122
低于平均水平	118—126	120—126	119—128	121—129	119—128	123—128
差	127—140	127—138	129—140	130—135	129—139	129—134
很差	>140	>138	>140	>135	>139	>134

(六)加拿大家庭健身测试

测试目的：加拿大家庭健身测试（The Canadian Home Fitness Step Test）是为测量普通人群的有氧能力而设计的，对评估整体健康水平很重要。进行这样的测试有利于提高健身意识，并且可以用粗略的个人健身评估来监控、激励那些正在进行锻炼计划的人。

测试器材：双层20.32厘米的台阶、唱片或磁带录音。

测试方法：加拿大家庭健身测试是一项简单的、渐进的有氧测试。受试者根据自身的年龄和性别，按照录制的音乐确定节奏，上下各两步（40.64厘米高）。步进以六个步骤循环执行：下面台阶一步，顶部台阶两步，下面台阶一步，地面两步。受试者从热身开始，以适合比自己年长10岁的人。测量心率10秒（步进后5秒和15秒之间）。如果心率在指定的安全区内，则步进在3分25秒重新开始，并使用适合个人年龄的节奏。3分钟后再次测量心率，如果仍未达到上限，则受试者继续第三阶段，以适合比自己年轻10岁的人的步伐速率。

评价标准：根据受试者可以完成的测试阶段的数量，以及在完成最终测试阶段后5—15秒的心率计数，简单分类适应性。表12-11显示了最终测试阶段后5—15秒的心率计数。

表12-11 加拿大家庭健身测试评价标准

年龄（岁）	3分钟 不合格	6分钟 合格	6分钟 优秀
15—19	>30	>27	>26
20—29	>29	>26	>25
30—39	>28	>25	>24
40—49	>26	>24	>23
50—59	>25	>23	>22
60—69	>24	>23	>22

也可以使用Jetté等人的公式将测试结果转换为预测VO_{2max}得分：VO_{2max} = 42.5 + 16.6（E）–0.12（M）–0.12（HR）–0.24（A）。其中VO_{2max}是以$ml·kg^{-1}·min^{-1}$为单位的有氧功率；E是最终测试阶段的能量成本，单位为$l·min^{-1}$；M是以千克为单位的体重；HR是心率，即每分钟的心跳次数；A是受试者的年龄。

测试优点：本测试可以自行管理，可以在家中找到简单的设备，而且很容易进行；使用提供的数据，可以在没有记录的情况下进行测试。

测试缺点：磁带或LP录音在加拿大以外的地区不易获得。

注意事项：需要进行一些练习来获得所需的步进频率，并准确记录心率。重要的是保持步进节奏，并且在每次步进动作结束时将双脚平放在地面上。受试者还应该尽量减少任何多余的移动。

测试备注：与其他有氧健身的次最大测试一样，本测试依赖运动心率和氧气摄入量的线性关系。

（七）Balke 台阶测试

测试目的：Balke 台阶测试用于评估有氧能力。

测试器材：可自动调节的台阶、秒表、节拍器或预先录制的节奏带。

测试方法：将节拍器设置为每分钟120次，表示每分钟30步的步进速率（每步进4个节拍）；将台阶设置为最低级别2厘米；受试者根据节拍器的节奏从台阶上上、下，步进高度每次增加2厘米；测试结束时，受试者应该感到疲劳并且无法跟上所需的步进速率。

评价标准：使用ACSM代谢公式计算最终阶段对应步高和步频的能量消耗（VO_{2max}）。

测试优点：这是一项极量的台阶测试，与大多数其他台阶测试不同，因此可以更好地展示VO_{2max}。

测试缺点：与其他简单的台阶测试相比，自动调节步长不易实现。

测试备注：还有一种Balke 15分钟跑步测试和Balke跑步机测试。

（八）Chester 台阶测试

测试目的：Chester 台阶测试是由凯文赛克斯教授开发的用于评估有氧能力的次最大多阶段测试。

测试器材：心率监测器、Chester 台阶测试软件、Chester 台阶和感知运动量表。

测试方法：初始步速为每分钟15步，每两分钟增加10步。步进速率根据记录的节拍器和引导的口头指令设定，这些指令通过盒式磁带或光盘播放。当受试者达到80%的估计心率最大值或在博格6-20级的RPE为14时，他们被告知停止测试。

不同受试者的步高会有所不同，要根据受试者的年龄和身体活动历史记录选择步高的标准。15厘米适合40岁以上不经常进行体育锻炼者及适度超重的40岁以上者，20厘米适合40岁以下不经常进行体育锻炼者及适度超重的40岁以下者，25厘米适合40岁以上定期进行体育锻炼并习惯于适度剧烈运动者，30厘米适合40岁以下定期进行体育锻炼并习惯于剧烈运动者。

测试优点：本测试需要的设备少，非常方便；旨在通过可调整的步高来评估具有各种有氧能力水平的人。

测试缺点：一些受试者可能出于种种原因（如在同行中追求面子）而不会如实地评估自己的感知体力。如果没有根据受试者的年龄和身体活动调整台阶高度，较矮的受试者可能处于劣势。

测试备注：Chester 台阶测试是凯文赛克斯在利物浦大学切斯特学院开发的，目的在于评估英国、美国、欧洲和亚洲消防队的有氧健身情况。

（九）Sharkey（Forestry）台阶测试

测试目的：Sharkey（Forestry）台阶测试的目的是通过简单的测试和少量的设备来确定有氧能力。

测试器材：男性40厘米高、女性33厘米高的台阶，秒表，节拍器或预先录制的节奏带，体重秤。

测试方法：记录算上衣服的体重测量结果；将节拍器设置为每分钟90次，表示每分钟22.5步的步进速率；受试者上下走动，男性比女性使用更高的台阶；步进5分钟后，受试者坐下并进行心率测量，从完成测试的第15秒开始计心跳次数，并在运动后30秒内的第15秒后停止计数。

评价标准：使用公布的表格，年龄、运动后心率和体重用于计算最大有氧能力。然后可以将这些数据与规范表进行比较。

测试优点：这项简单的测试需要最少的设备和最低的成本，在室内或室外都可以进行，并且可以自行管理。

测试缺点：有些科目可能没有适应性或协调性来维持所需的步进速率。

测试备注：本测试由 Brian J. Sharkey 博士开发，最初用于测试消防员。Sharkey 是美国蒙大拿州林务局 Missoula 技术和发展中心的生理学家，他还帮助开发工作能力测试或"厢式测试"，需要那些在火灾中工作的人在45分钟内运送20.41千克的物件，运送的距离为4828米。

（十）2分钟平台测试

2分钟平台测试（2-Minute Step Test on Platform）是高级体能测试协议的一部分，用于评估有氧耐力和老年人的功能适应性。对步行时使用骨科设备的人及难以平衡的人来说，本测试可作为6分钟步行测试的替代方法。

测试器材：带有标记的墙壁、秒表、胶带。

测试方法：受试者直立在墙壁旁边，水平面对应髌骨和髋骨顶部的中间位置；将膝盖抬到胶带的高度，保持2分钟。

评价标准：记录右腿在2分钟内达到磁带节奏水平的总次数。表12-12为根据年龄组设定的本测试的推荐范围（Jones & Rikli，2002）。

表12-12　2分钟平台测试评价标准

男性：

年龄（岁）	低于平均水平	平均水平	高于平均水平
60 — 64	< 87	87 — 115	> 115
65 — 69	< 87	86 — 116	> 116
70 — 74	< 80	80 — 110	> 110
75 — 79	< 73	73 — 109	> 109
80 — 84	< 71	71 — 103	> 103

续表

年龄（岁）	低于平均水平	平均水平	高于平均水平
85 — 89	< 59	59 — 91	> 91
90 — 94	< 52	52 — 86	> 86

女性：

年龄（岁）	低于平均水平	平均水平	高于平均水平
60 — 64	< 75	75 — 107	> 107
65 — 69	< 73	73 — 107	> 107
70 — 74	< 68	68 — 101	> 101
75 — 79	< 68	68 — 100	> 100
80 — 84	< 60	60 — 91	> 91
85 — 89	< 55	55 — 85	> 85
90 — 94	< 44	44 — 72	> 72

目标人群：本测试适用于可能无法参加传统体能测试的老年人群。

测试优点：这是一项简单的测试，需要的设备很少。

测试缺点：不适合那些有亚极量和极量的健身运动者。

注意事项：如果受试者平衡能力差，他们可以将手放在墙上、桌子或椅子上。

第六节　其他测试指标

一、心率最大化

测试目的：心率最大化（Heart Rate Maximizer）用于评估运动的心率响应，作为有氧能量系统的量度。

测试器材：心率监视器。

测试方法：不停地跳2分钟，最后30秒使心率尽可能地加快。起始动作是双脚并拢站立，双臂放在体侧；开合跳跃是通过跳起和着地来进行的，开始时双脚间距可以很大，双手触碰头顶，再次跳起，然后返回双脚并拢的动作。重复这个动作。完成测试时，分别在1、2、3、4分钟后测量心率。

评价标准：记录心率水平。P90X程序没有最低要求，如果可以完成包括30秒冲刺在内的全部2分钟的测试，就可以通过P90X。

测试优点：这是一项简单的测试，只需要很少的设备即可完成。

注意事项：因为进行开合跳跃运动时个人技术可能有所不同，所以每次测试时都要以相同的方式进行练习。

二、非运动有氧能力测试——基于心率变化

测试目的：本测试用于评估心血管的健康水平。

测试器材：具有体能测试功能的极地心率监测器、用于测量身高和体重的设备。

测试方法：为了评估健康水平，需要输入受试者的性别、年龄、身高、体重和身体活动水平等极地心率监测器的详细信息；开始测试时，要平躺或采取坐姿，全身放松；避免在测试过程中产生任何干扰或噪音；在5分钟内，进度以图形的形式显示在显示器上。

评价标准：分数与VO_{2max}相当，范围是25—95，可以使用VO_{2max}表进行比较。

目标人群：本测试对于那些刚刚开始健身或低健身水平的老年人，以及那些由于肌肉、骨骼疾病而不能运动的人群，简单而安全。

测试优点：可在不需要其他设备的情况下安全地评估自己的健康状况，也不需要进行任何运动，只需5分钟就可以自己进行，结果自动计算。

测试缺点：结果基于自我评估的身体活动水平。这项测试不像基于练习的测试那样准确。

注意事项：为了获得最高的结果信度，建议在每次重复测试时保持测试场所、时间、体位和环境相同。

三、非运动体能测试——使用回归方程的VO_{2max}

非运动体能测试是一项简单而安全的VO_{2max}测试，可以确定体能水平，而无须使用Jackson等人开发的回归方程进行任何练习。本测试用于评估心血管的健康水平。

测试器材：计算器、测距仪和体重计，可以使用皮褶卡尺或其他方法来测量、计算身体脂肪百分比。

测试方法：回归方程所需的值是年龄、性别、体重指数（BMI）或体脂百分比、体力活动评分（PA-R）；对于BMI，需要测量身高和体重，身体脂肪百分比可以被测量或计算。可在下面的公式中输入适当的值，以获得VO_{2max}的值：

VO_{2max} = 56.363 + 1.921（PAR）–0.381（A）–0.754（BMI）+10.987（G）
（使用BMI）

VO_{2max} = 50.513 + 1.589（PAR）–0.289（A）–0.522（%脂肪）+ 5.863（G）
（使用体脂百分比）

其中PAR为身体活动评分，A为年龄，BMI为体重指数，%脂肪为身体脂肪百分比（乘以100，如25% × 100 = 0.25 × 100 = 25），G为性别（女性为0，男性为1）。

评价标准：测试结果是VO_{2max}得分，因此可以使用VO_{2max}表格进行评分。

目标人群：这是一项简单而安全的测试，用于评估大组；适用于初级阶段或低适应水平的老年人，以及那些由于肌肉、骨骼疾病而无法运动的人群。

测试优点：只需要基本设备；可以快速、安全地检测自己的健康状况，而不需要进行任何运动。

测试缺点：结果基于自我评估的身体活动水平。这项测试不像基于练习的测试那样准确。

第十三章

专项体能测试

第一节 体能主导类速度力量项目

一、田径体能测试

田径项目的体能需求差异很大，因此对不同项目和特定运动员进行适当的测试将有很大的差异。例如，对耐力运动员需要测试最大摄氧量，对田赛运动员则需要测试爆发力和力量的大小。

有许多测试适用于所有的运动员，例如人体测量的范围包括皮褶厚度、身高和体重，要根据运动员的技术特点进行具体的测试。

多项赛事（如十项全能和七项全能）需要进行多项测试，以反映运动员必须具备的素质。下面是各项目测试指标，仅供参考，可根据运动员的特点选择测试指标。

（一）耐力项目

耐力项目的范围从中距离项目（800米、1500米）到更长的距离，如障碍赛、5000米、10000米、马拉松、步行活动。有氧耐力在这些项目中很重要，而评估这种能力的测试选择范围很大。测试应以跑步测试为基础，最好用跑步机进行VO_{2max}测试。如无法完成，备选方案包括1600米跑步或其他跑步测试、流行的嘟声测试等。

（二）冲刺项目

冲刺项目包括100米、200米、400米、跨栏（110/100米、400米）和接力赛（4×100米、4×400米）。很明显，跑步速度对短跑运动员来说非常重要，可以通过短跑测试来测量。若想获得加速度，可通过在较长冲刺测试期间测试速度超过5米或10米来确定加速度。应该使用垂直跳跃测试等来测量爆发力。

（三）跳跃项目

跳跃项目包括跳远、跳高、三级跳远和撑杆跳。力量和速度是跳跃项目的关键素质。为了评估爆发力，应该进行垂直跳跃或站立跳远测试。速度对于跳跃也非常重要，可通过跑步冲刺进行测试。

（四）投掷项目

投掷项目包括铁饼、铅球、标枪和链球。投掷项目运动员的体能测试主要是针对力量的测试。对于投掷力量测试，有标准的板球投掷测试或一系列药球测试。为了评估腿部的爆发力，应该进行垂直跳跃测试。人体测量主要测试投掷项目运动员上肢的长度和坐高。

二、自行车体能测试

自行车运动项目的体能需求差异很大，因此针对特定赛事和不同的运动员进行的适当测试会有所不同。例如，对专业的公路自行车手主要测试最大摄氧量，而对场地冲刺自行车运动员主要测试力量和爆发力。

（一）一般测试

许多测试适用于所有的自行车选手，例如人体测量的项目。要根据自行车项目的特点和赛事进行具体的测试。

（二）自行车有氧耐力测试

包括最大摄氧量测试、2000米计时骑行。

（三）速度冲刺测试

本测试更适合场地自行车运动员和短距离快速公路自行车运动员，包括Wingate30秒、40米冲刺、垂直跳跃。

三、游泳体能测试

拥有较好的体能是游泳成功的重要组成部分。构成一名优秀游泳运动员的体能要素有很多，其中每一项的重要性取决于比赛距离和。针对游泳运动员的体能测试项目应该反映游泳运动的项目特点，结果分析也应该与这些属性中的每一个重要性相关。

1.身体形态：游泳运动员身材通常高而瘦。有时身体脂肪并不是一种障碍性因素，因为它可以增加浮力。对游泳运动员来说，通常的人体测量项目包括身高、体重、坐高、上肢长度、手掌长度、使用皮褶测量的身体脂肪。

2.反应时间：起跳反应在短距离游泳中非常重要。反应时间通常由遗传因素决定，对于自身相关素质较好的运动员，起跳技术的训练会相对缩短。

3.力量和爆发力：力量和爆发力对于开始起跳入水，以及快速、有力的转体非常重要。垂直跳跃测试最适合测量腿部的爆发力，可以用1RM或3RM卧推对上肢力量进行测试。

4.无氧能力：短跑、游泳项目严重依赖无氧系统。可通过在比赛和训练课之后测血乳酸来测试无氧系统对游泳训练的反应。

5.耐力测试：有氧能力对于游泳运动员在整个比赛中保持较高的速度非常重要，特别是长距离赛事。可以使用陆地耐力测试（如跑步机最大摄氧量测试），但具体的游泳测试更具相关性。

6.健康肺功能：肺功能对游泳运动员来说显然非常重要，应该检查肺部是否健康并充分发挥功能。

游泳特定的健身测试：

游泳健身测试通常包括训练或比赛类型测试，如8×200米测试，记录心率和血乳酸，分段计时，自我感知运动量。

与游泳有关的其他体能测试有多级嘟声测试等。

专项游泳速度测试：

游泳台阶测试：一项非常全面的游泳特定生理测试。

折返游泳测试：一项耐力游泳测试，如为水球运动员设计的跑动多级折返测试。

1000米游泳测试：为铁人三项运动员设计的1000米游泳测试。

100米游泳测试：为对铁人三项运动员进行人才鉴定而设计的游泳速度测试。

500码（457.20米）/450米游泳测试：用于海军评估。

四、划船体能测试

赛艇运动员需要有非常好的耐力。体格和素质对于取胜非常重要，尤其是身体脂肪水平低、身材高大的选手。需要定期监测努力保持体重范围的运动员的身体成分。下面列出了一些测试：

1.身体形态：测试内容包括身高、坐高、上肢长度、体重和皮褶，尤其是上肢最大力量和下肢长度至关重要。臂展距离大于自身高度的运动员的杠杆长度更大。低体脂提高了功率与重量之比。

2.柔韧性：坐位体前屈的距离对于全方位的运动非常重要。

3.力量：测试内容包括1RM坐姿拉力、下蹲。

4.耐力：测试内容为划船测功仪上的最大摄氧量，或使用手臂/腿循环测力计进行耐力测试。

5.划船专项：500米、2000米和5000米划船人体测试。

第二节 技能主导类隔网对抗类项目

一、排球体能测试

排球技术和体能对于取胜都非常重要。不管是室内排球还是沙滩排球都会有不同的体能需求，本节内容为普通排球相关的体能测试（见表13-1）。

尽管对不同的比赛位置有不同的体能要求，排球队的所有球员都需要在某个时间、在所有位置击球，因此以下所有的体能测试项目都是相关的。下面列出了一些建议的测试，还有许多其他测试可以使用。

表13-1 排球运动员体能测试指标

测试内容	测试范例	注意事项
力量和爆发力	应该进行专项训练中的最大力量测试。还应该进行腹肌功能测试，例如采用腹肌力量或耐力测试。	腿部爆发力对于垂直跳跃和场地移动速度非常重要。还应该进行力量和爆发力测试，以确定初始体能水平，并结合训练计划监测力量变化。核心稳定性和腹部功能在评估敏捷性、平衡性，以及在移动中控制技术方面非常重要。
速度和敏捷性	505敏捷性测试能够测试180°变向能力。排球比赛中转身变向较少，所以排球运动适合较小程度的转身测试。排球运动专门的敏捷性测试可以结合球场周围的动作模拟比赛中的实际动作。	加速和保持敏捷性对于排球运动员非常重要。

续表

测试内容	测试范例	注意事项
有氧耐力	如果测试的运动员较多，可采用折返跑测试。	有氧能力对于排球运动员并不重要，高水平的运动会减轻长时间运动或比赛周的疲劳。在比赛淡季可以有氧耐力训练来保持体重，并且可将之作为这一时期测试的动机。
柔韧性	坐位体前屈可以用来测试腰背灵活性和腿部柔韧性，其他灵活性测试也可用于与体育或比赛相关的测试。	柔韧性测试应该专门针对排球技术动作。拥有较好的柔韧性可以在扣球时做出更大幅度的动作，并且绕场运动更容易，并且可以降低运动损伤的发生率。
身体形态	身高是排球运动员的一大优势。身高和手臂长度对于测试非常重要。	对于青少年运动员，这些测试可用于选材。
体脂	应该采取皮褶测量，以确定身体脂肪水平。	过量的体脂会影响排球运动员在球场上自由移动的能力，也会增加疲劳感。

二、羽毛球体能测试

羽毛球运动需要专门的身体和生理特征，例如极高的球场速度和极好的敏捷性，以及良好的耐力素质。除了技术（这是一项非常重要的能力）之外，力量、速度、敏捷性、耐力等生理参数对于职业运动员取得较好的成绩也相对重要。在进行体能测试之前，应该先进行热身，根据受试者的具体情况选择测试项目。表13-2列出了一些针对羽毛球运动员重要的不同类型的体能测试内容。

表 13-2 羽毛球运动员体能测试指标

测试内容	测试范例	注意事项
人体测量学	身体形态测量，如身高和体重，以及手臂长度。	四肢修长的运动员可以轻松到达球场的各个区域。过量的体脂会影响羽毛球运动员在球场上自由移动的能力，也会增加疲劳感。
柔韧性	坐位体前屈可以用来测试腰背灵活性和腿部柔韧性，也可采用其他柔韧性测试方法。	柔韧性测试应该专门针对羽毛球技术动作。
力量和爆发力	可采用垂直跳跃来测试腿部力量和跳跃能力，也可进行专项训练中的最大力量测试及握力测试。	应该进行力量和爆发力测试，以确定初始体能水平，并结合训练计划监测力量变化。
速度	冲刺距离超过20米，应该在前5米和10米的距离进行分段计时。	跑动速度对于羽毛球运动员非常重要，以便快速移动到球场的所有区域。
敏捷性	505敏捷性测试能够测试180°变向能力，例如当运动员快速向前回位时。90°变向能力测试也适用于羽毛球运动员。专门性羽毛球敏捷性测试可根据比赛进行设计。	快速变向的能力对于羽毛球运动员很重要。不同的运动员向左或向右变向的能力不同，应该加以评估。
有氧耐力	如果测试的运动员较多，可采用折返跑测试。	耐力是羽毛球运动员体能测试的重要组成部分。有氧耐力不仅在比赛中非常重要，而且能够进行长时间的技术培训并延长比赛时间。

三、网球体能测试

除了技术（这是一项非常重要的能力）之外，速度、敏捷性、耐力等生理参数对于职业网球运动员也很重要。表13-3列出了一些针对网球运动员重要的不同类型的体能测试内容。

表13-3 网球运动员体能测试指标

测试内容	测试范例	注意事项
有氧耐力	如果测试的运动员较多，可采用折返跑测试。	有氧耐力是网球运动员体能测试的重要组成部分。
柔韧性	坐位体前屈可以用来测试腰背灵活性和腿部柔韧性，其他灵活性测试也可作为训练的一部分。	柔韧性测试应该专门针对网球技术动作。
力量和爆发力	应该进行腿部最大力量测试，还应该进行腹肌功能测试，例如采用腹肌力量或耐力测试，也可对握力进行测试。	应进行力量和爆发力测试，以确定初始体能水平，并结合训练计划监测力量变化。
速度	冲刺距离超过20米，应该在前5米和10米的距离进行分段计时。	跑动速度对于网球运动员非常重要。
体脂	可采用皮褶法测量身体脂肪。如果无法获得，则假设肌肉质量无变化，监测体重变化可以显示身体脂肪变化。	过量的体脂会影响网球运动员在球场上自由移动的能力，也会增加疲劳感。
敏捷性	505敏捷性测试能够测试180°变向能力，例如当运动员多拍沿端线跑动时。90°变向能力测试也适用于网球运动员。	快速变向的能力对于网球运动员非常重要。不同的运动员向左或向右变向的能力不同，应该加以评估。

第三节 技能主导类同场对抗类项目

一、足球体能测试

与大多数团体运动一样，体能对于成功的足球运动员很重要。在足球方面，有氧耐力是最重要的特征之一，紧随其后的是无氧耐力（跑步速度和重复冲刺能力）和敏捷性。表13-4列出了一些针对足球运动员重要的不同类型的体能测试内容。

表13-4 足球运动员体能测试指标

测试内容	测试范例	注意事项
体脂	可采用皮褶法测量身体脂肪。如果无法获得，则假设肌肉质量无变化，监测体重变化可以显示身体脂肪变化。	过量的体脂会影响足球运动员在球场上自由移动的能力，也会增加疲劳感。
柔韧性	坐位体前屈可以用来测试腰背灵活性和腿部柔韧性。	良好的腿部柔韧性对于足球运动员非常重要。
力量和爆发力	可采用垂直跳跃来测试腿部力量，也可进行最大力量测试的特定练习。	应该进行力量和爆发力测试，以确定初始体能水平，并结合训练计划监测力量变化。
速度	冲刺距离超过40米，应该完成前10米的测试。	足球运动的最大速度和加速度非常重要。
敏捷性	505敏捷性测试能够测试180°变向能力。还有更复杂的测试，专门为足球运动员设计，例如巴尔索姆跑（Balsom Run），箭头敏捷性（Arrowhead Agility）也经常用于足球运动员训练和测试。	快速变向的能力对于足球运动员非常重要。

续表

测试内容	测试范例	注意事项
重复冲刺	重复冲刺测试不仅能够测试无氧能力，而且能够测试从短时间高强度运动中恢复的能力。可采用冲刺疲劳测试等进行重复冲刺能力的测试。对于旨在模拟足球比赛需求的更多足球比赛活动，拉夫堡间歇性穿梭测试包括慢跑、跑步和冲刺。	足球运动员需要不断进行高强度、短时间的爆发活动。
有氧耐力	折返跑测试是足球队进行的简单测试。也有针对橄榄球队的特定测试，试图模仿运动的间歇性，如拉夫堡间歇性折返跑测试和Yo-Yo间歇性测试。	有氧耐力是足球运动员体能的一个非常重要的组成部分。运动员需要在整个90分钟的比赛中保持高强度。

二、美式足球体能测试

美式足球的体能需求丰富多样，只有非常具有天赋的运动员才能达到这项运动的顶峰。为了在足球方面表现出色，需要高大的身材、强大的力量及爆发力，并且要快速、敏捷。由于位置的不同，对体能的需求也存在差异。足球体能测试方案应该评估速度、力量、爆发力和灵活性。以下列出了一些适合评估足球运动员的测试内容：

1.速度：跑动速度可以通过40码（36.58米）测试来评估，可测试加速度和速度，这两项是评估敏捷性和速度的可靠指标。可在10码（9.14米）和20码（18.29米）处分段计时，以提供有关加速度的其他数据。该测试适用于SPARQ和组合方案。

2.敏捷性：为足球运动员设计的敏捷性测试是505敏捷性测试（也称"20码折返跑"或"敏捷性折返跑"）。这是一项侧向运动测试，可测试运动员的敏捷性，特别是身体控制和180°变向能力。该测试适用于SPARQ和组合方案。NFL组合的另一项敏捷性测试是L形锥桶（3锥桶）测试，用于评估90°变向能力。

3.下肢力量：可采用垂直跳跃来测试腿部力量和爆发力，测量运动员跳跃的最大高度。该测试适用于SPARQ和组合方案。跳远（也称"站立跳远"）也是一项非常相似的组合测试。

4.反应能力：拥有快速反应能力和良好的决策能力是优秀的足球运动员的标志。虽然这项能力很重要，但不易测试。

结果：为了分析体能测试的结果，需要了解运动员个体特征的相对重要性。在足球比赛中，位置不同，体能测试内容也不同。

三、篮球体能测试

体能测试对于篮球运动员的发展至关重要。最初测试的目的是收集身体机能的基本数据，例如速度、力量、耐力和爆发力。这将有助于确定运动员相对于篮球需求的优势和劣势，并有助于确定需要哪些训练和活动来改善他们的比赛表现。与大多数团体运动一样，发展体能的许多组成部分对于良好的运动表现都很重要。在篮球中，体能的各个组成部分的相对重要性都很接近。拥有非常好的有氧水平是一个非常重要的属性，很快的速度和良好的敏捷性也非常重要。表13-5列出了一些针对篮球运动员重要的不同类型的体能测试内容。

表13-5　篮球运动员体能测试指标

测试内容	测试范例	注意事项
有氧耐力	折返跑测试对于篮球队，通常是最合适的测试。	有氧耐力是篮球运动员体能测试的一个非常重要的组成部分。测试应该在与比赛相近的场地上进行。
柔韧性	坐位体前屈可以用来测试腰背灵活性和腿部柔韧性。	柔韧性非常重要，能保证运动员减少运动损伤并在球场上自由移动。在运动中采用的其他身体区域的柔韧性测试也是合适的。

续表

测试内容	测试范例	注意事项
力量和爆发力	可采用垂直跳跃来测试腿部力量，也可进行最大力量测试的特定练习。	垂直跳跃能力对于篮球运动员非常重要。测试方式会改变，以适应类似于比赛中使用的跳跃技术的步骤。还应该进行力量和爆发力测试，以确定初始体能水平，并结合训练计划监测力量变化。
速度	冲刺距离超过20米，应该在前5米和10米的距离进行分段计时。	加速在篮球运动中非常重要，大多数跑动都是在短距离内进行的。
体脂	可采用皮褶法测量身体脂肪。如果无法获得，则假设肌肉质量无变化，监测体重变化可以显示身体脂肪变化。	过量的体脂会影响篮球运动员垂直跳跃的能力和在球场上自由移动的能力，也会增加疲劳感。
身体形态	身高、手臂长度和手掌长度对于在篮球运动中取得成功至关重要。	对于青少年运动员，这些测试可以用于篮球人才体型的识别。
敏捷性	505敏捷性测试能够测试180°变向能力，90°变向能力测试也适用于篮球运动员。	快速变向的能力对于篮球运动员非常重要。除了简单的敏捷性测试之外，还可以将一个球带入测试中，因为球场上的所有动作都是在运球的同时进行的。

四、无板篮球体能测试

与大多数团队运动一样，体能的许多组成部分对于成功都很重要。在无板篮球中，拥有好的有氧能力非常重要，速度、敏捷性、运动员的位置也具有重要性（见表13-6）。

表13-6　无板篮球体能测试指标

测试内容	测试范例	注意事项
有氧耐力	折返跑测试对于无板篮球队，通常是最合适的测试。	有氧耐力是无板篮球运动员体能测试的一个非常重要的组成部分。测试应该在与比赛相近的场地上进行。
柔韧性	坐位体前屈可以用来测试腰背灵活性和腿部柔韧性。	柔韧性非常重要，能保证运动员减少运动损伤并在球场上自由移动。在运动中采用的其他身体区域的柔韧性测试也是合适的。
力量和爆发力	可采用垂直跳跃来测试腿部力量，也可进行最大力量测试的特定练习。	垂直跳跃能力对于无板篮球运动员非常重要。还应该进行力量和爆发力测试，以确定初始体能水平，并结合训练计划监测力量变化。
速度	冲刺距离超过20米，应该在前5米和10米的距离进行分段计时。	加速在无板篮球运动中非常重要，大多数跑动都是在短距离内进行的。
体脂	可采用皮褶法测量身体脂肪。如果无法获得，则假设肌肉质量无变化，监测体重变化可以显示身体脂肪变化。	过量的体脂会影响无板篮球运动员垂直跳跃的能力和在球场上自由移动的能力，也会增加疲劳感。
身体形态	身高、手臂长度和手掌长度对于在无板篮球运动中取得成功至关重要。	对于青少年运动员，这些测试可用于选材。
敏捷性	505敏捷性测试能够测试180°变向能力，90°变向能力测试也适用于无板篮球运动员。	快速变向的能力对于无板篮球运动员非常重要。除了简单的敏捷性测试之外，还可以将一个球带入测试中，运动员可以根据情况改变方向。尽管这样会降低可靠性，但会提高有效性。

五、棒球体能测试

棒球运动技术对于取胜至关重要。优秀的运动员需要具备较高的体能，体能训练对于运动员取胜同样至关重要（见表13-7）。

表13-7 棒球运动员体能测试指标

测试内容	测试范例	注意事项
有氧耐力	有氧测试可能取决于运动员的起始体能水平。有氧耐力的次最大测试比较适用，例如周期测试（Astrand测试、Trilevel、PWC170）或Cooper 12分钟跑测试。对习惯一些运动练习的运动员来说，最大速度的折返跑测试会更适用。	这是棒球体能测试的重要组成部分，因此运动员可以在长时间的运动中减少疲劳的影响，并能坚持多日比赛。棒球运动员还应该适应整天在阳光下训练的热环境。
柔韧性	坐位体前屈可以用来测试腰背灵活性和腿部柔韧性，其他灵活性测试也可用于与体育或比赛相关的测试。	柔韧性测试用于测试棒球运动员的动作。拥有较好的柔韧性可更大范围地挥动球棒，并且可长期减少损伤。
力量和爆发力	应该进行专项训练中的最大力量测试。还应该进行腹肌功能测试，例如采用腹肌力量或耐力测试。也可对握力进行测试。	还应该进行力量和爆发力测试，以确定初始体能水平，并结合训练计划监测力量变化。核心稳定性和腹部能力对于运动控制和球棒的挥动非常重要。
速度和敏捷性	冲刺距离超过27.43米或54.86米，应该在前9.14米的距离进行分段计时。也可进行棒球专项测试，冲刺本垒和一垒之间的实际距离，并且转身变向。	跑动速度、加速度和敏捷性对于棒球运动在本垒和场地移动非常重要，54.86米的折返跑也常用于棒球运动员的测试。
体脂	可采用皮褶法测量身体脂肪。	过量的体脂会影响棒球运动员在球场上自由移动的能力，也会增加疲劳感。

六、板球体能测试

体能在板球运动员的取胜中扮演着重要角色，体能的许多组成部分对于板球运动员取胜很重要。运动员的平衡和协调是板球体能训练最重要的方面之一，其次是速度和力量（见表13-8）。

表13-8　板球运动员体能测试指标

测试内容	测试范例	注意事项
有氧耐力	有氧测试取决于运动员的初始体能水平。有氧耐力的次最大测试对于普通人比较适用，例如周期测试（Astrand测试、Trilevel、PWC170）或Cooper 12分钟跑测试。对习惯一些运动练习的运动员来说，最大速度的折返跑测试会更适用。	有氧耐力是板球运动员体能测试的一个重要的组成部分，因此运动员可以在长时间的运动中减少疲劳的影响，并能坚持多日比赛。板球运动员还应该适应整天在阳光下训练的热环境。
柔韧性	坐位体前屈可以用来测试腰背灵活性和腿部柔韧性，其他灵活性测试也可用于与体育或比赛相关的测试。	柔韧性测试用于测试板球运动员的动作。拥有较好的柔韧性可更大范围地挥动球棒，并且可长期减少损伤。
力量和爆发力	应该进行专项训练中的最大力量测试。还应该进行腹肌功能测试，例如采用腹肌力量或耐力测试。也可对握力进行测试。	还应该进行力量和爆发力测试，以确定初始体能水平，并结合训练计划监测力量变化。核心稳定性和腹部能力对于运动控制和球棒的挥动非常重要。
速度和敏捷性	冲刺距离超过20米，应该在前10米的距离进行分段计时。也可进行特定的板球速度测试，带着球棍做一个超过实际距离的冲刺接转弯。	在球门和场地之间进行冲刺速度、加速度和敏捷性测试在板球运动中非常重要。

续表

测试内容	测试范例	注意事项
体脂	可采用皮褶法测量身体脂肪。	过量的体脂会影响板球运动员在球场上自由移动的能力,也会增加疲劳感。
平衡	一般的平衡测试即可。	—

七、曲棍球体能测试

与大多数团体运动一样,体能的许多组成部分对于成功都很重要。在曲棍球方面,有氧耐力是最重要的特征之一,紧随其后的是无氧耐力、冲刺能力和敏捷性(注意:这些测试方法只适用于曲棍球,与冰球运动身体素质需求不同)。表13-9列出了一些针对曲棍球运动员重要的不同类型的体能测试内容。

表13-9　曲棍球运动员体能测试指标

测试内容	测试范例	注意事项
有氧耐力	折返跑测试对于曲棍球队,通常是最合适的测试。	有氧耐力是曲棍球运动员体能测试的一个非常重要的组成部分。
柔韧性	坐位体前屈可以用来测试腰背灵活性和腿部柔韧性。	良好的腿部柔韧性和腰背灵活性对于曲棍球运动员非常重要,因为背部受伤在这项运动中很常见。
力量和爆发力	可采用垂直跳跃来测试腿部力量,也可进行最大力量测试的特定练习。也可对握力进行测试。	还应该进行力量和爆发力测试,以确定初始体能水平,并结合训练计划监测力量变化。
速度	冲刺距离超过40米,应该在前10米的距离进行分段计时。	最大跑动速度和加速度对于曲棍球运动员非常重要。
体脂	可采用皮褶法测量身体脂肪。如果无法获得,则假设肌肉质量无变化,监测体重变化可以显示身体脂肪变化。	过量的体脂会影响曲棍球运动员在球场上自由移动的能力,也会增加疲劳感。

续表

测试内容	测试范例	注意事项
敏捷性	505敏捷性测试能够测试180°变向能力，90°变向能力测试也适用于曲棍球运动员。	快速变向的能力对于曲棍球运动员非常重要。

八、高尔夫体能测试

有些体能要求可以让高尔夫运动员发挥最大的能力，例如伍兹的成功部分归功于他的体能训练方案，格雷格诺曼也因其相对众多对手的超强体能而闻名。有足够的证据表明对高尔夫运动员进行体能测试是有必要的。体能在高尔夫运动员的成功中起着重要的作用。体能的几个组成部分对于成功很重要，如灵活性和力量，适当的有氧健身对保持良好的健康水平也是有利的（见表13-10）。

表13-10　高尔夫运动员体能测试指标

测试内容	测试范例	注意事项
有氧耐力	考虑到大多数高尔夫运动员开始的体能水平，有氧耐力的次最大测试比较适用，例如周期测试（Astrand测试、Trilevel、PWC170）或Cooper 12分钟跑测试。	有氧耐力是高尔夫体能测试的重要组成部分，因此运动员可以在比赛期间减少疲劳的影响。
柔韧性	坐位体前屈可以用来测试腰背和腿部灵活性。	柔韧性测试应该有专门针对高尔夫的项目。
力量和爆发力	应该进行专项训练中的最大力量测试，也可对握力进行测试。	还应该进行力量和爆发力测试，以确定初始体能水平，并结合训练计划监测力量变化。
体脂	可采用皮褶法测量身体脂肪。	过量的体脂会影响高尔夫运动员在挥杆动作中自由移动的能力，也会在走路时增加其疲劳感。

九、冰球体能测试

除了滑冰技巧之外，速度、力量、敏捷性和耐力都很重要。表13-11是一些适合冰球运动员的体能测试。对于每个物理属性，都有许多可以使用的合适的测试。

表13-11　冰球运动员体能测试指标

测试内容	测试范例	注意事项
身体形态	测量身高和体重，确定臂展。	手臂伸展距离和身体大小对于伸展铲球和冰球控制非常重要。
体脂	可采用皮褶法测量身体脂肪。如果无法获得，则假设肌肉质量无变化，监测体重变化可以显示身体脂肪变化。	过量的体脂会影响冰球运动员在冰上自由移动的能力，也会增加疲劳感。
柔韧性	坐位体前屈可以用来测试腰背灵活性和腿部柔韧性。	良好的腿部柔韧性和腰背灵活性对于冰球运动员非常重要。
力量和爆发力	可采用垂直跳跃来测试腿部力量，也可进行最大力量测试的特定练习。针对上身力量和耐力，可采用俯卧撑测试，也可对握力进行测试。	应该进行力量和爆发力测试，以确定初始体能水平，并结合训练计划监测力量变化。
速度	在冰上加速是最重要的。可以进行短时间的滑冰速度测试，也可以以36.58米以上的距离进行标准的跑步冲刺测试，在前4.57米和9.14米的距离进行分段计时。	最大速度和加速度对于冰球运动员非常重要。
无氧功率和容量	一项测试为Wingate测试，即30秒无氧功率自行车测试；另一项测试为Yo-Yo间歇性恢复测试，测试耐力和从激烈的爆发性活动中恢复的能力。	冰球运动员需要以高强度重复冲刺。

续表

测试内容	测试范例	注意事项
灵活性	冰上灵活性测试是衡量滑冰灵活性的最佳选择。针对冰球，可以进行六边形测试。还有一项专为曲棍球运动员开发的冰上手眼协调和敏捷性测试——绕杆折返。	快速变向的能力对于冰球运动员非常重要。
有氧耐力	折返测试对于冰球队，通常是最合适的测试。	有氧耐力是冰球运动员体能测试的一个非常重要的组成部分。

十、橄榄球联盟体能测试

与大多数团体运动一样，体能的许多组成部分对于成功都很重要。力量和有氧耐力对橄榄球联盟球员来说是重要的属性，但是无氧能力、跑步速度和敏捷性更重要。每个体能组成部分的重要性取决于比赛的位置，例如，对后卫来说，敏捷性和速度更重要（见表13-12）。

表13-12　橄榄球联盟运动员体能测试指标

测试内容	测试范例	注意事项
有氧耐力	折返跑测试对于橄榄球队，通常是最适合的测试。	有氧耐力是橄榄球运动员体能测试的一个非常重要的组成部分。
柔韧性	坐位体前屈可以测试腰背灵活性和腿部柔韧性。	良好的腿部柔韧性对于橄榄球运动员的跑步和踢球技巧非常重要。
力量和爆发力	可采用垂直跳跃来测试腿部力量，也可进行最大力量测试的特定练习。	还应该进行力量和爆发力测试，以确定初始体能水平，并结合训练计划监测力量变化。
速度	进行40米冲刺测试。	最大跑动速度和加速度在橄榄球运动中非常重要。

续表

测试内容	测试范例	注意事项
重复冲刺能力	重复冲刺测试不仅能测量无氧能力,而且能测量从短时间、高强度运动中恢复的能力。可以采用基于跑步无氧冲刺测试(RAST)等来评估重复冲刺能力。	要求橄榄球运动员不断提高短时间、高强度运动的能力。
体脂	可采用皮褶法测量身体脂肪。如果无法获得,则假设肌肉质量无变化,监测体重变化可以显示身体脂肪变化。	过量的体脂会影响橄榄球运动员在球场上自由移动的能力,也会增加疲劳感。
敏捷性	对于敏捷性测试,运动员必须进行小于45°的转弯,因为在比赛期间没有比这更大的转弯。	快速变向的能力对于橄榄球运动员很重要。

十一、垒球体能测试

体能的许多组成部分对于垒球运动员的成功都很重要,尽管在体能要求方面存在位置差异(见表13-13)。

表13-13 垒球运动员体能测试指标

测试内容	测试范例	注意事项
有氧耐力	有氧测试取决于运动员的初始体能水平。有氧耐力的次最大测试对于普通人比较适用,例如周期测试(Astrand测试、Trilevel、PWC170)或Cooper 12分钟跑测试。对习惯一些运动练习的运动员来说,最大速度的折返跑测试会更适用。	有氧耐力是垒球运动员体能测试的一个重要的组成部分,因此运动员可以在长时间的运动中减少疲劳的影响。垒球运动员还应该适应整天在阳光下训练的热环境。

续表

测试内容	测试范例	注意事项
柔韧性	坐位体前屈可以用来测试腰背灵活性和腿部柔韧性,其他灵活性测试也可作为训练的一部分。	柔韧性测试应该专门针对垒球动作。拥有较好的柔韧性可以在击球或投球时实现更大的移动范围,并且可以降低运动损伤的发生率。
力量和爆发力	应该进行专项训练中的最大力量测试。还应该进行腹肌功能测试,例如采用腹肌力量或耐力测试。也可对握力进行测试。	还应该进行力量和爆发力测试,以确定初始体能水平,并结合训练计划监测力量变化。上身力量尤为重要,核心稳定性和腹部功能对于控制技能的运动很重要。
速度和敏捷性	冲刺距离超过20米,应该在前10米的距离进行分段计时。冲刺基于比赛时的实际距离,并结合一个转弯。	跑垒速度、加速度和灵活性对于垒球比赛非常重要。
体脂	可采用皮褶法测量身体脂肪。	过量的体脂会影响垒球运动员在球场上自由移动的能力,也会增加疲劳感。

十二、水球体能测试

水球是一项对体能要求很高的运动,运动员需要长时间不用双手,并在疲劳的状态下传球射门。进行水球运动员的体能测试需要衡量运动成功所需的能力范围。运动员需要具有非常高的有氧能力,他们需要成为强壮的游泳运动员,能够快速地活动,并且能够以最少的休息重复这些高强度活动。运动员通常身材高大,臂展长。以下是一些适用于监测、评估水球运动员体能情况的测试。水球运动员的体能测试并不需要全部在泳池中进行,当试图分离体能组成部分时,陆基测试有时更合适。

1.身体形态:水球运动员通常身材瘦高,臂展长。一定数量的身体脂肪不是障碍,它反倒可以增加在水中的浮力。通常用于水球的人体测量指标包括身高、体重、坐高、臂展、手长及采用皮褶法测量的身体脂肪。

2.力量和爆发力：力量和爆发力对于从水中抬起身体，以及快速而强大的游泳爆发力很重要。垂直跳跃测试最适合测量腿部的爆发力。还有一项水球特定的水上垂直跳跃测试。上肢力量测试可采用1RM或3RM卧推。

3.无氧耐力：水球间歇性折返测试（WIST）专为水球设计，用于评估运动员进行反复高强度运动的能力，穿插短时间的主动恢复。其他常用的无水动力水球特定测试是14米×25米水球游泳（Rodriguez，1994）和30秒横杆跳跃（30CJ）。

4.有氧耐力：有氧耐力对于水球运动员在整个1小时的比赛中保持高工作率非常重要。可以采用陆地耐力测试（例如跑步机最大摄氧量），但具体的游泳测试更具相关性。如果可以使用游泳池，则可以在水中进行最大摄氧量测试，也可以进行其他游泳测试，如多级折返游泳测试（一种在水中的多级嘟声测试）。

5.健康筛查：对游泳运动员来说，肺功能显然非常重要，并且应该检查肺部是否健康并充分发挥功能。

第四节 技能主导类格斗类项目

拳击体能测试

体能之于拳击运动员的成功非常重要。拳击运动员需要具备极好的耐力、速度、敏捷性和力量。为了提高拳击运动员的身体素质,应该测试并监测其体能水平并调整训练,以充分发挥其潜力。

表13-14列出了与拳击相关的体能测试,以及可以完成这些测试内容的一些示例。

表13-14 拳击运动员体能测试指标

测试内容	测试范例	注意事项
体脂	应采取皮褶法测量身体脂肪。	测量要尽可能地精确,这样拳击运动员可以根据他们特定的体重类别最大化自身的肌肉质量。
身体形态	身材高大、比例适当在拳击方面有很大的优势。可以测量身高和手臂长度。	身体形态对于拳击运动员极其重要。
有氧耐力	跑步耐力体能测试是合适的,比如哔声测试或Cooper 12分钟跑测试。	有氧耐力可以减轻运动员在比赛过程中的疲劳感,有助于他们集中注意力,并在压力下保持技巧。
敏捷性和平衡性	敏捷跳转测试是专为拳击运动员开发的。	敏捷性、平衡性和协调性对于拳击运动员快速控制动作的能力非常重要。
柔韧性	有几项肩膀灵活性测试可以采用,坐位体前屈可以用来测试腰背灵活性和腿部柔韧性。	柔韧性测试应该专门针对拳击技术动作,特别是涉及躯干和肩部的区域。

续表

测试内容	测试范例	注意事项
速度	快速打击用于测试冲击速度。	移动速度和出拳速度对于拳击运动员是非常重要的。
爆发力	击打力量测试是拳击特异性测试的一种，也可以采用弯举来测试上肢力量。	最大力量是拳击成功的关键。
力量	应该进行握力测试，以及针对专项训练的最大力量测试。	应该加强力量练习，确定初始体能水平，并结合训练计划监测力量变化。
耐力	可采用仰卧起坐来测试腹部或核心力量，也可以采用肩上推举来测试上肢耐力。	耐力测试用于评估反复进行强度运动的能力。
反应时间	灯板测试是专门为拳击运动员开发的。	快速反应能力对于拳击运动员躲避技巧的形成很重要。

第十四章

健康体能测试指标与评价

第一节　青少年健康体能测试与评价

一、我国青少年健康体能测试指标

我国青少年健康体能测试指标主要是青少年体质健康指标，见表14-1。

表14-1　我国青少年体质健康指标

测试对象	单项指标	权重（%）
小学一年级至大学四年级	体重指数（BMI）	15
	肺活量	15
小学一、二年级	50米跑	20
	坐位体前屈	30
	1分钟跳绳	20
小学三、四年级	50米跑	20
	坐位体前屈	20
	1分钟跳绳	20
	1分钟仰卧起坐	10
小学五、六年级	50米跑	20
	坐位体前屈	10
	1分钟跳绳	10
	1分钟仰卧起坐	20
	50米×8往返跑	10

续表

测试对象	单项指标	权重（%）
初中、高中、大学各年级	50米跑	20
	坐位体前屈	10
	立定跳远	10
	引体向上（男）/1分钟仰卧起坐（女）	10
	1000米跑（男）/800米跑（女）	20

注：体重指数（BMI）=体重（千克）/身高（米^2）。

二、美国青少年健康体能测试指标与评价

（一）健康体能测试指标

1. 美国Fitness Gram测验

有氧能力：可选项包括步测器测验（20米步测者，10岁及以上）、1英里跑测验（1609米，10岁及以上）、行走测验（13岁及以上）。

身体成分：身体质量指数（BMI）。

肌肉力量和耐力、柔韧性：可选项包括腹部力量和耐力（仰卧起坐）、躯干伸肌力量和柔韧性（俯卧抬体）、上肢力量和耐力（90°俯卧撑、修改版引体向上、屈臂悬垂）、柔韧性（坐位单腿屈膝体前屈、肩部伸展）。

2. 总统挑战测验

有氧能力：根据年龄分别进行0.25英里、0.50英里或1.00英里（分别为402米、805米、1609米）的定距跑步。

腹部力量和耐力：仰卧起坐或部分仰卧起坐。

上肢力量和耐力：引体向上或俯卧撑。

柔韧性：V形坐位体前屈或坐位体前屈。

往返跑。

(二) 健康体能的评价

1. 美国 Fitness Gram 测验

女子有氧能力

Age	NI-Health Risk	NI	HFZ
10	≤37.3	37.4—40.1	≥40.2
11	≤37.3	37.4—40.1	≥40.2
12	≤37.6	37.7—40.2	≥40.3
13	≤38.6	38.7—41.0	≥41.1
14	≤39.6	39.7—42.4	≥42.5
15	≤40.6	40.7—43.5	≥43.6
16	≤41.0	41.1—44.0	≥44.1
17	≤41.2	41.3—44.1	≥44.2
17+	≤41.2	41.3—44.2	≥44.3

女子体重指数

Age	NI-Health Risk	NI	HFZ	Very Lean
5	≥18.5	≥16.9	16.8—16.3	≤13.5
6	≥19.2	≥17.3	17.2—13.5	≤13.4
7	≥20.2	≥18.0	17.9—16.6	≤13.5
8	≥21.2	≥18.7	18.6—13.7	≤13.6
9	≥22.4	≥19.5	19.4—14.0	≤13.9
10	≥23.6	≥20.4	20.3—14.3	≤14.2
11	≥24.7	≥21.3	21.2—14.7	≤14.6
12	≥25.8	≥22.2	22.1—15.5	≤15.1
13	≥26.8	≥23.0	22.9—15.7	≤15.6
14	≥27.7	≥23.7	23.6—16.2	≤16.1
15	≥28.5	≥24.4	24.3—16.7	≤16.6
16	≥29.5	≥24.9	24.8—17.1	≤17.0
17	≥30.0	≥25.0	24.9—17.5	≤17.4
17+	≥30.0	≥25.0	24.9—17.8	≤17.4

女子身体素质指标

Age	Abdominal Strength and Endurance: Curl-Up (# completed)	Trunk Extensor Strength and Flexibility: Trunk Lift (# of inches)	Upper Body Strength and Endurance: Push-Up (# completed)	Upper Body Strength and Endurance: Modified Pull-Up (# completed)	Upper Body Strength and Endurance: Flexed-Arm Hang (# of seconds)	Flexibility: Back Saver Sit & Reach (# of inches)	Flexibility: Shoulder Stretch
5	≥2	6—12	≥3	≥2	≥2	9	Yes*
6	≥2	6—12	≥3	≥2	≥2	9	Yes*
7	≥4	6—12	≥4	≥3	≥3	9	Yes*
8	≥6	6—12	≥5	≥4	≥3	9	Yes*
9	≥9	6—12	≥6	≥4	≥4	9	Yes*
10	≥12	9—12	≥7	≥4	≥4	9	Yes*
11	≥15	9—12	≥7	≥4	≥6	10	Yes*
12	≥18	9—12	≥7	≥4	≥7	10	Yes*
13	≥18	9—12	≥7	≥4	≥8	10	Yes*
14	≥18	9—12	≥7	≥4	≥8	10	Yes*
15	≥18	9—12	≥7	≥4	≥8	12	Yes*
16	≥18	9—12	≥7	≥4	≥8	12	Yes*
17	≥18	9—12	≥7	≥4	≥8	12	Yes*
17+	≥18	9—12	≥7	≥4	≥8	12	Yes*

男子有氧能力

Age	NI-Health Risk	NI	HFZ
10	≤37.3	37.4—40.1	≥40.2
11	≤37.3	37.4—40.1	≥40.2
12	≤37.0	37.1—40.0	≥40.1
13	≤36.6	36.7—39.6	≥39.7
14	≤36.3	36.4—39.3	≥39.4
15	≤36.0	36.1—39.0	≥39.1
16	≤35.8	35.9—38.8	≥38.9
17	≤35.7	35.8—38.7	≥38.8
17+	≤35.3	35.4—38.5	≥38.6

男子体重指数

Age	NI–Health Risk	NI	HFZ	Very Lean
5	≥18.1	≥26.9	16.8—13.9	≤13.8
6	≥18.8	≥17.2	17.1—13.8	≤13.7
7	≥19.6	≥17.7	17.6—13.8	≤13.7
8	≥20.6	≥18.3	18.2—14.0	≤13.9
9	≥21.6	≥19.0	18.9—14.2	≤14.1
10	≥22.7	≥19.8	19.7—14.5	≤14.4
11	≥23.7	≥20.6	20.5—14.9	≤14.8
12	≥24.7	≥21.4	21.3—15.3	≤15.2
13	≥25.6	≥22.3	22.2—15.8	≤15.7
14	≥26.5	≥23.1	23.0—16.4	≤16.3
15	≥27.2	≥23.8	23.7—16.9	≤16.8
16	≥27.9	≥24.6	24.5—17.5	≤17.4
17	≥28.6	≥25.0	24.9—18.1	≤18.0
17+	≥29.3	≥25.0	24.9—18.6	≤18.5

男子身体素质指标

Age	Abdominal Strength and Endurance: Curl-Up (# completed)	Trunk Extensor Strength and Flexibility: Trunk Lift (# of inches)	Upper Body Strength and Endurance: Push-Up (# completed)	Upper Body Strength and Endurance: Modified Pull-Up (# completed)	Upper Body Strength and Endurance: Flexed-Arm Hang (# of seconds)	Flexibility: Back Saver Sit & Reach (# of inches)	Flexibility: Shoulder Stretch
5	≥2	6—12	≥3	≥2	≥2	8	Yes*
6	≥2	6—12	≥3	≥2	≥2	8	Yes*
7	≥4	6—12	≥4	≥3	≥3	8	Yes*
8	≥6	6—12	≥5	≥4	≥3	8	Yes*
9	≥9	6—12	≥6	≥5	≥4	8	Yes*
10	≥12	9—12	≥7	≥5	≥4	8	Yes*
11	≥15	9—12	≥8	≥6	≥6	8	Yes*
12	≥18	9—12	≥10	≥7	≥10	8	Yes*
13	≥21	9—12	≥12	≥8	≥12	8	Yes*
14	≥24	9—12	≥14	≥9	≥15	8	Yes*
15	≥24	9—12	≥16	≥10	≥15	8	Yes*
16	≥24	9—12	≥18	≥12	≥15	8	Yes*
17	≥24	9—12	≥18	≥14	≥15	8	Yes*
17+	≥24	9—12	≥18	≥14	≥15	8	Yes*

2. 总统挑战测验

包括三个水平，总统水平代表了最好的健康状态（85百分位），还有国家水平（50百分位）和参加者水平（完成测验但在某个或某些项目上的成绩低于50百分位）。

第二节 成人健康体能测试与评价

一、我国成人健康体能测试指标与评价

(一)健康体能测试指标(见表14-2)

表14-2 国民体质测定(成年人部分)指标

类别	测试指标	
	20—39岁	40—59岁
身体形态	身高、体重	身高、体重
身体机能	肺活量、台阶试验	肺活量、台阶试验
身体素质	握力	—
	俯卧撑(男)	—
	1分钟仰卧起坐(女)	握力
	纵跳	坐位体前屈
	坐位体前屈	选择反应时
	选择反应时	闭眼单脚站立
	闭眼单脚站立	—

(二)健康体能评价

用单项评分和综合评级进行评定。

单项评分包括身高标准体重评分和其他单项指标评分,采用5分制。

综合评级根据受试者各单项得分之和确定,共分四个等级:一级(优秀)、二级(良好)、三级(合格)、四级(不合格)。任意一项指标无

分者，不进行综合评级（见表14-3）。

表14-3 综合评级标准

评级	得分	
	20—39岁	40—59岁
一级（优秀）	>33分	>26分
二级（良好）	30—33分	24—26分
三级（合格）	23—29分	18—23分
四级（不合格）	<23分	<18分

二、美国成人健康体能测试指标与评价

（一）健康体能测试指标（见表14-4）

表14-4 美国运动医学学会（ACSM）推荐成人健康体能测试指标

类别	测量方法	指标
身体成分	人体测量法	体重指数
		围度
		皮褶测量
	身体密度法	水下称重
		容积描记器测量
		通过身体密度计算身体成分
	其他技术	双能量X射线（DEXA）法
		身体电阻抗（TOBEC）法
		生物电阻抗分析技术（BIA）
		近红外线技术

续表

类别	测量方法	指标
心肺耐力	最大摄氧量	场地测试
		电动跑台测试
		机械负荷功率车测试
		台阶试验
肌肉力量和肌肉耐力	肌肉力量	1次最大重复次数（1-RM）
		卧推/坐举杠铃（1-RM）
		蹬腿或伸腿（1-RM）
	肌肉耐力	俯卧撑
		仰卧起坐
		YMCA卧推测试
柔韧性	关节活动度（ROM）	坐位体前屈

（二）健康体能评价

表14-5　基于体重指数（BMI）及腰围的疾病风险

	相对于正常体重指数及腰围的疾病风险		
	体重指数（千克/米^2）	男性≤102厘米 女性≤88厘米	男性>102厘米 女性>88厘米
低体重	<18.5	—	—
正常	18.5 — 24.9	—	—
超重	25.0 — 29.9	增加	高
肥胖分级			
Ⅰ	30.0 — 34.9	高	非常高
Ⅱ	35.0 — 39.9	非常高	极高
Ⅲ	≥40.0	极高	极高

注：对于患Ⅱ型糖尿病、高血压和心血管疾病风险，"—"表示处于这种BMI水平时无附加风险。体重正常者腰围增加也是风险增加的标志。

表14-6 成人腰围危险分层

危险分层	腰围（厘米）	
	女性	男性
极低	＜70（＜28.5）	＜80（1.5）
低	70—89（28.5—35.0）	80—99（31.5—39.0）
高	90—109（35.5—43.0）	100—120（39.5—47.0）
极高	＞110（＞43.5）	＞120（＞47.0）

引自：Bray GA. Don't Throw the Baby out with the Bath Water. American Journal of Clinical Nutrition[J]. 2004（3）.

第三节　老年人和幼儿健康体能测试与评价

一、我国老年人健康体能测试与评价

（一）健康体能测试指标

表14-7　老年人体能测试指标

类别	测试指标
身体形态	身高
	体重
身体机能	肺活量
身体素质	握力
	坐位体前屈
	选择反应时
	闭眼单脚站立

(二）健康体能评价

表14-8　60—64岁老年人其他单项指标评分

测试指标	1分	2分	3分	4分	5分
男性					
肺活量（毫升）	400—1827	1828—2425	2426—2939	2940—3499	>3499
握力（千克）	21.50—26.90	27.00—34.40	34.50—40.40	40.50—47.50	>47.50
坐位体前屈（厘米）	-12.60——7.80	-7.70—0.90	1.00—6.70	6.80—13.10	>13.10
选择反应时（秒）	1.40—1.01	1.00—0.77	0.76—0.63	0.62—0.51	<0.51
闭眼单脚站立（秒）	1—3	4—6	7—14	15—48	>48
女性					
肺活量（毫升）	955—1827	1220—1684	1685—2069	2070—2552	>2552
握力（千克）	21.50—26.90	17.20—21.40	21.50—25.50	25.60—30.40	>30.40
坐位体前屈（厘米）	-12.80——2.00	-1.90—5.20	5.30—11.30	11.40—17.70	>17.70
选择反应时（秒）	1.46—1.14	1.13—0.84	0.83—0.67	0.66—0.55	<0.55
闭眼单脚站立（秒）	1—2	3—5	6—12	13—40	>40

表14-9　65—69岁老年人其他单项指标评分

测试指标	1分	2分	3分	4分	5分
男性					
肺活量（毫升）	1255—1660	1661—2229	2230—2749	2750—3334	>3334
握力（千克）	21.00—24.90	25.00—32.00	32.10—38.10	38.20—44.80	>44.80
坐位体前屈（厘米）	-13.6——9.40	-9.30——1.60	1.50—4.60	4.70—11.70	>11.70
选择反应时（秒）	1.45—1.11	1.10—0.81	0.80—0.66	0.65—0.54	<0.54
闭眼单脚站立（秒）	1—2	3—5	6—12	13—40	>40
女性					
肺活量（毫升）	895—1104	1105—1559	1560—1964	1965—2454	>2454
握力（千克）	13.80—16.20	16.30—20.30	20.40—24.30	24.40—29.70	>29.70
坐位体前屈（厘米）	-8.20——3.10	-3.00—4.00	4.10—10.00	10.10—16.40	>16.40
选择反应时（秒）	1.63—1.22	1.21—0.89	0.88—0.69	0.68—0.57	<0.57
闭眼单脚站立（秒）	1—2	3—4	5—10	11—35	>35

二、我国幼儿健康体能测试

表14-10　我国幼儿体能测试指标

类别	测试指标
身体形态	身高
	体重
身体素质	10米往返跑
	立定跳远
	网球掷远
	双脚连续跳
	坐位体前屈
	走平衡木

三、日本老年人健康体能测试

表14-11　日本老年人体能测试指标

类别	测试指标
身体形态	身高
	体重
身体机能	血压
身体素质	坐位体前屈
	足趾肌力
	闭眼单脚站立
	纵跳
	上肢伸展
	步长
	步行速度（老年）
	步行计时（老年）

第十五章

身体运动功能测试指标和方法

第一节 功能性动作筛查概述

一、功能性动作筛查的产生

功能性动作筛查（Functional Movement Screen，FMS）是美国矫形训练专家Gray Cook、训练专家Lee Burton等人设计并在20世纪90年代提出的广泛应用于美国理疗康复和体能训练领域的一种测试方法。

FMS测试是在大量收集人体运动损伤和功能障碍的测试数据的基础上，通过统计学方法来分析人体的运动模式，提高运动成绩并预防损伤。在临床应用及研究功能运动的基础上，Gray Cook等于1998年改进并完善了这种测试模式。自此，FMS测试被广泛应用于美国职业运动员运动能力评估，旨在发现人体基本动作模式的障碍或缺陷。

二、功能性动作筛查的作用

通过FMS中7个动作模式的筛查诊断人体主要运动环节中各个运动链的功能性动作质量，确定人体各运动环节中存在的运动性障碍或错误的动作模式，为制订身体运动功能性训练计划提供参考依据。研究表明，FMS测试总分在14分以下的运动员比总分在14分以上的运动员受伤概率大；测试中非对称性运动员无论总分多少，其受伤概率都比对称性运动员增加2.3倍。

FMS测试在国外职业竞技体育中应用得非常广泛，在欧洲以各足球队为主，美国四大联盟（NBA、NHL、NFL、MLB）的一线队几乎都在应用FMS测试和训练，作为对传统测试、训练方法的补充，以此作为检测运动员潜在伤病风险并对他们进行伤病预防训练的依据，以提高运动员的竞技能力并延长其运动生涯。目前，FMS测试还没有被美国三大协会（NSCA、

NATA、PT 学院）收录为认可的测试方法。

三、功能性动作筛查的测试原理

　　FMS测试的得分与预防损伤的能力相关。运动员的损伤是由肌肉紧张、协调性差、其他薄弱环节，以及忽视以上问题而采取代偿性动作引起的。而FMS测试正是对灵活性、柔韧性、稳定性等身体能力的检测，是对传统体能测试方法的一种补充。

　　FMS动作模式是将身体置于一个经过特别设计的动作位置，以检测身体在灵活性和稳定性方面存在的缺陷和不对称情况，这些缺陷和不对称情况直接影响人体动作完成和动力传递的有效性和流畅性。很多高水平的运动员并不能很好地完成这些基本动作，他们在完成这些动作的过程中出现了一些代偿性动作，这些代偿性动作破坏了动作的有效性，导致力量传递的丧失和能量传递的损耗。因此，在长年累月的重复中，这些代偿性动作很可能为运动损伤的出现埋下隐患。FMS测试则是提供了这样的一种方法，它可以很快地发现人体的危险动作模式并且通过矫正训练将它们排除掉。

第二节 功能性动作筛查方法

功能性动作筛查的测试内容主要有7种重要动作：蹲、跨、弓步、伸、举，以及躯干的前后倾和旋转。功能性动作筛查的测试内容分为7个动作模式：深蹲、过栏步、直线分腿蹲、肩部灵活性、主动抬腿、躯干稳定性俯卧撑和体旋稳定性，其中深蹲和躯干稳定性俯卧撑是对称性动作，而过栏步、直线分腿蹲、肩部灵活性、主动抬腿和体旋稳定性5个动作是非对称性动作，需要进行左右侧测试，肩部灵活性、躯干稳定性俯卧撑和体旋稳定性有3个伤病排除动作模式。

一、深蹲

图15-1 深蹲评价标准

测试目的：深蹲可以检测身体双侧的对称性，髋部、膝盖及脚踝的灵活性。双手于头上握木杆可以检测身体双侧的对称性，以及肩部、胸椎的灵活性和对称性。

所需器材：功能性动作测试仪或轻质木杆、木板。

说明：受试者以站立姿势开始，双脚间距与肩等宽；双手于头上握木杆，屈肘90°，上臂和木杆与地面平行，双手握木杆，在头后最大限度地伸直双臂；缓慢地下蹲，下蹲过程中脚后跟不要离地（如果无法实现，可在脚后跟下垫一块木板），抬头，挺胸，向前看，木杆始终在头后。有三次机会完成测试动作。

评价标准：

3分：上身与胫骨平行，股骨低于水平线，膝与脚成一条直线，木杆在脚的正上方。

2分：不能完全满足以上条件，但仍能完成动作；或在脚后跟下加垫木板的前提下能完成动作。

1分：躯干与胫骨不平行，股骨没有低于水平线，膝与脚不成一条直线，腰部明显屈曲。

0分：测试过程中身体任何部位出现疼痛（见图15-1）。

二、过栏步

图15-2 过栏步评价标准

测试目的：过栏步可以检测髋、膝、踝的对称性、灵活性和稳定性，以及身体双侧的对称性。

所需器材：功能性动作测试仪或轻质木杆、木板。

说明：受试者以站立姿势开始，双脚间距与肩等宽，保持栏杆在小腿胫骨粗隆高度；将木杆放在颈后肩上，双脚平行站在栏架下，脚趾位于栏架正下方；单腿跨过栏杆，腿伸直，脚后跟着地，重心在支撑腿上，支撑腿不能屈曲，然后回到起始姿势，动作要尽量缓慢。换另一侧进行测试。

每侧各做三次，记录单侧完成情况并比较双侧的差异。

评价标准：

3分：髋、膝、踝在矢状面上成一条直线，腰部没有明显的移动，木杆与栏架保持平行。

2分：髋、膝、踝在矢状面上不成一条直线，腰部有移动，木杆与栏架不平行。

1分：脚碰到栏杆，身体失去平衡。

0分：测试过程中身体任何部位出现疼痛（见图15-2）。

三、直线分腿蹲

图15-3 直线分腿蹲评价标准

测试目的：直线分腿蹲可以检测身体双侧的灵活性和稳定性，以及踝关节和膝关节的稳定性。

所需器材：功能性动作测试仪或轻质木杆、木板。

说明：受试者将右脚放在152厘米×13厘米的木板的最后端；将木杆放在背后，始终保持接触头部、胸椎和骶骨，右手在上抓住木杆，左手在下抓住木杆底部。测试者在受试者右脚脚趾处测量其胫骨长度，并在木板上做个标记。受试者左脚向前迈一步将脚后跟放在标记处，缓慢地下蹲，右腿膝盖触碰左脚后的木板（前面的腿膝关节不可主动前倾）。在测试过程中双脚必须在一条直线上，脚尖朝向运动方向。每侧各做三次，记录单侧完成情况并比较双侧的差异。

评价标准：

3分：保持木杆与头部、胸椎和骶骨接触，躯干没有明显移动，木杆和双脚处于同一矢状面，膝盖接触木板。

2分：不能保持木杆与头部、胸椎和骶骨接触，躯干有移动，木杆和双脚没有处于同一矢状面，膝盖不能接触木板。

1分：身体失去平衡。

0分：测试过程中身体任何部位出现疼痛（见图15-3）。

四、肩部灵活性

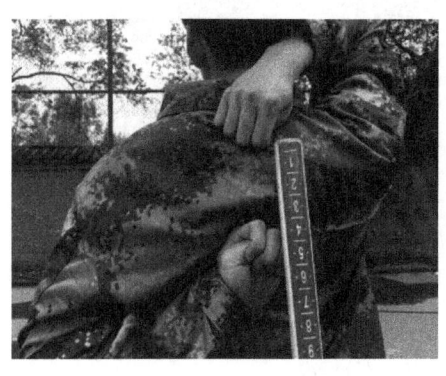

3分　　　　　　　　　　2分

1分　　　　　　　　　　　　肩部排除性测试

图15-4　肩部灵活性评价标准

测试目的：肩部灵活性测试主要检测肩关节内收、内旋、外展、外旋能力及身体双侧的对称性。

所需器材：软尺。

说明：测试者首先测量受试者手腕最远端折线到中指指尖的距离。受试者双手始终握拳（大拇指在内），肩部最大限度地在背后外展、内旋，一手从颈后，一手从腰部，相向靠近。测试者测量受试者双拳之间的距离。每侧各做三次，记录单侧完成情况并比较双侧的差异。

评价标准：

3分：距离在一个手掌长以内。

2分：距离为一到一个半手掌长。

1分：距离超出一个半手掌长。

0分：测试过程中身体任何部位出现疼痛（见图15-4）。

五、主动抬腿

图15-5　主动抬腿评价标准

测试目的：主动抬腿测试是当骨盆保持在固定位置时，检测腘绳肌的主动收缩能力和小腿肌肉的柔韧性。

所需器材：功能性动作测试仪或轻质木杆、木板，练习垫。

说明：受试者仰卧，双手放在身体两侧，掌心朝上。测试者在受试者膝盖下放置152厘米×13厘米的木板，首先确定受试者髂前上棘到膝盖部位的中点。受试者抬起左腿并伸直，勾脚尖；在测试过程中，保持异侧腿膝盖在板上，双肩在垫子上。当受试者做动作到最大限度时，测试者做其踝关节中点到地面的垂线，记录垂线在地面上的位置。每侧各做三次；比较单侧完成情况并比较双侧的差异。

评价标准：

3分：标记点位于大腿中点和髂前上棘之间。

2分：标记点位于大腿中点和膝关节中点之间。

1分：标记点在膝关节以下。

0分：测试过程中身体任何部位出现疼痛（见图15-5）。

六、躯干稳定性俯卧撑

3分　　　　　　　　　　2分

1分　　　　　　　　　　脊柱伸排除性测试

图15-6　躯干稳定性俯卧撑评价标准

测试目的：躯干稳定性俯卧撑主要检测上肢在做对称运动俯卧撑时躯干在矢状面的稳定性。

所需器材：练习垫。

说明：受试者俯卧，双手打开，与肩等宽，放在适当的位置，双腿充分伸直；做一次标准的俯卧撑，将身体整体推起，不塌腰，如果不能很好地完成动作，可以降低难度再做一次。在可以完成动作的位置做三次。

评价标准：

3分：能以规定姿势很好地完成动作一次；男性拇指与前额在一条线上，女性拇指与下颌成一条线。

2分：能以降低难度的姿势完成动作一次；男性拇指与下颌在一条线上，女性拇指与锁骨成一条线。

1分：在降低难度的情况下也无法完成动作或者做出代偿动作。

0分：测试过程中身体任何部位出现疼痛（见图15-6）。

七、体旋稳定性

3分

2分

1分　　　　　　　　脊柱屈排除性测试

图15-7　体旋稳定性评价标准

测试目的：体旋稳定性测试可以检测躯干在上、下肢共同运动时多维面的稳定性及身体双侧的对称性。

所需器材：功能性动作测试仪或木板、练习垫。

说明：受试者以跪撑姿势开始，肩关节、髋关节与躯干成90°夹角，屈膝90°，勾脚尖。测试者在受试者膝盖和手之下放置152厘米×13厘米的木板。受试者伸展同侧肩和髋，腿和手离开地面1.83米的高度，抬起侧的肘、手、膝应该与木杆成一条直线，肘关节、手和膝关节要与152厘米×13厘米木板在一条直线上，躯干与木杆保持平行；然后屈肘、屈膝，使之相触。每侧各做三次。

评价标准：

3分：进行重复动作时躯干与木板保持平行，肘和膝相触时与木杆在同一条直线上。

2分：能够以异侧对角的形式正确完成动作。

1分：失去平衡或者不能正确完成动作。

0分：测试过程中身体任何部位出现疼痛（见图15-7）。

表 15-1 功能性动作筛查表

受试者姓名_____ 从事运动_____ 项目测试时间_____
优势手：左侧____ 右侧____ 优势腿：左侧____ 右侧____

测试动作	得分	评分标准 3分	评分标准 2分	评分标准 1分	备注
1.深蹲	3□ 2□ 1□ 0□	脚后跟、躯干与胫骨平行，或趋于垂直于地面。股骨位于水平线以下。双膝在脚正上方。长杆在脚正上方，保持水平。	躯干与胫骨平行，或趋于垂直于地面。股骨位于水平线以下。双膝在脚正上方。长杆在脚正上方，保持水平。	躯干与胫骨不平行。股骨不在水平线以下。双膝不在脚正上方。腰部明显屈曲。	
2.过栏步 胫骨高度___厘米，抬左腿 抬右腿	3□ 2□ 1□ 0□	髋、膝、踝在矢状面成一条直线。腰椎保持不动。长杆与栏架保持平行。	髋、膝、踝在矢状面不成一条直线。腰椎有移动。长杆与栏架不平行。	脚碰到栏板。身体失去平衡。	
3.直线分腿蹲___厘米，左腿前 右腿前	3□ 2□ 1□ 0□	长杆始终与头、腰椎接触。躯干没有明显移动。长杆与双脚保持在同一矢状面。后面的腿膝关节在前面的脚脚后跟后，并触碰木板。	长杆不能保持与头、腰椎接触。躯干有明显移动。长杆与双脚不在同一矢状面。后面的腿膝关节不能在前面的脚脚后跟处触碰木板。	身体失去平衡。	

续表

测试动作	得分	评分标准			备注
		3分	2分	1分	
4.肩部灵活性 手掌长___ 厘米， 左肩上 右肩上 冲击试验 左肩、右肩	3☐ 2☐ 1☐ 0☐	两拳间距小于一个手掌长。	两拳间距为1—1.5个手掌长。	两拳间距大于1.5个手掌长。	
5.主动抬腿 左腿 右腿	3☐ 2☐ 1☐ 0☐	踝骨垂线落在大腿中部和髂前上棘之间。	踝骨垂线落在大腿中部和髌骨中点/膝关节线之间。	踝骨垂线落在髌骨中点以下。	
6.躯干稳定性俯卧撑脊柱伸展试验	3☐ 2☐ 1☐ 0☐	男性拇指与前额端平齐，撑起一次。女性拇指与下颌平齐，撑起一次。	男性拇指与下颌平齐，撑起一次。女性拇指与锁骨平齐，撑起一次。	男性拇指与下颌平齐，不能撑起一次。女性拇指与锁骨平齐，不能撑起一次。	
7.体旋稳定性 左臂前___ 右臂前___ 跪撑屈腰试验	3☐ 2☐ 1☐ 0☐	脊柱与地面保持平行，完成一次同侧动作。膝与肘接触。	脊柱与地面保持平行，完成一次对侧动作。膝与肘接触。	不能完成对侧动作。	

总分_____

第三节 选择性功能动作评估

一、选择性功能动作评估简介

选择性功能动作评估是一种对与动作模式有关的疼痛和功能不良的动作进行评估的方法。功能性动作筛查和选择性功能动作评估的区别在于：功能性动作筛查是由医务或康复专业人员在正常的运动员群体中进行的；选择性功能动作评估则是由医务或康复专业人员在出现异常情况的运动员群体中进行的，疼痛通常是运动员抱怨的主要异常情况。选择性功能动作评估通常使用动作来激发与运动员的主要抱怨相关的各种症状、功能不良及动作模式缺陷信息，为医生和物理治疗师对疼痛和功能障碍进行治疗提供了一种新的途径。

每个选择性功能动作评估结果都从"是否具有正常功能"和"是否疼痛"两个维度来衡量，通常由F（功能正常）、P（疼痛）、D（功能不良）、N（无痛）组合成四种不同的评估结果：

FN（功能正常和无痛）

FP（功能正常和疼痛）

DN（功能不良和无痛）

DP（功能不良和疼痛）

二、选择性功能动作评估方法

（一）颈部脊柱动作模式评估

1.目的：第一个颈部脊柱动作模式评估，由肩到胸，评估颈部脊柱屈曲能够达到的程度，还包括枕骨、寰椎联合的灵活性。第二个颈部脊柱动作模式评估需面部与天花板平行，评估颈部脊柱伸展能够达到的程度。第三个颈部脊柱动作模式评估需下颌接触左肩和右肩，评估颈部脊柱转动和侧屈能够达到的程度。这是一种包括了侧屈和转动的结合性动作模式。

2.说明：执行第一个动作模式时，受试者直立，双脚并拢，脚尖朝前，然后试图用下颌接触胸骨，在动作过程中保持躯干挺直。执行第二个动作模式时，受试者直立，双脚并拢，脚尖朝前，然后向上看，使面部与天花板平行。执行第三个动作模式时，受试者直立，双脚并拢，脚尖朝前，尽可能远地向右转动头部，然后颈部屈曲，将下颌向锁骨移动。

3.注意事项：确定受试者的嘴在整个动作中保持闭合，不允许其肩胛骨上提和前伸，从前面和侧面观察；不得教授动作，如果需要，只是重复询问"出现了疼痛吗？""能够做出动作吗？"如果不能，进展到一个适宜的突破点。

4.附加信息：在执行第一个动作模式的过程中，确定受试者的嘴在整个动作中保持闭合，受试者能够用下颌接触胸骨而不产生疼痛。在执行第二个动作模式的过程中，受试者能够达到接近平行角度的10°而不产生疼痛。在执行第三个动作模式的过程中，正常范围是双侧达到锁骨中部而不产生疼痛。

（二）上肢动作模式评估

1.目的：上肢动作模式评估测试肩部的全部运动范围。第一个动作模式评估肩部的内旋、伸展和内收。第二个动作模式评估肩部的外旋、屈曲和外展。

2.说明：执行第一个动作模式时，受试者直立，双脚并拢，脚尖朝前，然后试图用右手触摸左肩胛骨的下角；测试者将一只手指放在受试者的手指接触背部的这个点上，推断左臂测试结果，如果动作减小，请注意与肩胛骨的距离。执行第二个动作模式时，受试者直立，双脚并拢，脚尖朝前，然后将右臂从头上伸出，试图用右手触摸左肩胛骨和脊柱；测试者将一只手指放在受试者的手指接触背部的这个点上，推断右臂测试结果，如果动作减小，请注意与肩胛骨、脊柱的距离。

3.注意事项：从前面和侧面观察；不得教授动作，如果需要，只是重复询问"出现了疼痛吗？""能够做出动作吗？"如果不能，进展到一个适宜的突破点。

（三）上肢疼痛激发动作模式评估

1.目的：第一个上肢疼痛激发评估（第一个动作模式：约卡姆冲击测试）是为了确认肩旋转袖的冲击，第二个上肢疼痛激发评估（第二个动作模式：肩部交叉方法）是为了确认肩锁关节的病理状态。

2.说明：执行第一个动作模式时，受试者直立，双脚并拢，脚尖朝前，然后把右手的手掌放在左肩上；测试者用手固定受试者的手，使之贴在肩上，让受试者缓慢地上提肘部。左侧重复。执行第二个动作模式时，受试者直立，双脚并拢，脚尖朝前，然后将右臂越过胸前侧向伸出，可使用左手进行协助，尽可能远地水平内收右臂。左侧重复。

3.注意事项：从前面和侧面观察；不得教授动作，如果需要，只是重复询问"出现了疼痛吗？""能够做出动作吗？"。如果不能，进展到一个适宜的突破点。

（四）多环节屈曲动作模式评估

1.目的：多环节屈曲动作模式评估测试双髋和脊柱正常的屈曲能力。

2.说明：受试者直立，双脚并拢，脚尖朝前；然后做体前屈动作，试图用手指尖触摸脚尖，双膝不屈曲。

3.注意事项：在整个动作中脚的姿势保持不变，双腿应该成直线；不得教授动作，如果需要，只是重复询问"出现了疼痛吗？""能够做出动作吗？"。如果不能，进展到一个适宜的突破点。

4.附加信息：观察受试者在体前屈触摸脚尖时双髋是否后移。

（五）多环节伸展动作模式评估

1.目的：多环节伸展动作模式评估测试双肩、双髋和脊柱正常的伸展能力。

2.说明：受试者直立，双脚并拢，脚尖朝前；然后将双手举过头部，双臂伸展，双肘与双耳在一条直线上；尽可能远地体后屈，确定双髋前移，同时双臂后移。

3.注意事项：在整个动作中脚的姿势保持不变；肩胛骨、脊柱应该越过双脚的脚后跟，肩胛骨处于双脚的脚后跟之后；在向后伸展时，手部的中线应该越过肩部；双肘保持伸展，并与双耳在一条直线上；确保骨盆的垂直位置在脚趾之前；不得教授动作，如果需要，只是重复询问"出现了疼痛吗？""能够做出动作吗？"。如果不能，进展到一个适宜的突破点。

4.附加信息：在伸展动作模式的顶端，手部的中线应该落到双肩之后；双侧髂前上棘应该移过脚趾，每侧肩胛骨和脊柱应该移到双脚的脚后跟之后。

（六）多环节转动动作模式评估

1.目的：多环节转动动作模式评估测试颈部、躯干、骨盆、双髋、双膝和双脚正常转动的灵活性。

2.说明：受试者直立，双脚并拢，脚尖朝前；双臂在大约腰部的高度向身体两侧伸展；然后尽可能远地向右转身，包括双髋、双肩和头部，脚的姿势保持不变；回到开始姿势，然后向左转身。

3.注意事项：在整个动作过程中，脚的姿势保持不变；身体的下四分之一部分至少双向转动50°；胸部以上部分也至少双向转动50°。

4.附加信息：由于身体两侧同时被测试，双脚并拢，髋的外旋加大了，这可能限制转动；要密切注意身体的每个部位，包括双髋、躯干和头部，由于相邻环节的各种限制，某个部位可能过度活动。

（七）单腿站立动作模式评估

1.目的：单腿站立动作模式评估测试在静态和动态姿势下每条腿的稳定能力。

2.说明：受试者直立，双脚并拢，脚尖朝前，双臂向双侧大腿方向伸展；抬起右腿，使髋关节和膝关节均成90°角，保持这个姿势至少10秒，再闭眼重复这个姿势10秒。然后左腿重复这项测试。为了在动态姿势下进一步评估受试者单腿站立的能力，可进一步采用腿部摆动的动作。对于腿部摆动，指导受试者双脚并拢站立，脚尖朝前，双臂向身体两侧伸展，但不接触两侧；受试者屈右髋，开始前后摆动右腿，进入髋部屈曲和伸展的状态，同时保持良好的身体姿势和平衡至少10秒。然后左腿重复这项测试。

3.注意事项：在整个动作过程中，脚的姿势保持不变。在由双腿变成单腿支撑时，观察高重心姿势或高度的丧失，以及双臂的摆动。

4.附加信息：告诉受试者在测试之前要高重心站立。如果受试者不能保持姿势，脚部位置移动，跌倒或摆动双臂，这个测试的结果为功能不良。很好地完成该测试需要良好的本体感觉、肌肉稳定性、髋部和踝部动作策略。有时人们能够保持静态平衡，但不能保持动态平衡。在矢状面上腿部的前后摆动能够揭示动态稳定性问题。如果受试者能够在睁眼和闭眼的情况下各完成10秒，同时在双侧执行了腿部摆动的测试，则其动作模式评估结果为FN（功能正常和无痛）。

5.关于视觉的专门注释：视觉从来不是平衡的障碍，它对平衡总是有所帮助的。有任何程度的视觉参与，评估结果都好于无视觉参与。即使白内障运动员在进行测试时，睁眼测试的成绩也好于闭眼测试。

（八）双臂头上举深蹲动作模式评估

1.目的：双臂头上举深蹲动作模式评估测试双肩、双髋、双膝和双踝的双侧对称灵活性，以及脊柱的伸展能力。

2.说明：受试者双脚的内侧与双肩的外侧在垂直线上，双脚在矢状面上，无外旋；然后将双臂上举过头顶，屈曲并充分外展；缓慢地下蹲，双脚脚后跟接触地面，头部和胸部朝前，双膝在双脚上方，不出现外翻下沉。

3.注意事项：在下蹲过程中双手间距不应该增加。建议评估时采用以下两种测试策略：第一，在受试者头上放置一个木杆，在木杆上调整双手，使双肘成90°角，然后受试者将木杆上举过头顶，肩部外展，双肘充分伸展。第二，受试者从双肘屈曲90°角开始（90°角外展、90°角屈曲和90°角外旋），当双臂举过头顶时，双手之间保持相同的距离。不得教授动作，如果需要，只是重复询问"出现了疼痛吗？""能够做出动作吗？"。如果不能，进展到一个适宜的突破点。

4.附加信息：执行这项测试需要双踝的闭链背屈、双膝和双髋的屈曲、胸部脊柱的伸展，以及双肩的屈曲和外展的能力。

附录 部分运动项目运动员体能测试指标

1. 射击项目运动员体能测试指标

体能构成	评价测试
敏捷性	方向的横向变化测试
平衡性	闭眼鹳站立测试
体成分	体脂百分比
协调性	手眼协调性测试
一般体能	—
柔韧性	坐位体前屈测试
心理	运动竞赛焦虑测试
反应时	标尺下落测试
核心力量	核心肌肉力量和稳定性测试
快速力量	垂直跳跃测试
一般力量	深蹲测试
速度和爆发力	40米多级冲刺测试

2. 拳击项目运动员体能测试指标

体能构成	评价测试
有氧耐力	哈佛台阶测试
无氧耐力	基于跑步的无氧冲刺测试
敏捷性	双脚快速移动测试
平衡性	闭眼鹳站立测试

续表

体能构成	评价测试
体成分	体脂百分比
协调性	手眼协调性测试
一般体能	—
柔韧性	坐位体前屈测试
心理	运动竞赛焦虑测试
反应时	标尺下落测试
核心力量	核心肌肉力量和稳定性测试
快速力量	立定跳远测试
一般力量	伯比式测试
速度和爆发力	60米速度测试

3. 板球项目运动员体能测试指标

体能构成	评价测试
有氧耐力	哈佛台阶测试
无氧耐力	基于跑步的无氧冲刺测试
敏捷性	双脚快速移动测试
平衡性	闭眼鹳站立测试
体成分	体脂百分比
协调性	手眼协调性测试
一般体能	—
柔韧性	坐位体前屈测试
心理	运动竞赛焦虑测试
反应时	标尺下落测试
核心力量	核心肌肉力量和稳定性测试

续表

体能构成	评价测试
快速力量	立定跳远测试
一般力量	深蹲测试
速度和爆发力	60米速度测试

4. 自行车项目运动员体能测试指标

体能构成	评价测试
有氧耐力	哈佛台阶测试
无氧耐力	基于跑步的无氧冲刺测试
敏捷性	双脚快速移动测试
平衡性	闭眼鹳站立测试
体成分	体脂百分比
协调性	手眼协调性测试
一般体能	—
柔韧性	坐位体前屈测试
心理	运动竞赛焦虑测试
反应时	标尺下落测试
核心力量	核心肌肉力量和稳定性测试
快速力量	立定跳远测试
一般力量	深蹲测试
速度和爆发力	温盖特无氧30次循环测试

5. 曲棍球项目运动员体能测试指标

体能构成	评价测试
有氧耐力	多级体能测试或哔声测试

续表

体能构成	评价测试
无氧耐力	基于跑步的无氧冲刺测试
敏捷性	伊利诺伊州敏捷跑测试
平衡性	闭眼鹳站立测试
体成分	体脂百分比
协调性	手眼协调性测试
一般体能	威尔夫佩什橄榄球测试
柔韧性	坐位体前屈测试
心理	运动竞赛焦虑测试
反应时	标尺下落测试
核心力量	核心肌肉力量和稳定性测试
快速力量	立定跳远测试
一般力量	伯比式测试
速度和爆发力	40米多级冲刺测试

6.高尔夫项目运动员体能测试指标

体能构成	评价测试
有氧耐力	哈佛台阶测试
无氧耐力	基于跑步的无氧冲刺测试
敏捷性	伊利诺伊州敏捷跑测试
平衡性	闭眼鹳站立测试
体成分	体脂百分比
协调性	手眼协调性测试
一般体能	—
柔韧性	坐位体前屈测试
心理	运动竞赛焦虑测试

续表

体能构成	评价测试
反应时	标尺下落测试
核心力量	核心肌肉力量和稳定性测试
快速力量	立定跳远测试
一般力量	深蹲测试
速度和爆发力	40米多级冲刺测试

7.皮划艇项目运动员体能测试指标

体能构成	评价测试
有氧耐力	哈佛台阶测试
无氧耐力	基于跑步的无氧冲刺测试
敏捷性	伊利诺伊州敏捷跑测试
平衡性	闭眼鹳站立测试
体成分	体脂百分比
协调性	手眼协调性测试
一般体能	—
柔韧性	坐位体前屈测试
心理	运动竞赛焦虑测试
反应时	标尺下落测试
核心力量	核心肌肉力量和稳定性测试
快速力量	立定跳远测试
一般力量	伯比式测试
速度和爆发力	概念2划艇台阶测试

8.橄榄球项目运动员体能测试指标

体能构成	评价测试
有氧耐力	多级体能测试或哔声测试
无氧耐力	基于跑步的无氧冲刺测试
敏捷性	伊利诺伊州敏捷跑测试
平衡性	闭眼鹳站立测试
体成分	体脂百分比
协调性	手眼协调性测试
一般体能	威尔夫佩什橄榄球测试
柔韧性	坐位体前屈测试
心理	运动竞赛焦虑测试
反应时	标尺下落测试
核心力量	核心肌肉力量和稳定性测试
快速力量	立定跳远测试
一般力量	伯比式测试
速度和爆发力	40米多级冲刺测试

9.耐力跑项目运动员体能测试指标

体能构成	评价测试
有氧耐力	Cooper最大摄氧量测试
无氧耐力	基于跑步的无氧冲刺测试
敏捷性	双脚快速移动测试
平衡性	闭眼鹳站立测试
体成分	体脂百分比
协调性	手眼协调性测试

续表

体能构成	评价测试
一般体能	—
柔韧性	坐位体前屈测试
心理	运动竞赛焦虑测试
反应时	标尺下落测试
核心力量	核心肌肉力量和稳定性测试
快速力量	立定跳远测试
一般力量	深蹲测试
速度和爆发力	60米速度测试

10.足球项目运动员体能测试指标

体能构成	评价测试
有氧耐力	Yo-Yo间歇耐力测试
无氧耐力	基于跑步的无氧冲刺测试
敏捷性	伊利诺伊州敏捷跑测试
平衡性	闭眼鹳站立测试
体成分	体脂百分比
协调性	手眼协调性测试
一般体能	威尔夫佩什橄榄球测试
柔韧性	坐位体前屈测试
心理	运动竞赛焦虑测试
反应时	标尺下落测试
核心力量	核心肌肉力量和稳定性测试
快速力量	立定跳远测试
一般力量	伯比式测试
速度和爆发力	40米多级冲刺测试

11. 游泳项目运动员体能测试指标

体能构成	评价测试
有氧耐力	临界游泳速度测试
无氧耐力	基于跑步的无氧冲刺测试
敏捷性	方向的横向变化测试
平衡性	闭眼鹳站立测试
体成分	体脂百分比
协调性	手眼协调性测试
一般体能	—
柔韧性	坐位体前屈测试
心理	运动竞赛焦虑测试
反应时	标尺下落测试
核心力量	核心肌肉力量和稳定性测试
快速力量	立定跳远测试
一般力量	深蹲测试
速度和爆发力	300码（274.32米）折返跑测试

12. 田径跳跃类项目运动员体能测试指标

体能构成	评价测试
有氧耐力	哈佛台阶测试
无氧耐力	基于跑步的无氧冲刺测试
敏捷性	双脚快速移动测试
平衡性	闭眼鹳站立测试
体成分	体脂百分比
协调性	手眼协调性测试
一般体能	—

续表

体能构成	评价测试
柔韧性	坐位体前屈测试
心理	运动竞赛焦虑测试
反应时	标尺下落测试
核心力量	核心肌肉力量和稳定性测试
快速力量	十项全能运动跳跃测试
一般力量	深蹲测试
速度和爆发力	60米速度测试

13.田径投掷类项目运动员体能测试指标

体能构成	评价测试
有氧耐力	哈佛台阶测试
无氧耐力	基于跑步的无氧冲刺测试
敏捷性	双脚快速移动测试
平衡性	闭眼鹤站立测试
体成分	体脂百分比
协调性	手眼协调性测试
一般体能	药球投掷测试
柔韧性	坐位体前屈测试
心理	运动竞赛焦虑测试
反应时	标尺下落测试
核心力量	核心肌肉力量和稳定性测试
快速力量	十项全能运动跳跃测试
一般力量	深蹲测试
速度和爆发力	60米速度测试

14. 田径速度类项目运动员体能测试指标

体能构成	评价测试
有氧耐力	哈佛台阶测试
无氧耐力	基于跑步的无氧冲刺测试
敏捷性	双脚快速移动测试
平衡性	闭眼鹳站立测试
体成分	体脂百分比
协调性	手眼协调性测试
一般体能	四项耐力测试（游泳、自行车、皮划艇、跑步）
柔韧性	坐位体前屈测试
心理	运动竞赛焦虑测试
反应时	标尺下落测试
核心力量	核心肌肉力量和稳定性测试
快速力量	十项全能运动跳跃测试
一般力量	深蹲测试
速度和爆发力	60米速度测试

15. 美式足球项目运动员体能测试指标

体能构成	评价测试
有氧耐力	多级体能测试或哔声测试
无氧耐力	基于跑步的无氧冲刺测试
敏捷性	伊利诺伊州敏捷跑测试
平衡性	闭眼鹳站立测试
体成分	体脂百分比
协调性	手眼协调性测试

续表

体能构成	评价测试
一般体能	威尔夫佩什橄榄球测试
柔韧性	坐位体前屈测试
心理	运动竞赛焦虑测试
反应时	标尺下落测试
核心力量	核心肌肉力量和稳定性测试
快速力量	立定跳远测试
一般力量	伯比式测试
速度和爆发力	40米多级冲刺测试